云南大学边疆治理与地缘政治学科（群）特区高端成果培育项目

朱军 ／ 著

新型城镇化
与城市民族工作创新

社会科学文献出版社
SOCIAL SCIENCES ACADEMIC PRESS (CHINA)

序　言

少数民族流入陌生的城市环境，谋求生存与发展，为城市生活增添多元色彩，构成了中国城镇化与工业化发展进程中一道亮丽的风景线。伴生于改革开放，少数民族的人口流动与中国的城镇化发展进程相交织，呈现出阶段性特征。城镇化发展初期，少数民族的人口流动带有"候鸟"性质，半工半农牧的生活状态，城市边缘人的身份认同，导致他们始终无法扎根城市，成为"城市中的陌生人"。2011 年，中国城镇化率过半，标志着中国进入以城市社会为主的新发展阶段。2014 年 3 月，中共中央、国务院印发了《国家新型城镇化规划（2014—2020 年）》，致力于推进"以人为本"的城镇化战略。国家政策光谱的深刻变化，反映出少数民族流动人口不再满足于衣食住行的温饱型需求，对长期留居城市、成为市民有了发展型需求，城市民族工作因流动人口的需求转换与美好生活的期待，有了更加多样与丰富的内涵。

在城乡分割显著、人口流动缓慢的时代，居住在聚居区的民族成员，有一套基于民族区域自治的法律制度保障体系。但是，当少数民族人口流出聚居区，走向城市社会，基于"区域"的权利保障开始让位于以"公民身份"为特征的社会网络。这一转型过程，对具有文化异质性特征、社会边缘身份、宗教文化实践的少数民族成员，提出了结构适应与文化适应的双重挑战。城市民族工作面临的"三个不适应"及少数民族流动人口的社会问题皆由此而生。2014 年中央民族工作会议和 2016 年全国城市民族工作会议指出，中国进入了各民族跨区域大流动的活跃期，民族工作的重心在向城市转移，保障各民族合法权益成为城市民族工作的核心内容。因此，了解和掌握少数民族流动人口在新型城镇化进程中的利益诉求与利益表达，对构建基于少数民族主体需求的权益保障体系，推进少数民族人口的市民化进程，提升城市民族事务治理效能，具有重大的理论和现实意义。

少数民族流动人口问题一直是跨学科关注的主题，相关研究积累丰富、视野多样、成果丰硕。笔者由于申请到国家社科青年基金［"城镇化进程中的社会治理与少数民族合法权益保障"（项目编号：14CMZ030）］的机缘，尝试把城市作为研究民族政治与民族社会关系发生的主要载体与时空场域。对于这个"老话题"进行一些"冷思考"，似乎仅仅把问题展开放置于新的时代背景，还不足以凸显研究应有的价值。以问题为导向无疑是最好的老师，带着如下的三个问题，笔者开始了自己的研究与探索旅程。

一 群体的结构特征：同质性抑或异质性？

笔者在梳理少数民族流动人口研究文献时，认识到少数民族流动人口往往被作为一个整体看待。这个群体往往被冠以"城乡流动性"、"文化异质性"和"社会边缘性"的标签。因此，需要政府构建针对这个群体的公民权利与特殊权利的双重保障体系。学界一直呼吁制定一部《散居少数民族权益保障法》便是例证。

客观来看，在中国城镇化发展的初期，城乡差异明显，人口流动尚有政策性阻滞，少数民族向城市流动多出于"生计所迫"或"改善生活"，群体整体的社会分化程度较小，具有一定程度的同质性。但是随着城镇化的发展、人口代际更替与生计资本的差异，群体内部已经出现了较大的社会分化现象。这种社会分化体现在户籍身份（城市户籍与农村户籍）、就业身份（雇主与雇员）、代际区分（新生代与老一代）与流动区域（单向流动与多向流动）等诸多方面。社会分化必然导致少数民族流动人口群体内部社会地位、价值观念、行为模式等方面的差异，影响到他们的利益诉求与表达，从而使权益保障呈现出动态性与差异性。

一些田野调查较多注意到了少数民族流动人口的横向分化现象，即基于民族身份与文化差异而呈现出的特定的社会互动模式与生计业态，忽视了同一民族群体内部的社会分化现象。社会分化不仅存在于少数民族流动人口不同民族之间，也存在于同一民族的内部。这使得少数民族流动人口由于纵横交错的分化线，已经难以完全作为一个同质性群体对待。于是，从"社会分化"的"异质性"视角观察和研究少数民族流动人口，关注群体内部经济社会方面重要的分化维度，有助于深化对其生存状态与现实境遇的认识。

二 群体的权益需求：制度规范表达抑或主体客观需求？

在如何保障少数民族流动人口合法权益上，政府制度性的规范性表达，划定了合法权益的外延型特征。具体来看，这种制度化的权益保障具有"全领域"与"差别性"的特征。"全领域"是指基于国内宪法对于公民权利的基本界定，把权利范畴分解为政治权利、经济权利、社会权利和文化权利等子领域，少数民族流动人口的权益保障也要涵盖公民权利的全领域。"差别性"是指针对少数民族流动人口具有普通公民与民族身份的双重属性，政府既要推进一般性公共服务的均等化过程，也要满足少数民族流动人口对国家通用语言、文化、宗教方面的差别性需求。这种"全领域"与"差别性"的保障方式，无疑是中国少数民族人权保障的特色与优势。但是这种制度性的规范表达与现实中少数民族流动人口权益需求是否完全一致，更准确地说，制度性规范表达施于权益的均衡保障，是否符合这个群体权益需求的优先次序呢？

我们不能仅限于规范性文件的爬梳，要做一些"扶手椅式"的理论研究，而且要深入这个群体的生活逻辑，通过社会调查与基层实践，了解他们对权益的具体认知，进而把握权益保障的真实内涵。基于上述考虑，本书以少数民族流动人口权益保障及问题为主题，设计专门的问卷，在全国东中西部8个城市展开社会调查，收集有效问卷1000余份，访谈20余人次。基于上述数据与资料，对少数民族流动人口的生计资本、就业权、劳动权、市民权、民族文化权、法律援助与维权进行描述性分析，对他们权益需求的迫切性与重要性进行因果机制分析。

三 城市民族事务治理："制度—规范"抑或"治理—过程"？

城市少数民族权益保障的研究最初来自立法实践的驱动。这种通过正式的制度、规范保障少数民族合法权益的思路一直延续至今。"制度—规范"分析重视立法、执法、司法、监督检查、法治观念培养等环节,通过反思城市民族工作中出现的问题,对照现行法治建设的不足,提出改善的路径与方法。

中国经济社会的快速转型,凸显了法治建设在一定程度上的滞后性,需要研究者在关注法治建设的同时,更多地关注国家、地方层面社会建设的政策推进进程,关注政府的社会治理过程。"治理—过程"分析从"社会结构""社会政策""社会治理"等视角切入,分析少数民族权益的实际状况、城市社会的结构分层、少数民族的城市适应、融入与排斥现状,关注政府的政策过程与治理过程,从而能够动态地展现出少数民族成员利益诉求的多元化、多层次性以及地方治理实践的差异性。

"治理—过程"分析具有以下优势。其一,把握城市少数民族权益的多层性、多类型化的客观状态。随着新型城镇化建设的深入推进,城市少数民族的利益诉求由底线型权益开始转向定居融入等发展型权益。其二,了解地方政府推进城市民族工作的差异性与多元性。尽管国家层面城市民族工作立法还不完善,但是地方政府治理实践的不断创新,推动少数民族合法权益保障涌现出许多成功模式与地方样本。其三,透视静态法治规范背后的动态治理机制。有些地方,少数民族合法权益保障并不存在"法律盲区"或"立法空白",而恰恰是地方政府治理理念与政府行为的偏差,才容易引发权益保障问题。因此,为了更好地推进对上述现实问题的理论认知,需要在坚持静态的"制度—规范"分析的同时,强化动态的"治理—过程"分析。

基于对上述三个问题的追问与思考,形成了本书对"新型城镇化与城市民族工作创新"的"研究视角"、"研究方法"与"研究理论"的进一步探索,也构成了本书的整体论证框架。当然,其中的相关研究和探索还是初步和粗线条的,需要后续的研究进一步补充、丰富与发展。

作为一项城市民族工作研究的阶段性成果,本书仅仅标记笔者在学术山峰攀登过程中的一个足迹,以便激励自己,继续前行。

2020 年 7 月 14 日于昆明

目 录
Contents

第一章　新型城镇化与城市
民族工作的新探索

第一节　研究背景

一　新型城镇化战略将推进少数民族的城镇化与市民化进程

十八大以来，中国特色社会主义开始走进新时代，城镇化建设也迈入一个新的历史发展阶段。从城乡人口结构变动来看，2011 年是关键的一年，城镇人口占总人口的比重首次超过了 50%，达到 51.3%，中国进入了以城市人口为主的新成长阶段。① 此后，党和国家开始提出新型城镇化战略，从社会治理与社会建设的高度，全面部署、规划新型城镇化建设。2012 年 11月，中国共产党第十八次代表大会提出"中国特色新型城镇化道路"。2013年 12 月，中共中央召开了新中国成立以来第一次城镇化工作会议。2014 年3 月，中共中央、国务院印发了《国家新型城镇化规划（2014—2020 年）》（以下简称《规划》）。《规划》是指导全国城镇化健康发展的宏观性、战略性、基础性规划，也是中央颁布实施的第一个城镇化规划，将对我国的现代化发展、经济持续健康发展、产业结构转型升级、农业农村农民问题的解决、区域协调发展、社会全面进步产生积极和重大影响。②

中国特色新型城镇化道路，将改变过去粗放扩张型的城市发展方式，

---

① 李培林：《社会改革与社会治理》，社会科学文献出版社，2014，第 25 页。
② 《国家新型城镇化规划（2014—2020 年）》，中央人民政府门户网站，2014-03-16。

注重提高城镇化的质量，提升人口城镇化的水平，首要的"新"就是"强调以人为本，有序推进农业转移人口市民化"。《规划》还指出，加快中西部地区的城镇化发展进程，引导人口在中西部地区就近城镇化，促进区域协调发展。根据 2010 年人口普查数据显示，少数民族城镇化率已经达到了 32.84%，正处于城镇化中期阶段的开端，城镇化过程开始加速。[①] 新型城镇化的稳步推进，扎实实施，将积极推动少数民族的城镇化进程。一方面，随着西部地区重点区域的开发，若干新的城市群的培育，不同规模城市的协调发展，民族地区的城镇化率将持续提升，吸纳更多当地少数民族民众就近就业；另一方面，少数民族成员也将持续跨地域流向中东部地区，他们中有能力、有意愿在城市长期工作生活的，也将随着城市政府推进农业转移人口市民化的改革步伐，逐渐享有城市基本公共服务以及安家落户的权利。在国家积极推进新型城镇化战略过程中，越来越多的少数民族将流入城市、成为市民，这为少数民族的权利表达与利益诉求注入了新的时代内容。

二　少数民族城镇化的快速发展增大城市民族事务治理的难度

民族地区与少数民族的快速城镇化，意味着城市中民族人口数量的增多，民族文化日益多元化，本质性体现为城市社会结构的分化与现代性变迁。"结构分化是指在发展过程中结构要素产生新的差异的过程，它有两种基本形式：一种是社会异质性增加，即结构要素（如位置、群体、阶层、组织）的类别增多，另一种是社会不平等程度的变化，即结构要素之间差距的拉大。"[②] 城市中的结构分化沿着两个维度展开，"从横向的角度来看，不同文化、不同宗教、不同民族的人在这里交汇；从纵向的角度来看，是指人们在资源和机会上占有的差别，这一点差异城市比乡村更为凸显"。[③] 城市社会结构的分化，打破了市场经济发展初期较为静态的"城市世居民

---

① 焦开山：《中国少数民族人口的城镇化水平及其发展趋势》，《民族研究》2014 年第 4 期。
② 孙立平：《转型与断裂：改革以来中国社会结构的变迁》，清华大学出版社，2004，第 4 页。
③ 蔡禾：《从统治到治理：中国城市化进程中的大城市社会管理》，《公共行政评论》2012 年第 6 期。

族、城市新进民族、少数民族流动人口"的三元格局,城市中少数民族内部以及不同民族之间沿着区域、代际、职业等界限出现了横向与纵向相互交织的分化结构。从区域分化来看,少数民族流动人口开始改变单向跨区域流向东部沿海城市,中西部地区经济发展、产业转移吸纳了越来越多人口就近城镇化。从代际分化来看,以"80后""90后"为主体的新生代农民工开始成为少数民族流动人口的主体,他们在流迁特征、市民化意愿、行为与价值模式上,区别于老一代农民工群体。从职业分化来看,少数民族流动人口内部出现了自雇就业与受雇就业的分野。就少数民族流动人口的特殊性而言,还有横向分化上的特殊权益需求。基于民族宗教文化的特殊性,信仰伊斯兰教的民族成员一直对"入口""入土""入寺"有特殊的需求,还有一些民族对城市中的文化发展与民族教育提出了更高要求。

结构分化本质上是利益的分化。少数民族之间以及民族内部也出现了社会分化,这决定了他们具有利益的共同性,也有一定利益的差异性。这种差异性反映在少数民族农业转移人口市民化意愿与能力的差异上,反映出他们维护自身权益方式与手段的差异性。在一个加速分化的社会,民族利益诉求的多元化,权利意识的觉醒以及维权手段、方式的差异性,都对城市政府民族事务治理能力提出挑战。城镇化进程中少数民族合法权益保障,是社会结构分化与利益整合的必然结果,也是城市政府维持社会秩序、分配社会资源与社会机会的重要机制。

三　少数民族人口流动向城市基层社会治理体制提出挑战

如何管理现代性发展带来的社会流动性,向城市基层社会治理体制机制提出了严峻的挑战。这种流动性体现为人口、信息、资本、技术等要素的自由流动。中国的城市化或者都市化进程推动中国社会从地域型社会向移民型社会转变,中国的城市开始从一种相对封闭的地域型社会向多元开放的移民型社会转变。[1] 于是,"城市的社会关系、族群关系、城市中移民

---

[1]　杨小柳:《从地域城市到移民城市:全国性城市社会的构建》,《民族研究》2015年第5期;周大鸣:《从地域社会到移民社会的转变——中国城市转型研究》,《社会学评论》2017年第6期。

的权益保障、城市的治理已经成为国家、社会治理的重要课题，城市也成为民族工作的重要场域"。①

中国的社会管理体制建立在城乡二元分割基础之上，按照人口的户籍归属采取"属地化"的管理方式。改革开放大大释放了乡村的人口红利，推动人口由乡村向城市移民和流动，而完成了职业身份转换但受制于户籍制度限制的农民工群体成为城市社会管理的盲区，城市社会针对少数民族流动人口管理与服务的体制建设严重滞后。这突出表现在中国民族事务法治化建设上：虽然形成了以聚居民族权益与散居民族权益相并列的相对完善的法律保护体系，但是没有适用于少数民族流动人口权益保护的专门法律规范。法治建设滞后使得少数民族合法权益保障无法可依，但是城市少数民族合法权益保障又不仅仅是一个法律问题，这还深刻反映了在社会转型过程中调节社会资源和社会机会分配的社会治理体制建设的滞后性。2014年召开的中央民族工作会议指出，在城市民族工作中，政府的工作方式和管理机制等也有"不适应"的地方，指明了城市基层政府的社会治理体制存在问题与弊端。

四 少数民族合法权益保障已成为民族工作焦点与学术热点

根据对 CSSCI 来源期刊库的检索（见图 1-1），在篇名中包含"权利"或者"权益"并"少数民族"的文章达到了 194 篇，剔除与主题无关的文献，共有 128 篇。② 2005 年之前，相关文献的数量很少，基本在 3 篇以下，2008 年之后文献增长到两位数。以"少数民族权利或者权益"搜索 CNKI全文数据库（见图 1-2），会发现发文量显著增长也主要是在 2000 年之后。尤其是在 2005 年之后，文献出现了提速增长的情况，仅 2006~2010 年发文量就是此前五年的 3 倍多。2011~2015 年出现另一个发文的高峰期，这个时期适逢 2014 年 9 月第四次中央民族工作会议召开。这次中央民族工作会议

① 马俊毅：《论城市少数民族的权利保障与社会融入——基于治理现代化的视角》，《中南民族大学学报》（人文社会科学版）2017 年第 1 期。
② 剔除民族地区权利保障、民族自治地方权利保障、国外少数民族权利保障、会议综述性文章，剩余文献从主题或者内容上都与城市民族权利保障相关。

指出城市民族工作越来越重要，要注重保障各民族合法权益，坚持平等对待、一视同仁，依法管理城市民族事务，促进少数民族群众更好地融入城市。2016 年 1 月召开的全国城市民族工作会议，再一次强调依法保障各民族合法权益是城市民族事务治理的核心。[①] 总之，国家高层在城市民族工作上谋篇布局，确定改革方向与政策导向，激发了理论需求的生长点与学术研究的热度。

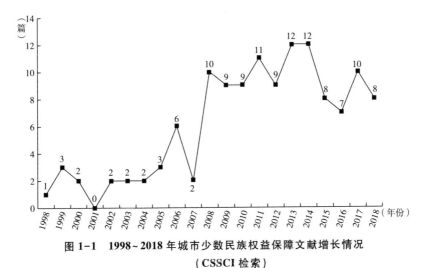

图 1-1　1998~2018 年城市少数民族权益保障文献增长情况
（CSSCI 检索）

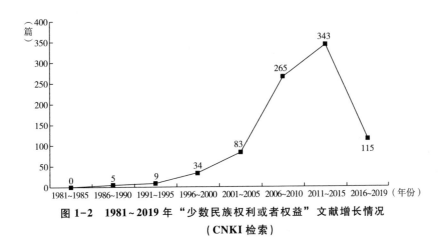

图 1-2　1981~2019 年"少数民族权利或者权益"文献增长情况
（CNKI 检索）

---

① 《全国城市民族工作会议在京召开》，新华网，2016-01-06。

第二节　研究意义

新型城镇化背景之下，持续性推进少数民族合法权益保障研究，聚焦政府在"有序推进农业转移人口市民化"、构建少数民族流动人口服务管理体系方面的治理创新，具有重要的理论意义与实践意义。

一　关注新型城镇化进程中少数民族的"底线型"权益与"发展型"权益

从民族工作的实践来看，保障各民族合法权益一直是城市民族事务治理的重要内容。对于少数民族城乡之间、跨区域流动现象及其问题的关注，相关研究涉及社会适应、社会融入、社会支持、社会排斥等内容，而合法权益保障一直是少数民族在城市生存生计的关键内容，融入城市过程中的不平等待遇与民族歧视现象也是影响民族团结、社会和谐的重要因素。在城镇化发展的初期阶段，少数民族外出务工经商具有兼业性质，没有改变以农牧业为主的生存格局，权益保障的重点在于就业权以及持续性获得收入，具有"底线型"权益的性质。随着城镇化的深入推进，少数民族流动人口由周期性往返城乡，趋向于在城市长期居留甚至定居，他们对成为城市市民并获得市民权有了进一步的要求，权益的内容也开始转向"发展型"。因此，关注新型城镇化进程中少数民族的新需求、新权益，积极推进少数民族的市民化进程，对于少数民族的社会发展与城市中的民族团结创建具有重要意义。

二　从社会分化视角分析城市少数民族群体内部分化与市民化意愿

"少数民族流动人口"作为一个学术概念与分析范畴，纳入学术视野与政策文本，说明这个群体产生初期具有一定的共性特征，内部的分化并不大。但是随着时间的推移，少数民族的流迁趋势、代际结构以及职业分布也开始产生新的特征与异质性，具体体现为户籍分化、代际分化与职业分化。以往的研究以同质性的视角观察少数民族流动人口，把这个群体视为均质的、无差异的共同体，进而构建囊括政治、经济、社会、文化多个维度的权益保障体系，实际上无法对接、满足现实中的权益需求状态，导致权益保障供给与差异性群体需求的不匹配现象。因此，需要转换研究视角，以社会分化的异质性视角观察城市中多元的民族群体，了解不同群体利益需求的层次性与多元性，进而构建多元化、多途径的市民化模式。

三　为政府保障少数民族合法权益、推进少数民族的市民化提供政策参考

进入 21 世纪，随着中国城镇化进程的加速，少数民族流入城市的数量与规模也在增长，由此引发的民族关系问题日益受到重视。通过改善服务，加强对少数民族人口的管理，成为政府开展城市民族工作的一项重要政策议程。2011 年，国家民委开始在全国范围推广少数民族流动人口管理与服务的试点城市建设。本研究关注地方政府保障少数民族流动人口权益的实践创新，考察地方政府在落实与贯彻"有序推进农业转移人口市民化"的具体举措，结合地方实践创新与少数民族流动人口市民化进程的差异，提出要建立基于少数民族流动人口市民化意愿与需求层次的权益保障体系。

第三节　国内文献述评

自改革开放以来，尤其是 20 世纪 90 年代中期以来，中国城镇化快速发展带来少数民族跨地区、跨城乡的流动，少数民族的流动人口、农民工、城市散居者成为社会关注的重要群体。本部分按照"现象—问题—对策"的思路，对城市少数民族合法权益保障的相关主题展开文献综述。

一　权益内容与凸显的问题

由于"少数民族合法权益保障"的话语本身就来自我国的《宪法》，《宪法》第 4 条明确使用了"少数民族的合法的权利和利益"概念，而利益

只有通过法律的确认才具有合法性和权威性。因此，对于城市少数民族合法权益保障，最先来自法律保障的关注。

20 世纪 80 年代，随着《民族区域自治法》的颁布与实施，建立了以民族自治地方为实施区域、以自治权为核心的区域自治民族的平等权利保障体系。作为民族平等在地域范围上自然延伸，通过立法保障散居少数民族平等权利开始纳入学者的视野。① 沿着这一法治建设的思路，研究者最早从散居少数民族法律保障的角度，分析城市少数民族权益的内容及存在的问题。

以《宪法》《民族区域自治法》《城市民族工作条例》等国家层面的立法为主干，以地方层次制定的涉及散居少数民族权益的地方法规、规章为基础，中国初步建立了保障散居少数民族合法权益的法制体系。王允武、保定召、夏骏、虎有泽等人认为散居少数民族合法权益包括平等权、族籍权、政治权利、受教育权、劳动权、宗教信仰自由权、风俗习惯自由权、语言文化权及其他公民基本权利。② 陆平辉在《散居少数民族权利保障：理论、制度与对策》一书中系统总结了散居少数民族权益保障五个方面的法律、法规体系。散居少数民族权益保障主要散见于国务院及其部委制定的关于少数民族问题的行政法规、部门规章和规范性文件，由此确立和保障的少数民族的权利主要有少数民族的族籍权利，政治权利，风俗习惯与宗教信仰自由，语言文字权利，获得国家帮助发展经济、文化、教育事业方面的权利。③

城镇化的发展推动人口流动，促进经济社会结构转型，制度实施环境的变化以及少数民族人口流入城市出现的新情况，也为少数民族合法权益保障提出了新的问题、新的挑战。

---

① 金炳镐：《保障杂散居少数民族的平等权利》，《民族团结》1984 年第 11 期。

② 王允武：《试论散居少数民族权利的法律保障》，《云南大学学报》（法学版）1997 年第 2 期；保定召：《国家保障散杂居少数民族的权益（一）》，《今日民族》2003 年第 5 期；夏骏：《谈谈散居少数民族的权益保障问题》，《黑龙江民族丛刊》1998 年第 2 期；虎有泽：《散居少数民族权益保障探析》，《青海民族研究》2013 年第 3 期。

③ 陆平辉：《散居少数民族权利保障：理论、制度与对策》，法律出版社，2016，第 262～264 页。

（一）平等权保障中的问题

近些年，对城市少数民族的偏见、歧视、污名化等明令禁止的言行，越来越成为少数民族合法权益保障的重点领域与焦点问题。沈林较早指出城市市民对少数民族流动人口的污名化、歧视现象，是少数民族流动人口平等权利保障和管理中值得关注的问题。[①] 李吉和等人归纳了民族歧视现象在公共服务领域的具体表现，主要涉及基层执法单位安全检查、公共服务窗口、基层行政管理部门三个方面。[②] 雷振扬认为民族歧视产生的影响危害不容小视，严重破坏民族平等与民族团结，对国家法制与民族政策产生严重的负面效应，不利于民族工作争取民心，还可能被敌对势力利用。[③] 马东亮指出，反对民族歧视是当前城市民族工作中颇为重要的任务之一，在现阶段显现出一定的紧迫性。[④]

（二）政治权利保障中的问题

城市少数民族的政治权利主要体现在依法享有宪法和法律赋予的选举权与被选举权。现有的选民登记制度奉行户籍地原则，省级法规以居住期限、现居住地选区同意、持有居住证等为由限制流动人口的选举权利。[⑤] 同时，选举权与被选举权仅仅是选民的一种资格，其在行使中还受到少数民族意愿的影响。吴勇辉对北京市少数民族流动人口权益保障状况的问卷调查显示，83%的人员对参与人大代表选举持无所谓的态度。[⑥] 相对而言，对

---

① 沈林：《民族工作缺失与民族工作过度——城市化进程中需要关注的若干民族问题》，载周大鸣、马建钊主编《城市化进程中的民族问题研究》，民族出版社，2005，第5页。
② 李吉和、陈怡菲：《民族歧视问题研究述评》，《中南民族大学学报》（人文社会科学版）2018年第5期。
③ 雷振扬：《以法治思维与方法反对民族歧视》，《中南民族大学学报》（人文社会科学版）2016年第5期。
④ 马东亮：《把握歧视现象特点，在城市民族工作中重视反歧视工作》，《中国民族报》2016年8月5日。
⑤ 段莎、陕西：《对选民登记和流动人口选举权行使的若干思考》，《人民代表报》2016年11月26日。
⑥ 吴勇辉：《城市少数民族流动人口权益保障研究》，博士学位论文，中央民族大学，2011，第65页。

城市少数民族政治权利保障研究的成果较少，研究内容集中于国家政治民主，而对城市基层民主研究就更少了。

（三） 社会权利保障中的问题

社会权利涉及就业权、劳动权、社会保障权等几个子权利。城市少数民族社会权利保障研究聚焦少数民族流动人口。

少数民族流动人口外出主要目的是务工经商、获得更高的收入，因此，就业权保障成为研究流动人口的重要议题。《散杂居民族调查：现状与需求》一书中较早对少数民族的就业与社会保障状况进行社会调查，发现因为没有市民身份，他们不能平等地享受住房补贴和贷款，不能进入正规部门就业，不能享受相应的社会福利、社会保障和社会服务。[①] 江曼琦等人在《少数民族经济发展与城市化问题研究》一书中专列一章分析散杂居地区城市中少数民族就业问题，少数民族进入城市后就业状况具有以下特点：以服务业为主，具有鲜明的民族特色；收入低，具有"三 D"特征；非正规部门就业，以个体经营为主。从经济学的成本—收益视角来看，少数民族由于宗教文化的特殊性与民族政策的特殊性保护，在非以民族特色为经营内容的就业市场上容易遭到歧视。[②] 文久富、汤夺先等人的研究也印证了少数民族流动人口就业中的边缘状态与遭到的就业歧视现象。[③]

马戎主编的《少数民族社会发展与就业——以西部现代化进程为背景》一书，以西部地区现代化进程中的社会变迁为研究对象，关注西部大开发战略推进过程中人口流动带来的社会结构变化及其对民族关系的影响，包含人口流动带来的当地就业结构的变化以及大中专毕业生的就业问题。[④] 马戎主持的教育重大攻关项目"西部开发中的人口流动与族际交往研究"，以

---

① 张海洋、良警宇主编《散杂居民族调查：现状与需求》，中央民族大学出版社，2006。
② 江曼琦等：《少数民族经济发展与城市化问题研究》，经济科学出版社，2009，第 244～247 页。
③ 文久富、陶斯文、刘琳：《城市化进程中少数民族流动人口就业现状、存在问题及其对策分析》，《西南民族大学报》（人文社科版）2007 年第 8 期；汤夺先、王增武：《城市少数民族流动人口权利贫困问题论析》，《贵州民族研究》2011 年第 5 期。
④ 马戎主编《少数民族社会发展与就业——以西部现代化进程为背景》，社会科学文献出版社，2009。

西部大开发背景下中部、东部地区人口向西部民族地区流动为研究对象，在西部六个城市展开了流动人口调查，涉及流动人口的迁移特征、就业收入、民族关系等问题。① 尽管上述研究没有直接涉及少数民族流动人口的就业权益保障问题，但为我们认识少数民族流动人口的就业结构特征及族际差距提供了分析视角与基础数据。

徐合平具体指出城市少数民族流动人口劳动权益保障存在的问题，即平等就业权未完全实现、劳动报酬权缺乏必要的保障、休息权受到侵犯、社会保障权的严重缺失、权利救济途径不够完善等。② 王允武等人则从思想观念、户籍制度、法律制度上分析少数民族流动人口社会保障权的现状及存在的问题。③ 王莹认为，从国家层面立法来看，《社会保险法》涵盖了进城务工的农村居民，但是旧的行政法规与规章，依然对参保人的户籍身份进行了限制，如养老保险权、失业保险权等只适用于城镇市民，工伤保险、生育保险也因少数民族的流动性、弱势性在执行中出现难以落实的问题。④

（四） 文化教育权利保障中的问题

田艳认为，"少数民族传统生活方式是少数民族传统文化的核心，因而少数民族保持其传统生活方式的权利应成为少数民族文化权利的核心，即少数民族基本文化权利"⑤。彭谦等人总结了少数民族文化权利外延包括少数民族的文学艺术权利、少数民族的语言文字权利、少数民族的饮食和服饰权利、少数民族的节日权利、少数民族的用品权利、少数民族的建筑风格权利、少数民族的历史遗址和文物的权利、少数民族的传统体育权利、

---

① 马戎等：《西部开发中的人口流动与族际交往研究》，经济科学出版社，2012。
② 徐合平：《论城市少数民族流动人口的劳动权益保障——以武汉市为例》，《中南民族大学学报》（人文社会科学版）2010 年第 1 期。
③ 王允武、王莹：《城市流动少数民族人口的社会保障权及其实现》，《民族学刊》2011 年第 3 期。
④ 王莹：《论我国城市少数民族流动人口的社会保险权——基于公民权利救济的考察》，《河南师范大学学报》（哲学社会科学版）2012 年第 2 期。
⑤ 田艳：《试论少数民族基本文化权利的界定》，《贵州民族研究》2007 年第 6 期。

少数民族的新闻出版权利，等等。① 高永久等指出，城市化对少数民族文化
权利保障的影响，通过现代文化对作为传统文化的民族文化的冲击、侵蚀
反映出来，体现为城镇化建设中对物质性的民族特色街区、民居、文物的
破坏，还体现为破坏了民族传统文化赖以生存的生态环境。② 对于少数民族
流动人口个体而言，随迁子女的文化教育权对于城市适应显得更为重要，
王平、汤夺先对于城市少数民族流动人口的子女教育问题进行了社会调查
研究。③

（五）宗教信仰、风俗习惯权保障中的问题

不尊重少数民族的宗教信仰和民族风俗习惯权利一直是城市少数民族
权益保障的焦点问题，也是诱发城市民族问题的主要因素。20 世纪 80 年代
中期至 90 年代中期，中西部开启交往交流，带来的一些负面影响，比较多
地出现如何尊重少数民族的风俗习惯、宗教信仰等问题。④ 这个时期侵害少
数民族宗教信仰和风俗习惯的行为主要集中在媒体宣传与文化出版领域。
"一些媒体和出版物缺乏民族常识、违反民族政策，刊登一些有辱民族风俗
习惯和宗教信仰，伤害少数民族感情的文章，时常引起少数民族的强烈不
满。"⑤ 进入 21 世纪，少数民族流动人口在城市中的数量日益增多，甚至超
过了世居少数民族的人口。一方面，在市场利益的驱动之下，个别单位或
个人经营的清真食品不清真；另一方面，随着少数民族流动人口的增多，
对清真饮食供应、宗教活动场所、丧葬节日等宗教、风俗习惯权益保障提

---

① 彭谦、田艳、翟东堂：《试论我国城市化进程中少数民族文化权利的法律保护》，《满族研
　究》2007 年第 4 期。
② 高永久、单菲菲：《论城市化进程中少数民族文化权利的法律保护》，《西北第二民族学院
　学报》（哲学社会科学版）2008 年第 2 期。
③ 王平：《关于城市少数民族流动人口子女教育问题的思考——以兰州市少数民族流动人口
　子女教育为例》，《民族教育研究》2008 年第 2 期；汤夺先：《城市少数民族流动人口子女
　义务教育问题的调查分析——以对兰州市的调查为视点》，《黑龙江民族丛刊》2010 年第
　1 期。
④ 郝时远：《改革开放四十年民族事务的实践与讨论》，《中央社会主义学院学报》2018 年第
　4 期。
⑤ 许宪隆等：《散杂居民族概论》，人民出版社，2013，第 256 页。

出了增量的要求。① 在城镇化进程中，作为个体的宗教信仰、民族风俗习惯权，需要国家提供不受侵犯、平等对待的权利保障，作为一种涉及民族群体的特殊性需求的集体权利，则需要政府积极主动作为，通过完善公共设施与公共服务保障供给，后者对中东部人口流入城市的压力越来越大。

二　权益受损原因分析

城市少数民族合法权益受损原因，从大的方面来看，主要包括两个方面：一方面是结构性因素，作为个体的行动者受制于国家和地方整体法律框架与制度结构的约束，主要表现为法制建设与制度因素；另一方面是功能性因素，个体所具有的人力资本和社会资本，对权益的行使与实际享有状态产生功能性影响。

（一）法律保障的归因

首先，立法的缺失。邓行认为少数民族流动人口权益保护不力，主要原因还是我国的民族法制不健全，配套措施不完善，而这源于现有的民族区域自治法与城市民族法制体系都无法涵盖没有户籍身份的少数民族流动人口。② 其次，现有的以《城市民族工作条例》为主体的针对城市少数民族的法制体系不健全、滞后于时代发展。肖俊、林钧昌指出，《城市民族工作条例》是一部行政法规，没有规定少数民族的具体权益，存在法律效力低、适用范围有限、操作性差等问题。③ 王飞、吴大华指出，目前保障城市少数民族流动人口的法律法规体系不健全，相关法制建设滞后，现行的某些民族宗教政策和法律法规还是新中国成立初期或是 20 世纪 70~90 年代的"应

---

① 白友涛等：《熟悉的陌生人：大城市流动穆斯林社会适应研究》，宁夏人民出版社，2011，第 237~243 页。

② 邓行：《少数民族流动人口权益保护初探》，《中南民族学院学报》（人文社会科学版）2002年第 3 期。

③ 肖俊：《论城市散居少数民族权益的法律保障》，《西南民族学院学报》（哲学社会科学版）2002 年第 7 期；林钧昌：《城市少数民族的权益保障》，《黑龙江民族丛刊》2004 年第4 期。

时之策"。① 汤夺先注意到，少数民族合法权益受损还与少数民族流动人口自身的法制意识、维权意识缺乏以及执法主体的政策水平不高、法律意识匮乏等有关。②

（二）人力资本归因

"人力资本归因"从个体层次分析出发，认为流入城市的少数民族个体初始的人口统计学特征以及在城市社会中的职业结构，影响到少数民族权益的实现。作为移民的少数民族成员的人口统计学特征包括受教育水平、职业技能、语言技能、工作经历等，构成他们在城市社会适应的人力资本。研究者一般认为人力资本关系到就业，从而对经济社会权益有直接影响。陈纪等指出，少数民族流动人口就业准备不足制约着其难以适应城市就业，表现在语言不通、习俗不同、受教育程度低、专业知识缺乏、就业技能低等方面。③ 王飞等人指出，少数民族流动人口进入城市受制于人力资本水平，从事的职业多属于次属劳动力市场或者处于无正规就业状态，从类型上可以分为四类——"普通务工型""特色经营型""迁徙开发型""盲目流动型"④。"人力资本归因论"建立在现代性获得假设之上，移民需要逐渐习得与现代社会相匹配的技能、价值与观念，而流动初始的人力资本决定了少数民族获得资源的能力。

（三）社会资本归因

"社会资本归因论"从社会互动网络的角度，指出个体或者群体所占有社会关系网络和群体网络层次，影响到社会资源获取能力与水平，进而影

---

① 王飞、吴大华：《关于城市少数民族流动人员权益保障的思考》，《贵州民族研究》2011 年第 1 期。

② 汤夺先：《论城市少数民族流动人口的权益保障》，《西北第二民族学院学报》（哲学社会科学版）2008 年第 5 期。

③ 陈纪、鲁亚倩：《少数民族流动人口城市融入中的社会适应问题探讨》，《贵州民族研究》2016 年第 10 期。

④ 王飞、吴大华：《关于城市少数民族流动人员权益保障的思考》，《贵州民族研究》2011 年第 1 期。

响到权益实现的程度。社会资本对于少数民族权益实现发挥着正向与负向的双面功能。从正面功能来看,社会资本能够为流入城市的少数民族提供非正式的社会支持,在就业、住房、文化传递、情感慰藉等方面提供资源。马伟华指出社会资本的正面功能,"基于族缘、亲缘关系的社会关系网,有助于获得物质和精神支持,能够维系少数民族流动人口的价值理念以及民族文化的传承等"。① 从负面功能来看,梁波等认为,个体嵌入社会网络的程度越深,其受到该网络的约束和限制也就越深,就很难从社会关系网络之外获取更优质的资源。② 陈云用"内卷化"的概念分析少数民族互动的社会网络,发现少数民族流动人口过分依赖族缘、亲缘、地缘社会网络中的社会资本,导致他们社会交往的内卷化与城市生活的隔离化。③

(四) 制度归因

"制度归因"强调宏观层面的制度设计与政策,在保障少数民族合法权益中发挥的作用。少数民族权益在事实享有状态上表现为少数民族所拥有的社会资源与社会机会。而作为社会价值、资源权威性分配的政治权力及其具体化的公共政策,无疑发挥着巨大的结构性作用。如果说"人力资本归因论""社会资本归因论"把少数民族权益实现的障碍归因于个体禀赋、社会资本等功能性因素,而"制度归因论"则关注制度性障碍、权利赋予不平等的结构性因素。彭建军指出城市少数民族流动人口在城市生存和发展的核心问题在于,我国城乡二元分割的体制使本应普及于城乡的公共服务均等化难以体现。④

"双重户籍墙"理论,可以帮助我们更好地认识制度因素所导致的结构

---

① 马伟华:《社会支持网构建:少数民族流动人口城市融入的实现路径分析》,《西南民族大学学报》(人文社会科学版) 2018 年第 2 期。

② 梁波、王海英:《国外移民社会融入研究综述》,《甘肃行政学院学报》2010 年第 2 期。

③ 陈云:《少数民族流动人口城市融入中的排斥与内卷》,《中南民族大学学报》(人文社会科学版) 2008 年第 4 期。

④ 彭建军:《我国中东部城市少数民族流动人口权益保障方式评析》,《西南民族大学学报》(人文社会科学版) 2014 年第 1 期。

性排斥的作用机制。① "显性户籍墙"是建立在城乡二元分割基础上的户籍制度,它把城市少数民族划分为户籍人口与流动人口。现有以《城市民族工作条例》为主体框架的城市散居民族权益法律保护,主要保障的是城市户籍少数民族的合法权益。"隐形户籍墙"是在"显性户籍墙"的基础上形成的对农民工歧视与权利资本剥夺的引申性制度安排。即使是在地方政府积极推动户籍制度改革的新型城镇化背景之下,"隐形户籍墙"依然是少数民族流动人口权益实现的屏障。汤夺先等认识到制度排斥才是导致少数民族权利贫困现象的根本。② 李俊清从政府公共服务供给的角度观察到,由于户籍、地域、就业状态等因素限制,公共服务的供给对流入本地的外来人口存在诸多门槛。③

(五)"城市民族事务治理体制机制"的归因

城镇化、现代化带来的社会变迁,需要城市民族事务治理及时应对流动性、复杂性、民主化提出的挑战。流动性挑战了以静态区域管理为单元的城市传统管理模式。周竞红指出城市政府传统以户籍民族为管理对象的属地化管理模式需要改变,针对流动人口防范型管理模式也需要向服务型、参与型管理模式转变。④ 城市民族事务的复杂性、渗透性,使得政府部门内部、政府与社会之间的协同治理成为必要。方堃等指出人口流动也使得跨区域、跨部门、跨区域的整体性治理成为必要。⑤ 人口的流动性、民族事务的社会化趋势挑战了以党政为单一治理主体的城市民族工作体制。柳建文、严庆、张莉莉、陈云指出,随着民族事务内容不断增多并且日益呈现出生

① 杨菊花等:《流动人口社会融合:"双重户籍墙"情景下何以可为?》,《人口与发展》2014年第3期。
② 汤夺先、王增武:《城市少数民族流动人口权利贫困问题论析》,《贵州民族研究》2011年第5期。
③ 李俊清:《东部城市少数民族流动人口公共服务研究》,《中国行政管理》2012年第11期。
④ 周竞红:《少数民族流动人口与城市民族工作》,《民族研究》2001年第4期。
⑤ 方堃、杨欣:《少数民族流动人口跨区域服务管理协作机制研究——基于整体性治理视角》,《中南民族大学学报》(人文社会科学版)2017年第4期。

活化特点的背景下，民族工作主体部门化模式要向主体多元化模式转型。①
民主化的发展催生少数民族的公民参与意识，需要搭建少数民族成员参与
公共事务协商与利益表达的平台。范可指出，在帮助扶持民族成员建立新
的公民意识上，应当考虑如何能让他们自觉地享有和维护自己所拥有的
权利。②

三　权益保障体系的构建

（一）价值取向：一般性保障与特殊性保障相结合

城市少数民族流动人口既具有流动人口的一般特征，同时还具有少数
民族的特殊性。这种特殊性体现在自身携带的民族因素和宗教因素③，少数
民族流动人口经济社会地位的弱势性④，以及他们在基本诉求方面与"区
域"民族相比具有特殊性。⑤

针对城市少数民族群体兼具一般性与特殊性，城市少数民族合法权益
保障也要遵循一般性保障与特殊性保障相结合的原则。刘立敏指出："城
市少数民族流动人口的权益至少要界定出公共性权益和特定性权益，二者
分开保障，公共性权益保障纳入政府公共服务领域，特定性权益纳入政府
专项保障领域。"⑥ 古丽阿扎提·吐尔逊把我国法律对少数民族权利的保护
归纳为"三 P 机制"：一是禁止歧视和给予平等对待（Equality and
Prohibition of Discrimination）；二是保护少数民族的语言、宗教和文化特性

①　柳建文：《城市民族工作社会化与多元复合型社会管理体制的构建》，《贵州民族研究》
　　2012 年第 4 期；严庆、张莉莉：《部门化与多元化：中国民族事务治理主体建设研究》，
　　《兰州学刊》2015 年第 12 期；陈云：《构建城市民族工作社会化的新格局》，《中南民族大
　　学学报》（人文社会科学版）2015 年第 1 期。
②　范可：《略论公民权与少数民族权利》，《江苏行政学院学报》2010 年第 3 期。
③　汤夺先：《论城市少数民族流动人口的权益保障》，《西北第二民族学院学报》（哲学社会科
　　学版）2008 年第 5 期。
④　邓行：《试论发展权与少数民族流动人口的权益保护》，《贵州民族研究》2005 年第 1 期。
⑤　陈永亮：《"民族"的"区域"类型及其权利诉求》，《广西民族研究》2018 年第 2 期。
⑥　刘立敏：《城市少数民族流动人口权益保障的现状与出路》，《烟台大学学报》（哲学社会科
　　学版）2018 年第 3 期。

(Protection)；三是增加少数民族的各种机会 (Promotion of Opportunities)。①
从"三 P 机制"内容上看，第一条涉及的是无差别权利保障，而第二条、第三条则是基于少数民族文化宗教特殊性、社会地位的弱势性给予的差别性权利保障。

一般性权利保障关注的焦点在于少数民族流动人口享受市民待遇，不因民族身份而遭到歧视、区别对待，是一种平等保护。差别性权利保障关注少数民族文化适应与结构融入两个维度。一方面基于少数民族的民族宗教特殊性，在一定程度上满足其特殊的生活需求，以维持其在主流社会中一定的文化特性与民族传统；另一方面，则是基于城市少数民族社会经济地位的弱势地位，提供一定的职业培训、法律援助、社会支持、公共服务获得上的便捷性，使其能够更好地融入城市社会。

（二）法律保障：完善保障城市少数民族合法权益的法律体系

中国法学会民族法学研究会 2010 年年会暨学术研讨会以"城市少数民族流动人员权益的法律保障问题"为题，从理论分析、案例实务方面，对城市少数民族流动人口的法律保障问题进行了集中与深入的讨论。②

其中，李鸣在《城市少数民族流动人口权益保障的法制分析》一文中的观点具有一定的代表性。第一，要加快立法。要充分认识加快城市少数民族流动人口合法权益法制保障建设的重要性，将其纳入重要议事日程。第二，加大执法监督力度。民族工作部门要定期或不定期地检查有关民族法规、规章和政策在少数民族流动人口中的执行情况，地方人大、政协专门委员会要建立监督检查民族法律法规实施情况的长效机制。第三，国家各级司法机关要切实保障民族法制的实施。第四，建立少数民族流动人口法律援助中心。第五，加强少数民族流动人口流出地各级政府与流入地政府间的有效协调与合作。少数民族流动人口流出地政府应在源头上加强对流动人口的普法教育，少数民族人口流入地政府应强化对外来人员的管理

---

① 古丽阿扎提·吐尔逊：《我国少数民族权利法律保护探析》，《民族研究》2011 年第 5 期。
② 毛公宁等主编《民族法学评论》（第七卷），民族出版社，2011。

与服务，依法保障权益。第六，重视城市少数民族流动人口合法权益法制
保障工作的理论研究。①

城市少数民族合法权益的法律保障，体现了"过程性保护"的特征，
包括立法、执法、监督检查、司法以及法律援助（维权）环节，涵盖法律
运行的整体过程。

（三）政策措施：构建城市少数民族管理与服务体系

周竞红较早从构建社会治理体系的角度，系统地论证了城市民族工作
需要完善的诸多方面，提出了建立适应市场经济体制特点的管理协调机制、
流动人口流出地各级政府与流入地城市政府间进行有效的协调与合作、通
过社区化管理加强少数民族流动人口与城市社区的联系、动员民间社会组
织力量参与管理等建议。②

雷振扬带领的科研团队在其主持的教育部重大攻关课题"坚持和完善
中国特色民族政策研究"中，较为系统地提出完善、创新城市少数民族流
动人口服务管理的相关政策，包括继续加强民族平等和民族团结的宣传教
育、提升少数民族流动人口服务管理水平、完善少数民族流动人口社区服
务与管理制度、从制度层面保障少数民族流动人口的合法权益、建立少数
民族流动人口流出地与流入地沟通协作机制。③

马戎指出需要在一个宏观的社会转型的大背景中，对中国民族关系的
基本格局、发展现状和未来趋势有一个整体性的把握，而其中的城镇化以
及由此带来的人口流动是需要特别关注的现象。据此，他对东部沿海地区
的城市民族工作提出具体的政策建议：过渡期要对少数民族劳动者扶助、
在东部城市中加强民族知识教育、对清真饮食业、西部对东部城市的"劳
动力集体输出"、来到东部城市的少数民族儿童的教育问题、构建"相互嵌
入式的社会结构和社区环境"以及西部地区城镇化模式进行专项调研与政

---

① 李鸣：《城市少数民族流动人口权益保障的法制分析》，载毛公宁等主编《民族法学评论》
（第七卷），民族出版社，2011，第 53～68 页。
② 周竞红：《少数民族流动人口与城市民族工作》，《民族研究》2001 年第 4 期。
③ 雷振扬等：《坚持和完善中国特色民族政策研究》，中国社会科学出版社，2014，第 313～
361 页。

策应对。①

　　少数民族流动人口服务与管理体系构建，作为政府保障少数民族合法权益的政策应对，实质上是政府治理理念与社会治理体制机制改革的过程。无论是针对流动人口的管理体制、社区治理体制、公共服务供给体制等，还是政府跨部门、跨地域的协同，跨越市场、社会边界的多主体协作，都是民族事务社会治理创新的重要内容。

四　总结与述评

　　少数民族合法权益保障是各民族平等的重要实现机制，也是城镇化加快发展过程中引发城市较多社会问题、影响民族关系的一个重要因素，因此受到社会学、民族学、法学、政治学等学科的广泛关注，并取得了很大的进步。但是，我们认为，观察与分析城镇化进程中少数民族合法权益保障仍需要在以下方面做出进一步的探索。

（一）理论框架

　　现有的对于少数民族合法权益保障的分析建立在"制度—规范"分析的基础之上。研究者或者是援引少数民族权利保障的相关理论，或者依据现有的保障城市少数民族合法权益的法律体系与制度框架，静态地分析少数民族权利的保护内容与现实困境。客观来看，制度、规范文本在理解少数民族权利的内涵与保障的进路中发挥着重要的参考坐标，也是我们认识少数民族权益现实状态的法权依据。但是"制度—规范"的分析框架有明显的缺陷。第一，忽视城镇化进程中少数民族群体内部的分化，无法把握少数民族群体利益诉求的多样性。少数民族群体的社会分化，存在区域分化（流向区域）、代际分化（新生代农民工）以及职业分化等多个维度，对于不同群体的利益诉求，现有的分析框架无法精准把握。第二，新型城镇化强调有序推进农业转移人口的市民化进程，而根据少数民族市民化进程

---

① 马戎：《关于当前中国城市民族关系的几点思考》，《西北民族研究》2009 年第 1 期；马戎：《中国城镇化进程中的民族关系演变》，《西北民族研究》2015 年第 1 期。

的阶段性，表现出"底线—发展—融合"的过程，利益诉求也呈现出不同层次与发展序列。第三，忽视国家高层的"制度—规范"设计与地方"治理—过程"的互动效应。在中国的政策创新中，地方根据国家的顶层设计与制度安排，一般会先行政府治理的探索，从而形成少数民族合法权益保障的地方经验。因此，需要在"制度—规范"分析的同时，更加注重地方的社会治理实践与政策的运行过程，"治理—过程"分析框架是一种有益的补充。

（二）研究内容

关于城镇化进程中少数民族合法权益保障，现有的研究从两个视角切入：一个是散居少数民族权益保障，另一个是少数民族流动人口问题分析。前一个分析视角把握住了城镇化推动少数民族的散居化趋势，依据散居民族"多、广、散、杂"的特征，并比照与实行区域自治民族的权益内容，试图构建涵盖政治、经济、社会、文化等多维度的权益保障体系。后一个分析视角认识到城镇化推动少数民族的流动过程，把少数民族流动人口视为流动人口中的一个特殊群体，试图针对这个群体的流动性与宗教文化的特殊性构建权益保障体系，而其目的也在于维持城市社会民族关系的和谐、预防涉及民族因素的突发公共事件。随着新型城镇化的推进，城市中的少数民族将逐渐由散居走向嵌入，由流动走向定居，基于城乡统筹的少数民族市民化过程将成为少数民族合法权益的重要内容，少数民族在市民化进程中的意愿、选择与利益诉求，将成为公共服务与政府社会治理改革的重要内容，这方面的研究亟待加强。

（三）研究方法

现有的研究规范分析较多、实证研究较少，实证研究也多局限于某一民族、某一地区的少数民族群体。在研究中，往往把城市中的少数民族群体视为同质性的群体，进行一般化的描述与对策分析，政策对策研究的针对性不强，没有区分地方社会治理的差异性。与之相对照，社会学、人口学等学科对农民工、流动人口的研究，在较大规模样本调查、较为深入的因果机制分析上做得更好，因此，该领域的研究亟待从多学科的视角出发，开展较大规模样本的社会调查，在准确描述城市少数民族群体特征的基础上，探索性分析城镇化过程中少数民族权益的现实状态、市民化意愿与能力的影响因素，有针对性地提出对策和建议。

第四节　国外文献述评

中国的流动人口，尤其是其中的少数民族流动人口，与国外社会中的国际移民相似。不同于一国内部世居的少数民族，少数民族流动人口跨越国界或者地域边界走进异质性的社会环境（通常是大中城市），专属的权利保障体系被公民化保障法律体系取代，处于社会"少数人"与"异文化"的双重不利地位，面临流入地的结构适应与文化适应的双重挑战。西方社会关于国际移民动因、融入与治理的文献，对于我们认识中国少数民族流动人口问题有一定的参考价值。

一　移民迁移的动力机制：主要理论的阐释

西方社会的工业化进程最先拉开了国内人口流动的序幕，也开启了现代的移民研究。早在19世纪的80年代，拉文斯坦（E. G. Ravenstein）最先对英国国内移民展开研究，对人口迁移的机制、结构、空间特征规律进行总结，形成了人口迁移七大定律。[①] 拉文斯坦对移民的相关研究，构成了现代移民研究的基础。[②] 1938年，赫伯尔（Rudolph Heberle）用"推拉"因素总结和解释移民行为。[③] 1966年，伊沃里特·李（Everett Lee）提出了综合性的移民理论。他把推动人口空间流动的因素归纳为四种：与流出地有关的因素、与流入目标地有关的因素、中间障碍性因素和个体因素，任何地

① E. G. Ravenstein, "The Laws of Migration", *Journal of the Statistical Society of London*, 1885, 48 (2): 167–227.
② D. B. Grigg, "E. G. Ravenstein and the 'Laws of Migration'", *Journal of Historical Geography*, 1977, 3 (1): 41–54.
③ Rudolph Heberle, "The Causes of Rural-Urban Migration a Survey of German Theories", *American Journal of Sociology*, 1938, 43 (6): 932–950.

域的移民就是这些因素间相互作用的结果。① "推拉"理论为研究移民行为提供了一个理论框架，但作为一个宏观理论，在实证分析中有一定局限性。后续的理论从个体、家庭、国家、国际等分析层次出发，形成了多元化的解释理论。

新古典主义经济理论的宏观视角（Neoclassical Economics：Macro theory）认为国际移民发生的动因在于不同国家间经济发展水平的差异，这种差异集中体现在劳动力市场工资水平的差异。② 国家间劳动力与资本禀赋的差异会导致两种形式的国际移民：一种是基于工资差距而产生的劳动力由低收入国流入高收入国；另一种是基于资本投入的回报率带来的人力资本由资本富集国流入资本贫乏国，比如管理人员、技术人员以及技工的流动。新古典经济学的微观视角（Neoclassical Economics：Micro theory）指出，个体理性者是否决定移民基于成本—收益的计算，从而确保在移民中获得一个正向的净回报。③

新经济移民理论（The Economics of Migration）挑战了新古典经济理论的假定和结论：并非由孤立的个体行为者而是由更大的关联人群单元（比如家庭）做出移民决定，以便获得最大化的预期收入，同时降低移民的风险，减小市场失败带来的压力。④ 该理论把家庭或者其他文化上可以定义为生产或消费的单元作为分析对象，指出工资差异并不必然引发移民，当地雇佣状况或者发展水平与国际移民也不是仅存在相互排斥的可能性，当地经济的发展也能促进对外移民的发生。

劳动力市场分割理论（Dual Labor Market Theory）明显不同于新古典主义经济理论和新经济移民理论从行为者（个体或者家庭）理性决定的视角，

---

① Everett S. Lee, A Theory of Migration, *Demography*, 1966, 3 (1): 47-57.

② John Rees Harris, Michael P. Todaro, Migration, Unemployment, and Development: A Two-Sector Analysis, *American Economic Review*, 1970, 60 (1): 126-142.

③ Larry A. Sjaastad, The Costs and Returns of Human Migration, *Journal of Political Economy*, 1962, 70 (5): 80 – 93; Michael P. Todaro, Lydia Maruszko, Illegal Migration and US Immigration Reform: A Conceptual Framework, *Population and Development Review*, 1987, 13 (1): 101-114.

④ Oded Stark, J. Edward Taylor, Migration Incentives, Migration Types: The Role of Relative Deprivation, *The Economic Journal*, 1991, 101 (408): 1163-1178.

认为国际移民产生于现代工业社会对劳动力固有的需求。迈克尔·皮欧雷（Michael Piore）的观点集中代表了这种理论。他指出，职业差异不仅代表收入的差异，同时还关系到社会结构中的地位、声誉与社会品质；发达国家存在资本密集型的首属就业部门与劳动力密集的次属就业部门，在分割的劳动力市场体系中，一些低收入、低声誉、劳动强度大的次属就业部门，在本地人不愿进入的情况下，便向外来移民开放，从而为移民提供了大量的就业机会。[①]

世界体系理论（World Systems Theory）基于沃勒斯坦极具创建性的理论，认为跨国移民形成的原因并非来自特定国家经济体内部劳动力市场的分化，而是来自世界市场的结构，资本主义经济关系渗透、扩散到边缘、非资本主义的社会，从而形成了倾向于移民国外的流动人口。正如道格拉斯·马西（Douglas S. Massey）所言，随着边缘区域的土地、原材料、劳动力受到市场影响和控制，移民便会不可避免地发生，其中的一些人往往移民国外。[②]

二 移民的融入与社会治理

移民一旦进入移居地，必然要经历一个经济、社会、心理到身份的适应过程，也开启了融入流入地的过程。二战后，由于国际范围内的移民潮，欧美国家在不同程度上面临移民大量涌入带来的社会挑战，因而，移民的社会融入问题成为国际移民关注的焦点问题。在移民社会融入范畴之下，包括了大量相关主题的讨论，如移民的同化、社会适应、社会融合、文化适应、社会吸纳与社会并入。[③] 相关研究既有描述性分析移民适应的客观过程及状态，也有公共政策与制度设计保障移民权益的内容。

对于移民融入问题的研究，可以追溯到 20 世纪初美国芝加哥学派对于移民同化的理论研究。罗伯特·帕克（Robert E. Park）等人认为"同化是

① Michael J. Piore, *Birds of Passage*: *Migrant Labor in Industrial Societies*. Cambridge: Cambridge University Press, 1979.
② Douglas S. Massey, "Economic Development and International Migration in Comparative Perspective", *Population and Development Review*, 1988, 14 (3): 383–413.
③ 梁波、王海英：《国外移民社会融入研究综述》，《甘肃行政学院学报》2010 年第 2 期。

一个渗透和融合的过程，借此，个人和群体获得另一部分人或群体的记忆、情感和态度，通过与他们共享经历和历史，整合进一种共同的文化生活"①。20世纪60年代，米尔顿·戈登（Milton Gorden）发展了同化理论，他把同化视为一个包含七个阶段的发展过程。② 随着美国民权运动的兴起，反思以同化为指向的"大熔炉"理论及实践，多元文化主义对移民融入研究产生较大影响，并逐渐影响一些国家的移民政策的制定。

Hollifield 对欧洲移民融合的模式归纳为：（1）过客模式（the guestworker model），德国是典型。移民由劳动力市场决定并被视为暂时的需要，因此，无须提升移民的法律地位，无须体现日益增长的文化多样性。（2）同化模式（the assimilation model），例如法国。移民是长久的事实，欢迎移民并给予他们彻底的法律地位，以便移民愿意或者能够同化于主导的文化。（3）少数民族模式（the ethnic minorities model），如英国。移民是一个长期的事实，移民有各自不同的族裔或者民族起源，他们形成新的社区，文化上彼此相异，与现有社区不同。③ 卡斯尔（Stephen Castles）将移民区分为三种模式，分别为：（1）差别性排斥模式（the model of differential exclusion），如德国及南欧的国家；（2）同化主义模式（the assimilationist model），如英国、法国和北爱尔兰；（3）多元主义模式（the pluralist model），欧洲之外的典型移民国家。④

除了对移民融入模式的探讨，移民社会融入的维度也备受关注，其中包含了对少数民族政治和法律地位平等保障的关注。戈登最早从"结构"与"文化"区分不同方面的同化，"结构"意味着移民在流入国的社会组织

① Robert E. Park, Ernest W. Burgess, *Introduction to the Science of Sociology*, Illinois: The University of Chicago Press, 1921: 736.

② M. Gorden. *Assimilation in American Life: The Role of Race, Religion and National Origins*, New York: Oxford University press, 1964.

③ Barbara Schmitter Heisler, "The Future of Immigrant Incorporation: Which Models? Which Concepts?" *International Migration Review*, 1992, 26 (2): 623-645.

④ Stephen Castles, "How Nation-states Respond to Immigration and Ethnic Diversity", *Journal of Ethnic and Migration Studies*, 1995, 21 (3): 293-308.

和制度层面的社会参加度，"文化"意味着移民在价值观和社会认同上的转变。[①] 杨格-塔斯（Josine Junger-Tas）把移民的社会融入分为结构性融入（structural integration）、社会—文化性融入（socio-cultural integration）以及政治—法律融入（political and legal integration）。[②] 结构融入涉及少数民族在教育、劳动力市场、收入和住房中的地位；社会文化融入包括社会机构的参与度，与外群体成员建立人际关系以及遵循东道国行为模式的程度；政治和法律维度的融入关注少数民族被政府和公民视为二等公民以及作为歧视和种族主义对象的状态。就改善政治和法律融入而言，少数民族要求正式的法律保障，诸如种族法案，赋予平等权利、调整基本市民权（宗教自由）、简化归化流程、赋予政治权利和设立事关少数民族利益的特殊咨询机构。恩泽格尔（Han Entzinger）等人提出了四维模型，移民在东道国要面临四个维度上的融入，即社会经济融入、文化融入、法律和政治融入、东道国的态度。[③] 社会经济融入、文化融入与杨格-塔斯的社会—文化性融入区别不大，法律和政治融入指向赋予所有的公民平等的权利，不论他们是出生即获得公民权抑或后续取得。他特别强调融入不是单向的过程，不仅移民需要发挥作用，东道国也要承担对等的责任，其中包括保障平等权益、反对歧视和种族主义，清除各种结构性的歧视等措施。

三 总结与述评

上述国际移民的动力机制理论，从个体、家庭、国家抑或国际层次给出了多元化的解释，为我们认识移民的微观与宏观作用机制提供了观察视角与分析维度。观察中国的人口流动，亦需要从个体能动者与结构性限制两个方面出发。进入城市，少数民族流动人口开始了市民化的进程，从经济、文化、政治、社会等多个方面，开始了融入城市的过程。国外移民社

---

① M. Gorden. *Assimilation in American Life：The Role of Race，Religion and National Origins*，New York：Oxford University press，1964.

② Josine Junger-Tas，"Ethnic Minorities，Social Integration and Crime"，*European Journal on Criminal Policy and Research*，2001，9（1）：5–29.

③ Han Entzinger，Renske Biezeveld，*Benchmarking in Immigrant Integration*，Rotterdam：Erasmus University Rotterdam，2003：19–31.

会融入理论给予我们如下的启示：第一，城市社会融入包含了结构融入与文化融入的维度，对于文化异质性的少数民族成员而言，文化融入构成了更大的挑战；第二，城市社会融入是一个双向的过程，需要流动人口提升生计资本，增强文化认同，转变行为模式，也需要城市政府与城市居民改变态度，制定反对歧视与包容的公共政策，创造平等的法律与政治环境，保障少数民族的合法权益；第三，西方的移民融入理论大多基于特定的区域、国家的案例与资料，相关理论的适用具有一定的历史文化背景。在分析中国流动人口问题时，需要结合中国的政策环境与制度结构，不能简单地套用西方理论。

第五节　基本概念界定

一　城镇化与新型城镇化

（一）城镇化

城镇化[①]，亦被称作城市化、都市化，泛指乡村转变为城镇的复杂过程。人类社会的文明进步与发展经历过三次社会大分工，以商业、手工业从农业中分化为标志，一种商业性城市开始出现。这时的城市是消费中心与军事中心，而不履行生产的功能。真正意义上的城市出现在工业革命之后。城镇化是人类在进入近代之后，尤其是在工业革命的推动下，工业的发展带来大量的就业机会，推动了人口向城市聚集、迁徙的过程。"大量人口在 19 世纪和 20 世纪脱离农村家庭进入城市环境中，在一定程度上这是工业革命的结果。

---

① 从内涵上来看，城镇化、城市化与都市化并无实质性差异，只是不同的概念所涵盖的地域范围与实现的路径有所不同。在论述中国的城市化道路时，"城镇化"一词更多作为一种官方文本中的特定概念被广泛提及。据有关学者的分析，"城镇化"更能体现中国特色：其一，中国城市体系包括镇；其二，中国农村剩余劳动力转移的路径比较特殊，"先进城镇、后入城市"；其三，城镇成为中国目前解决"城市病"和"农村病"的重要载体（参见石淑华、吕阳《中国特色城镇化：学术内涵、实践探索和理论认识》，《江苏社会科学》2015 年第 4 期）。

大规模的移民在很大程度上是由城市工业体制所创造的就业引发的。"[①] 针对当时方兴未艾的工业革命进程，马克思提出，"现代的历史是乡村城市化，而不像在古代那样，是城市乡村化"的经典论断。[②] 因此，城镇化是任何一个国家在走向工业化进程中都不可避免的趋势与过程。

城镇化现象自产生以来，就引发了众多学者的关注，成为不同学科关注的焦点话题。西方学者最先观察到这种由乡村转型到城市的社会变迁过程，用现代性的视角分析其中的转变。如滕尼斯的"社区"与"社会"二分模型，涂尔干的"有机团结"与"机械团结"的观点，以及美国芝加哥学派代表人物沃思等人对"城市性"的经典论述。"1867 年，西班牙工程师塞达在他的著作《城市化基本原理》一书中明确提出了城市化的概念。"[③] 国际知名的城市规划理论大师约翰·弗里德曼（John Friedmann）将城市化分为两个过程："城市化过程 I 指人口和非农业活动在城市中的地域集中过程、农村景观转化为城市景观的地域扩张过程。城市化过程 II 指城市文化、城市生活方式和价值观向农村的地域扩散过程。城市化过程 I 是实体性的城市化过程。城市化过程 II 是精神上、文化上的城市化过程。"[④]

中国学者也认识到城镇化是多维度、多面向的复杂过程。从人口城镇化来看，"一般而言，城镇化是伴随工业化，非农产业在城镇集聚、农村人口向城镇集中的自然历史过程"。[⑤] 从非农产业城镇化来看，以辜胜阻为代表的学者将城镇化界定为伴随工业化过程而出现的非农化过程，"非农化指的是在经济发展过程中劳动力从农业部门向非农部门不断转化的过程"。[⑥] 从社会生活城镇化看，"城市化是一个综合的、系统的社会变迁过程，它包括人口城乡之间的流动和变迁、生活方式的改变、经济布局和生产经营方

① 〔美〕乔治·瑞泽尔：《古典社会学理论》（第 6 版），王建民译，世界图书出版公司，2014，第 9~10 页。
② 《马克思恩格斯全集》第 46 卷，人民出版社，1979，第 480 页。
③ 冯虹等：《中国城镇化进程中农民工的就业歧视及其社会风险》，社会科学文献出版社，2016，第 20 页。
④ 沈建法：《城市化与人口管理》，科学出版社，1999，第 44 页。
⑤ 夏柱智、贺雪峰：《半工半耕与中国渐进城镇化模式》，《中国社会科学》2017 年第 12 期。
⑥ 辜胜阻：《非农化与城镇化研究》，浙江人民出版社，1991，第 2 页。

式的变化，还包括整个社会结构、组织、文化的变迁"。① 还有学者着眼中国城镇化的特殊性，突出强调制度创新的重要意义。"所谓城市化，是落后的农业国在工业化、现代化过程中全面制度创新的结果，是一个国家内部人口、资源与产业在市场机制作用下以城市为主导重新进行空间配置的过程，其间伴随着全社会生产、生活方式的根本性变化。"②

中西相关的城镇化研究共同指出，城镇化是一个社会的经济基础与上层建筑深刻变革的过程，包含人口城镇化、非农产业城镇化以及社会生活城镇化、制度创新四个维度。特别需要指出的是，囿于制度藩篱与政策选择，中国的人口城镇化、非农产业城镇化并没有自然而然地推动农业转移人口社会生活的城镇化，大量农民转变成农民工而未转化成城市市民，城乡基层社会治理体制机制的变革，将是中国城镇化建设的一项重要内容。

（二）新型城镇化

新型城镇化是在新的发展理念指导下，城镇化发展的内涵逐步深化、覆盖的领域与广度逐渐扩大的过程。在中国的语境下，新型城镇化是以城乡建设为指向的经济内涵的建设，逐渐走向民生保障、城乡一体、生态文明、文化保护、体制机制创新等社会、政治、文化内涵的全面变革。"所谓新型城镇化，就是落实科学发展观，体现工业化、城镇化、信息化、农业现代化'四化协调'和经济建设、政治建设、文化建设、社会建设、生态文明建设'五位一体'的城镇化。"③

2014年3月出台的《国家新型城镇化规划（2014—2020年）》（以下简称《规划》）是党中央和国务院联合出台的第一个城镇化发展规划。《规划》明确指出了新型城镇化的内涵，即"以人为本、四化同步、优化布局、生态文明、文化传承"，而"以人为本"就是要以人的城镇化为核心，合理

---

① 顾朝林、吴莉娅：《中国城市化问题研究综述（Ⅰ）》，《城市与区域规划研究》2008年第2期。
② 赵新平、周一星：《改革以来中国城市化道路及城市化理论研究述评》，《中国社会科学》2002年第2期。
③ 孟续铎：《新型城镇化与农民工劳动保障》，中国工人出版社，2016，总序第6页。

引导人口流动，有序推进农业转移人口市民化，稳步推进城镇基本公共服务常住人口全覆盖，不断提高人口素质，促进人的全面发展和社会公平正义，使全体居民共享现代化建设成果。[①] 2017 年，党的十九大以及随后召开的中央经济工作会议，对新时代的城镇化工作提出新要求，以推动我国城镇化高质量发展。具体来讲，新型城镇化建设要重点把握五个坚持，这也是新型城镇化的创新内涵之所在：第一，坚持以人的城镇化为核心，加快农业转移人口的市民化；第二，坚持以城市群为主体形态，推动大中小城市协调发展；第三，坚持产城融合，促进城市集约紧凑发展；第四，坚持城乡融合发展；第五，坚持深化改革，破除新型城镇化体制机制障碍。[②] 总之，新型城镇化建设涉及人的城镇化、产业发展、城镇建设的规模与形态、生态文明、文化保护与发展、体制机制改革等内涵，是对城镇化价值理念、发展导向、推动机制等内容的全面创新。其中新型城镇化的首要任务与目标就是坚持以人的城镇化为核心，加快农业转移人口的市民化。

本研究认为，定义城镇化，既要结合城镇化的一般性特征，还要结合新时代党和国家推进新型城镇化发展的新理念与新思路，突出中国城镇化发展的阶段性特征。我们认为城镇化是一个国家的人口随着工业化进程不断迁移到城市工作就业、获得市民权并逐渐与当地市民相融合的过程，在这个过程中，伴随着产业结构、社会结构、价值观念、权利结构以及社会治理体制机制的转变。其中，通过基层社会治理体制机制的创新，推动迁移人口获得市民权，享受与城市市民同等的待遇与权利，是新型城镇化的核心内容。

二 城市少数民族

在讨论城镇化与少数民族权益保障的关系时，"城市少数民族""少数民族流动人口""少数民族农民工"是几个被经常交替使用的概念，而不同概念指称的权益主体不同，权益内容也会存在差异。在这里，我们需要明

① 孟续铎：《新型城镇化与农民工劳动保障》，中国工人出版社，2016，第 13 页。
② 何立峰主编《国家新型城镇化报告（2017）》，中国计划出版社，2018，序言第 3~4 页。

确这几类"城市少数民族"群体的内涵。

"城市少数民族"作为党和国家民族工作的实践对象，随着具体的政策语境与民族工作体制的变化，大致有两种含义：一种是指城市中从事非农产业，特别是城市市区的少数民族；另一种是《城市民族工作条例》及地方制定的法规、规章所规范的城市行政辖区的少数民族，包括城市市区与城市所辖农村的少数民族。① 就居住生活在城市市区的少数民族而言，按照其来源和居住时间的长短又可以分为世居少数民族、新近少数民族与流动少数民族。② 世居少数民族、新近少数民族是城市市区中具有城市户籍的少数民族，是城市市民。城镇化的发展促进了人口流动，在中国现有的以户籍制度为核心内容的城乡二元管理体制之下，出现了人户分离的现象。少数民族流动人口流迁的原因多种多样，诸如上学、旅行、短期居住、务工经商等，而其中从乡村流入城市从事非农产业的"少数民族农民工"群体，日趋成为少数民族流动人口的主体，正是在这个意义上，"少数民族流动人口"与"少数民族农民工"经常被交替、等同使用。一些研究者也多是从"农民工"意义上来定义少数民族流动人口的。③

"城市少数民族"是一个聚类概念，包括多个类型的少数民族群体，主要是有城市户籍的少数民族人口和非本地城市户籍的少数民族人口。他们之间既有共性特征，也有差异性，面临的权益保障问题共同性与差异性并存。城镇化的发展对于被动或者主动卷入这个进程中的少数民族群体都会产生影响，都会与城市发生关联（居住、工作、户籍、价值变迁等联系纽带）。就积极推进市民化进程而言，本研究重点关注流入城市在城市（城镇）从事非农产业的少数民族流动人口。其中既包括由农村流向城市具有农村户籍的少数民族，即少数民族农民工群体，也包括由城市流向城市具有城市户籍的少数民族。在对少数民族流动人口的可操作性定义上，我们根据中国流动人口动态监测调查对流动人口的界定，把少数民族流动人口

---

① 沈林等：《中国城市民族工作的理论与实践》，民族出版社，2001，第88~89页。
② 沈林等：《中国城市民族工作的理论与实践》，民族出版社，2001，第100页。
③ 陆平辉：《散居少数民族权利保障：理论、制度与对策》，法律出版社，2016，第24~25页。

界定为：在本地居住一个月及以上，年满 15 周岁，非本区（县、市）户口的男性和女性的少数民族人口。

三　合法权益与权益保障

（一）合法权益

权益是权力与利益的合称。"合法"强调权益的正当性基础来自法律规范或者政策文本。大量由国家层面制定的政策性文本，事实上发挥着"合法"的制度确认功能，通过行政赋权的方式，构成少数民族权益的来源。[①]我们结合新型城镇化发展的核心任务，按照流动人口在市民化进程中的阶段性，把少数民族权益划分为就业权益、劳动权益和市民权益；按照权益的需求层次把权益划分为底线型权益和发展型权益；按照权益的性质划分为一般性权益和特殊性权益。

1. 就业权益、劳动权益和市民权益

少数民族流动人口一旦进入城市，就开始了城镇化与市民化的进程。"完全意义上的城镇化要实现进城人口的'三维转换'：从农业到非农业的职业转换、从农村到城镇的地域转移、从农民到市民的身份转变。"[②] 但是在中国城镇化进程中，少数民族成员不会同时实现"三维转换"，而是沿着"地点转换、职业转换、身份转换"的路径有序递进发展，有的成员还会经历"逆市民化"的过程，回流到农村。与市民化发展的不同阶段相对应，少数民族的权益诉求呈现出阶段性与差异性。

就业权益是流动人口享有自由流动的权利（自由迁徙权），并享有与城镇市民同等的在城镇第二、第三产业就业的权益。中国就业权益经历了由

[①] 与通常的仅仅利用法律规范文本考察少数民族权利基础不同，对城市少数民族（尤其是少数民族农民工）的赋权，不仅来自法律赋权，还有大量的国家层面的针对农民工群体的政策与法规，这些政策性文本起到了制度确认的功能，是一种行政赋权。法律赋权与行政赋权共同构成了城市少数民族权益的"合法"基础（参见蔡禾《行政赋权与劳动赋权：农民工权利变迁的制度文本分析》，载《农民工：未完成的无产阶级化》，《开放时代》2009 年第 6 期）。

[②] 辜胜阻、李睿、曹誉波：《中国农民工市民化的二维路径选择——以户籍改革为视角》，《中国人口科学》2014 年第 5 期。

禁止流动、有限流动到全面开放流动的过程，以户籍制度为核心的城乡二元管理体制对流动人口的平等就业权仍有影响。对于少数民族而言，影响平等就业权的还有民族歧视因素。劳动权益是流动人口享有的与物质生产相关的获得合理报酬和社会保障的权益。从劳动权益的内容来看，包括了工资、工时、劳动安全保护、社会保险、职业培训等子权益。市民权益是与流动人口身份转换密切相关的核心权益，享有与城市市民同等的公共服务与社会保障的权益。从市民权益内容来看，包含了流动人口随迁子女的教育、住房、医疗保险、社会与政治参与等权益。

2. 底线型权益与发展型权益

底线型权益与发展型权益的区分是相对于国家法律的明确规定以及权益需求层次不同而言的。蔡禾认为："'底线型'利益诉求是指劳动者在工资收入、工作时间、社会保险、劳动保护等方面为达到国家法规明文确定的标准而展开的利益诉求；'增长型'利益诉求则是指劳动者不满足底线利益的获取，要求自身利益的增长与企业利益增长或与社会发展保持同步。"①尽管蔡禾的"底线型"利益诉求与"增长型"利益诉求的二分法主要用来分析劳资关系与劳动权益，但是对我们认识少数民族流动人口权益需求的演进特征具有理论指导意义。底线型权益对应于生存型需要，是少数民族流动人口在城市就业过程中获得维持生计的最低经济保障与社会保障。这集中体现为国家通过规范劳资关系的法律、法规和政策，对最低工资标准、工时、休息日、社会保险等做出的强制性规定。发展型权益对应于人们对美好生活追求的需求，是少数民族流动人口在常住城市、成为市民所需要的各项权益，体现为对高质量教育、住房、社会保障、民族文化发展等权益的进一步追求。

3. 一般性权益与特殊性权益

一般性权益是指少数民族作为个体所享有的与普通公民平等的权益，这是少数民族人权的重要内容。城镇化进程中少数民族的一般权益，主要

---

① 蔡禾：《从"底线型"利益到"增长型"利益——农民工利益诉求的转变与劳资关系秩序》，《开放时代》2010年第9期。

是指少数民族作为流动人口的重要组成部分,享有与一般的流动人口平等的权利,包括平等权、就业权、劳动权、市民权等。特殊性权益是指少数民族因为民族的集体身份,表现为宗教文化、风俗习惯方面的特殊性或者经济社会发展上的弱势地位,由国家法律、法规和政策给予特殊保障的权益。包括少数民族使用本民族语言文字、保持民族风俗习惯、享有民族语言教育的权利以及享有经济社会发展中的优惠政策。这种特殊性权益存在是为了少数民族维持其民族文化存续的必要性,以及促进各民族的共同发展。

(二)权益保障

权益保障是针对权益受损而采取的行动与对策。主要包括以下几个方面的内容:少数民族成员以个体或者组织的形式维护权益;政府制定针对少数民族权益保障的法律、法规与政策;针对少数民族合法权益受损情况,政府进行的督察、检查、执行及相关实践(比如法律援助)。

四 民族事务的社会治理

从公民个体的视角来看,少数民族权益保障是权利赋予与利益实现的过程;而从国家与政府的视角来看,则是加强民生领域建设、补齐公共服务的短板、调节社会关系、维持社会秩序的过程,这也是党和政府领导各类社会主体治理社会公共事务的过程。

在中国特殊的政治话语体系与语境之下,"社会治理"概念既不同于改革开放初期强调对社会管控的单向度的"社会管理",也不同于西方以社会为中心的"去权威中心"的社会自我组织与管理,而是党领导下的多主体参与、共同合作的治理格局。按照十八大报告的相关论述,中国实行的是"党委领导、政府负责、社会协同、公众参与、法治保障"社会治理格局。党的十八届三中全会进一步明确了"社会治理"总体格局的新内涵,即"加强党委领导,发挥政府主导作用,鼓励和支持社会各方面参与,实现政府治理和社会自我调节、居民自治良性互动"。从社会治理的中心任务与价值目标来看,"社会治理是以实现和维护群众权利为核心,发挥多元治理主体的作用，针对国家治理中的社会问题，完善社会福利，保障改善民生，化解社会矛盾，促进社会公平，推动社会有序和谐发展的过程"。①

十九大以来，党和国家不断完善社会治理的内涵，就其改革实践内容来看，具体有：（1）推动政府职能转变，强化各级政府尤其是基层政府在公共服务、公共管理、公共安全领域的全面履责；（2）强调党建引领下的多元共治，探索现代社会的新型治理结构；（3）激发社会活力，大力培育社会组织；（4）加强城乡社区建设，塑造"善治"的微观基础；（5）提升社会治理的法治化水平，实现法治保障下的有效治理。②

民族事务的社会治理既有一般性也有特殊性，我们对"民族事务的社会治理"界定为党和政府领导各类社会主体共同参与涉及民族因素的社会公共事务的管理与服务过程，实现公共服务供给的公平性，突出解决涉及民族因素的社会问题，从而实现社会秩序稳定、民族关系和谐。"民族事务的社会治理"包括政府治理创新、治理结构完善、社会组织参与、社区民族工作、法治化建设五个维度。

第六节　研究设计与研究创新

一　研究思路

本研究以"新型城镇化与城市民族工作创新"为主题，该主题由三个关键词组成，分别是"城镇化"、"少数民族合法权益"与"社会治理"。对这三个关键词的实证分析及相互关系的论证，构成了本研究的研究思路。

首先，"城镇化"是观察中国经济社会转型的一个重要视角。进入 21 世纪，城镇化与工业化一同构成中国经济发展与现代化建设的两翼，也是推动人口由乡村流向城市的主要动力。经济社会变迁引发了中国社会结构的巨大转型，这种变迁包括了城乡、区域、阶层等各个层面的内容，也构成了我们思考当下中国社会问题的时代背景。因此，少数民族的权利诉求

① 姜晓萍：《国家治理现代化进程中的社会治理体制创新》，《中国行政管理》2014 年第 2 期。
② 李友梅：《中国社会治理的新内涵与新作为》，《社会学研究》2017 年第 6 期。

与利益保障问题也需要以城镇化为背景，分析其发展趋势、时代特征与问题走向。城镇化在本研究中具有双重的时代内涵：一方面，它是一种客观事实，是人口由农村走向城市并引发社会结构转变的经济社会过程；另一方面，它又是一种政策实践，是党和国家通过施政理念与政府治理，努力实现社会均衡化发展的政策过程，集中体现为中央倡导的"以人为本"的新型城镇化战略。

其次，"少数民族合法权益"以及由此而生的制度化的保障，是本研究的主体内容。国家发展的阶段性、群体的多元性、历史文化等因素都决定了权利的实现必然是由应然到实然逐步实现的过程。改革开放以来，少数民族作为普通公民的一员，必然也与亿万流动人口一样，经历了由追求就业权到劳动权，再到追求市民权的过程。因此，按照流动人口市民化过程的阶段性以及少数民族权益的特殊性，本研究把少数民族的合法权益划分为就业权、劳动权、市民权、民族文化权。为了客观掌握少数民族合法权益的现状，本研究将通过问卷调查与个人访谈的方式，收集并分析相关的数据。

再次，从主体性的视角观察少数民族权益诉求的优先性与迫切性，分析少数民族的法律认知与维权方式。本研究将基于抽样数据，描述性分析少数民族流动人口权益需求的重要性和迫切性的优先次序；通过建立回归模型，进一步分析影响少数民族流动人口权益选择的重要因素；描述性分析少数民族流动人口的法律认知的现状与维权方式。从权益诉求与维权方式两个维度，勾画出少数民族流动人口对权益保障的未来期待以及实现权益的表达渠道。

最后，从"治理—过程"的视角出发，考察经济社会转型中城市民族事务治理面临的转型与挑战，从理论与实践两个方面关注社会治理面临的问题、实践中的创新与发展方向。从理论上，分析城市民族事务社会治理（主要是政府治理）面临的挑战、问题及发展方向；从实践上，选取三个类型城市（西宁、大连、义乌）民族事务治理的案例，总结、归纳地方基层治理实践中的创新，以期为社会治理的完善提供经验与样本。

具体的技术路线如图 1-3 所示。

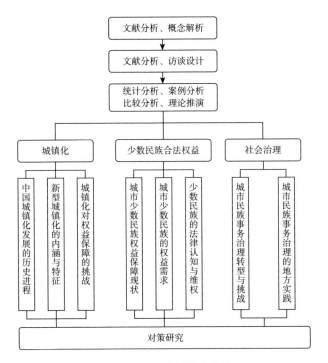

图 1-3 本研究的技术路线

二 研究内容

本项研究由十个章节组成，按照上述研究思路，具体的研究内容由如下部分组成（见图 1-4）。

第一章：新型城镇化与城市民族工作的新探索。概述本课题的研究背景、研究意义、文献述评、基本概念、研究设计与研究创新，提炼与概括本项研究的创新点与基本观点。

第二章：中国的城镇化进程与少数民族人口流动。本章主要从宏观历史过程论述中国城镇化的发展历程，从而为理解新型城镇化战略的内涵与新特征奠定基础。依据国家统计局发布的相关数据，分析新时代以来新型城镇化建设的成绩与问题，为下一步城镇化的发展指明方向。依据全国流动人口卫生计生动态监测调查的历年数据，分析少数民族流动人口群体的

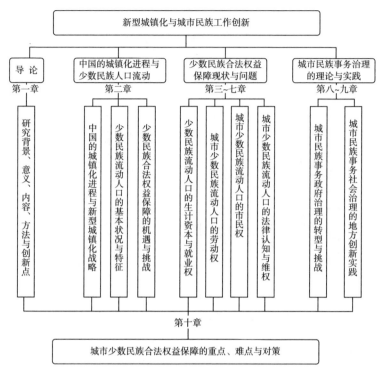

图 1-4　本研究章节逻辑关系示意

社会经济特征和流动特征，进而为理解少数民族群体的生存状态与权益保障提供参照。总结新型城镇化战略对于少数民族合法权益保障的重要意义。

第三章：城市少数民族流动人口社会调查的实施与样本信息。本章主要论述城市少数民族流动人口社会调查实施的过程与方法，包括调查地点的选择、调查方式、调查抽样、实施步骤等。基于问卷调查的 1055 个有效样本，描述性分析样本的个体信息（性别、民族、年龄、户口、代次、来源地）、社会特征（婚姻、政治面貌、受教育程度、外出打工人口）与流动特征（此次打工持续时间、累计打工时间、打工流动范围、外出打工原因）。

第四章：城市少数民族流动人口的生计资本与就业状况。基于社会调查数据，本章主要论述城市少数民族流动人口的生计资本与就业状况。在自由流动权和平等就业权得到保障的情况下，流动人口的就业质量与水平主要取决于个体的生计资本（人力资本和社会资本）。基于此，一方面，本章从人力资本（受教育水平和外出务工的范围、时间）与社会资本（找工作的途径）两个维度出发，以性别、代际、户口、受教育程度等结构性差异为分析视角，考察少数民族流动人口群体内部生计资本的差异性。另一方面，描述性分析少数民族人口的流动原因、获得工作的渠道、就业中面临的主要困难、从事职业分布的行业与领域，并与全国统计数据相比较，详细说明少数民族流动人口的就业质量与就业水平。

第五章：城市少数民族流动人口的劳动权益。劳动权益是少数民族流动人口的核心权益。本章主要从工时与工资、合同签订、职业技能培训、社会保障几个重要方面，分析少数民族流动人口劳动权益保障的基本情况。在分析过程中，不仅考察了少数民族流动人口与全国流动人口（或者农民工）群体的差异，同时还从户口身份、代次、流动区域、就业身份等结构性差异出发，分析少数民族流动人口劳动权益保障的内部差异性。

第六章：城市少数民族流动人口的市民权。新型城镇化以推进流动人口的市民化为核心内容。市民权是少数民族流动人口对于城市美好生活期盼与需求的一种集中体现。本章主要从住房与消费、子女教育、社会与政治参与权、户籍与身份认同等几个重要维度，考察少数民族流动人口的市民权益与城市认同的情况。

第七章：城市少数民族流动人口的权益诉求与维权。本章在反思城市少数民族权益保障的"公共服务供给视角"与"散居民族'整全式'保障视角"的基础上，指出权益保障需要建立在少数民族流动人口权益需求优先次序的基础上。通过定量的分析方法，比较少数民族流动人口权益的重要性内容和迫切性内容。通过建立回归模型，从因果机制上深入探究影响少数民族流动人口重要性和迫切性权益选择的主要因素。定量分析少数民族流动人口对劳动、就业等相关法律法规的认知情况，描述性分析他们的维权方式与途径。

第八章：城市民族事务的政府治理：转型与挑战。本章从理论上分析经济社会转型中城市民族事务政府治理面临的问题与挑战，指出了城市政府社会治理模式未来完善与提升的路径与方向。中国经历了从全能型政府治理到经济绩效型政府治理并正向服务型政府治理转型的过程；面对"两化叠加"的双重压力，民族工作部门化的体制瓶颈，以及治理实践中不断强化的纵向秩序整合机制，城市政府要"以人民为中心"建设"管理—服务型政府"，打造各民族成员共建共治共享的社会治理格局，积极推进纵向秩序整合机制与横向秩序协调机制的有效衔接。

第九章：城市民族事务治理的创新实践。从"治理—过程"的研究视角出发，本章考察了三个典型城市（西宁、大连、义乌）在城市民族事务社会治理中的创新实践与政策措施，从而为少数民族流动人口合法权益保障的政府实践提供经验参照。具体来看，西宁是多民族聚集城市的代表，以民族团结创建为社会治理的总抓手，党政机关高位推进与积极引导民众参与相结合，实现了纵向整合机制的有效运作。大连是民族散居城市的典型代表，城市化水平高，社区发育完善。政府发挥社区在民族工作中的优势，积极推进城市民族工作的社区化、专业化与标准化。义乌是少数民族流动人口大量输入的城市，属于一座移民型城市。义乌积极推进社会组织与社会力量参与城市民族事务治理，构建了"四位一体"的城市融入模式，横向秩序协调机制的建设较为完善。

第十章：结论。本章将依据社会调查的数据分析和个人访谈资料，从积极推进流动人口市民化的角度，进一步明晰城市少数民族合法权益保障的重点和难点。建立一个新型城镇化战略与少数民族流动人口主体性相对接的权益保障体系，为地方社会治理实践的创新与完善提供政策参考。

三　研究方法与创新点

本项研究采取了历史分析与比较分析相结合、定性分析与定量分析相结合的研究方法。在创新点上，运用社会分化的"异质性"视角观察、分析少数民族合法权益及其保障问题，采取了较大规模问卷调查的研究方法，形成了若干理论观点。

（一）研究方法

1. 历史分析

历史分析是把所关注的问题置于历史的情境，采取"向后看"的思路，考察这个问题在历史上如何形成、发展，从而对其今后的情势做出分析的一种方法。历史分析是马克思主义唯物史观的一个重要原则，同时也是一种文献收集、考证的研究技术。在对新中国成立以来的城镇化发展历程上，概要论述了城镇化发展经历的四个阶段，进而凸显了新型城镇化建设的意义与新特征。对城市民族事务政府治理进行了历史发展脉络的梳理，揭示了中国政府治理由全能型政府治理、经济绩效型政府治理再到服务型政府治理的发展过程。

2. 比较分析

为了更好地了解地方政府城市民族事务治理实践的差异，特选取三个具有典型意义的城市——西宁、大连、义乌，进行城市民族事务社会治理的比较分析。依据政府社会治理的一般理论，构建模式、体制与机制三个维度架构，分别对三个城市的治理实践进行比较分析；从而归纳出民族地区城市、民族散居城市和移民型城市民族事务社会治理的共同点与差异点。

3. 定性分析

定性分析主要指规范性分析，与基于经验性事实的实证性分析相对而言。规范性分析主要是基于学科原理或者历史事实进行的现象归纳与理论推理。在分析中国的城镇化进程与少数民族人口流动、城市民族事务政府治理面临的挑战与转型中，大量运用了规范性分析，推演出若干重要的理论判断，形成若干重要的结论。

4. 定量分析

定量分析是本研究主要使用的研究方法。一方面，通过专门设计的社会调查，收集问卷数据与访谈资料，并运用分析软件 SPSS 23.0 进行数据处理，对研究问题进行描述性分析或因果机制分析。基于社会调查数据，对少数民族流动人口的群体特征、流动特征、权益内容、权益诉求与维权等进行了描述性分析；对少数民族流动人口权益重要性和迫切性选择的影响因素进行 Logistic 回归分析。另一方面，使用国家公开发布的统计数据，包括全国流动人口卫生计生动态监测调查数据、农民工动态监测报告、人口普查数据以及地方层次的统计年鉴，等等。

（二）创新点

1. 研究视角

基于结构性差异的"异质性"视角，研究少数民族流动人口的社会分化及权益保障问题。尽管少数民族流动人口在"流动性"与"民族属性"上具有一定的共性，但绝非同质性的统一体。随着城镇化的发展与代际更替，群体内部已经出现了较大的社会分化现象。本研究基于"异质性"分析视角，从户籍身份、就业身份、农民工代际、流动区域等结构性差异出发，研究少数民族流动人口中不同类型的群体在生计资本、就业权、劳动权、市民权、民族文化权及维权方面的异同。少数民族流动人口内部的差异性也产生了多元化的权利诉求与利益表达。

2. 研究方法

以数据统计与社会调查为研究方法，客观反映少数民族流动人口权益保障的现实状态。本研究基于历年的流动人口动态监测调查数据、农民工监测调查报告以及国家统计局公开发布的相关数据，对全国少数民族流动人口的流动状态、社会经济特征进行数据统计分析。以少数民族流动人口权益保障及问题为研究主题，设计专门的问卷，在全国东中西部 8 个城市展开社会调查，共收集有效问卷 1055 份，访谈 20 余人次。基于上述数据，对少数民族流动人口的生计资本、就业权、劳动权、市民权、民族文化权、法律援助与维权进行描述性分析，对权益项目的迫切性与重要性进行因果机制的回归分析。

3. 研究理论

以"治理—过程"为理论框架，分析城市民族事务治理的历史沿革、面临挑战以及未来发展，并对三个典型案例（西宁、大连、义乌）治理过程与政策过程做具体剖析。中国城市民族事务的政府治理经历了一个由全能型政府治理到经济绩效型政府治理，再向服务型政府治理转型的过程；面临的挑战包括"两化叠加"的双重压力、民族工作部门化的体制瓶颈以及治理实践中不断强化的纵向秩序整合机制；城市政府要"以人民为中心"建设"管理—服务型"政府，打造各民族成员共建共治共享的社会治理格局，积极推进纵向秩序整合机制与横向秩序协调机制的有效衔接。从上述理论认知出发，本书认为，城市少数民族合法权益保障不仅仅是一个法权问题，更是一个治理议题。通过比较三个典型案例的治理实践与政策过程，指出城市民族事务治理的地方实践已经取得的成绩、创新点与存在的问题。

4. 政策建言

以少数民族主观诉求与权益赋重为施策重点，建立反映少数民族流动人口主观需求与市民化进程的政策保障体系。本项社会调查表明，少数民族流动人口的权益诉求呈现出一定的优先次序，对于劳动权与市民权的具体权益项目也有不同的赋重。因此，需要围绕少数民族流动人口需求急迫且高度赋重的工资、社会保险与福利、子女教育、住房等几项权益，构建相应的公共政策保障体系，以推动流动人口的市民化进程。在重视少数民族流动人口结构适应问题的同时，也需要高度重视其文化适应问题。少数民族流动人口的文化适应问题包括技能型文化适应与精神型文化适应，前者需要政府针对特定的人群开展国家通用语言的培训工作，后者需要政府及社会力量满足少数民族群众对正常宗教活动与民族文化教育的合法需求。

第二章 中国的城镇化进程与少数民族人口流动

21 世纪以来，少数民族在流动人口中的占比总体呈上升趋势，接近流动人口总量的 1/10，城市少数民族合法权益保障逐渐成为城市政府推行新型城镇化建设的一项重要任务。本章梳理了中国城镇化发展的历程，剖析了新型城镇化的内涵与特征，宏观上分析了少数民族流动人口的流动状况与经济社会特征，进一步指出了少数民族流动人口在新型城镇化与市民化过程中面临的机遇与挑战。

第一节 中国的城镇化进程与新型城镇化战略

城镇化是一个国家或者地区的人口由乡村向城镇聚集、城镇规模不断发展壮大的经济社会变迁过程，"其实质是经济结构、社会结构和空间结构的变迁"。① 作为现代化发展中的一项重要内容，城镇化代表了现代化发展的最终方向，城镇化水平也标志着一个国家的发达程度。中国的城镇化进程既具有世界城镇化发展的一般性规律，也具有自身的特殊性规律。正如有的研究者指出，中国城镇化道路的主要特征是政府引导与市场运作的有力结合。②回顾新中国成立以来城镇化发展的历程，着重考察其中人口流动的制度设计与政策变迁，有助于我们更好地理解新型城镇化战略的新特征

---

① 魏后凯主编《走中国特色的新型城镇化道路》，社会科学文献出版社，2014，第 1 页。

② 宋迎昌、李景国：《中国特色城镇化道路：探索与展望》，《人民论坛·学术前沿》2012 年第 14 期。

与新内涵，从而揭示新型城镇化对于少数民族流动人口权益保障的意义与挑战。

一 中国的城镇化进程：一个历史过程的回溯

理解中国城镇化进程，一方面需要对照世界城镇化发展的普遍性规律，主要包括城镇化与工业化发展的相互关系、人口流动的"推拉理论"等；另一方面则需要嵌入中国改革开放前后的现代化推进路径中，政府主导的发展战略在很大程度上决定着城镇化的发展速率、规模与方向。中国的城镇化进程大致可以分为四个发展阶段。

（一）徘徊曲折缓慢发展期（1949~1977）

新中国成立之初，面临西方世界的经济封锁与政治孤立，选择了向以苏联为首的社会主义阵营"一边倒"的外交政策。为了实现国家的国防安全，新生的社会主义政权在苏联的支援与帮助下，选择了优先发展重工业的赶超型现代化道路。苏联优先发展资本密集型的重工业的经济战略，成为中国第一个五年计划实施与开展的效仿模式。[1] 以重工业为重心的政府发展导向，不仅影响了这一阶段城镇化的发展模式，产生了"没有城镇化的工业化道路"，同时也强化了政府偏向城市的社会政策与制度选择，为城乡二元分割管理体制的形成埋下伏笔。

受制于中国人多（劳动力丰富）地少（资本缺乏、资源缺乏）的国情限制，重工业优先发展战略，并不符合中国的经济比较优势，延缓了中国的城镇化发展。从作用机制来看，重工业优先发展战略，一方面导致城市吸纳就业能力相对降低，延缓城市化进程；另一方面，由于重工业企业缺乏自生能力，无法有效带动其他相关产业发展，城市规模经济特性难以发挥，产业集聚无法形成。[2] 从统计上来看，新中国在很短的时间基本完成了从农业国到工

---

① 〔美〕R. 麦克法夸尔、费正清编《剑桥中华人民共和国史：革命的中国的兴起 1949—1965 年》，谢亮生等译，中国社会科学出版社，1990，第 98 页。

② 陈斌开、林毅夫：《发展战略、城市化与中国城乡收入差距》，《中国社会科学》2013 年第 4 期。

业国的转变，工业化率从 1952 年的 18%提高到 1975 年的 41%，进入工业化
中期阶段仅用了 23 年；与之对照，城镇化与工业化并未同步发展，从 1960
年的 19.8%下降到 1980 年的 19.4%，20 年时间停滞不前（见图 2-1）。其
间，中国的城镇化进程又屡屡受到政治运动的冲击，出现了两次反城镇化
阶段，呈现出徘徊中波动式地缓慢发展的特征（见图 2-2）[①]。

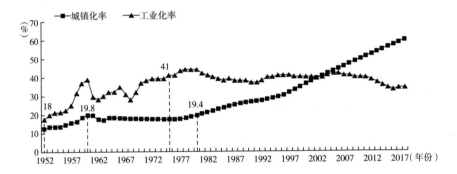

图 2-1 中国城镇率与工业化率（1952~2017）

资料来源：国家统计局网站。

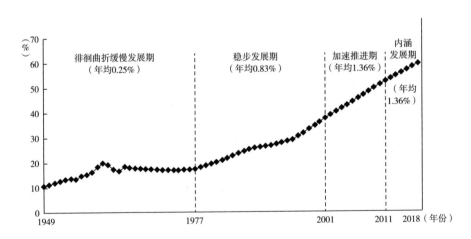

图 2-2 中国城镇化发展阶段分期（1949~2018）

资料来源：国家统计局网站。

---

① 赵永平：《中国城镇化演进轨迹、现实困境与转型方向》，《经济问题探索》2016 年第 5 期。

20 世纪 50 年代，随着"一五"计划的超前完成以及"超英赶美"的"大跃进"运动，城镇化在后半段出现冒进趋势，城市人口急剧膨胀，引发了就业、生活物资供应、治安等一系列城市问题。为了减轻城市压力、维护城市安定，也是为了巩固合作社、维护农业集体化制度的需要①，政府对人口流动的政策由 50 年代初期的"保障自由迁徙权利"逐渐走向了全面限制与严格控制。其中，标志性事件就是 1958 年 1 月 9 日全国人大常委会通过的《中华人民共和国户口登记条例》。该《条例》首次划分了"农业户口"与"非农业户口"两种户籍身份，并以此为基础建立了近乎彻底隔离的城乡户籍管理体制。此后，政府又出台相关政策增大了城市户籍获得难度，进一步控制人口向城市的流动。20 世纪六七十年代，农村人口向城市流动要少得多，也比较艰难，主要途径有四种：城市招工、农民顶班、青年参军和高考分配。② 这个时期确立的严格控制人口流动的政策一直到 80 年代中期才开始出现松动。③ 户籍制度成为政府限制人口流动的有力工具，人为地延缓了城镇化进程，户籍制度又逐渐与各项社会福利挂钩并不断强化，成为中国城乡二元体制消解的最大制度性障碍。

（二）稳步发展期（1978~2000）

这一时期是中国改革开放由启动逐渐走向深化的时期，改革开放构成了中国城市发展的重要动力源，城镇化的发展进入稳步发展时期（见图 2-2）。中国的城镇化率在 1996 年突破了 30%，为 21 世纪初城镇化的加速

---

① 张玉林：《集体化时代的农民流动与户籍制度》，载王思明、姚兆余主编《20 世纪中国农业与农村变迁研究：跨学科的对话与交流》，中国农业出版社，2003，第 147~165 页。

② 李飞龙：《改革开放以前中国农村社会的人口流动（1949—1978）——基于国家和社会的视角分析》，《天府新论》2011 年第 2 期。

③ 1984 年 10 月 13 日，国务院发布的《国务院关于农民进入集镇落户问题的通知》（国发〔1984〕141 号）规定"凡申请到集镇务工、经商、办服务业的农民和家属，在集镇有固定住所，有经营能力，或在乡镇企事业单位长期务工的，公安部门应准予落常住户口，及时办理入户手续，发给《自理口粮户口簿》，统计为非农业人口"。

推进奠定了基础。[①] 十一届三中全会确立了以经济建设为中心工作的发展导向，政府在经济体制转轨、工业化发展路径、城镇化规模以及户籍制度等相关领域的深化改革，为城镇化发展提供了持续性的经济支撑与制度红利。

首先，中国经济体制由计划经济向市场经济转轨，在农村体现为家庭承包经营制度取代人民公社的集体经济，释放了农村生产的潜力，形成大量剩余劳动力，这构成人口从农业部门流向非农业部门、由农村走向城镇的巨大推动力。"据统计，1983~1988 年，乡镇企业共吸纳农村劳动力 6300 万人。"[②]

其次，中国改变了计划经济时代重工业优先发展战略，大力发展劳动力密集型的轻纺工业，乡镇企业于 80 年代中期"异军突起"，农民"离土不离乡"就地城镇化由此拉开序幕。进入 90 年代，中国城市开放的力度不断加大，由最初的沿海、沿边城市，逐渐扩大到沿江、内陆省会城市，更多的城市享受到开放政策与对外权限。[③] 充裕且具有竞争优势的劳动力资源与优厚的投资环境，吸引国外资本、技术、产业等大量涌入，推动中国在 21 世纪初成为全球制造业基地。城市经济的蓬勃发展，使得东部沿海城市成为吸纳流动人口的主要场所。农民工"离土又离乡"异地城镇化，大量涌入城市，在 90 年代初形成了蔚为壮观的"民工潮"。农民工总量呈持续增长之势，1990 年有 2135 万人，1995 年约为 8000 万人。[④]

再次，在城镇化发展规模上，80 年代中期小城镇的蓬勃发展，从实践上印证了小城镇发展的可行性与必要性。1989 年 12 月《城市规划法》的颁

---

① 城市地理学家诺瑟姆（Ray M. Northam）把一个国家和地区的城镇人口占总人口比重的变化过程概括为一条稍被拉平的 S 形曲线，呈现三个发展阶段：城镇化水平较低、发展较慢的初期阶段（20%~30%）；人口向城镇迅速集聚的中期加速阶段（30%~70%）；高度城镇化以后城镇人口比重的增长又趋缓慢甚至停滞的后期阶段（70% 以上）（参见周一星《城市地理学》，商务印书馆，1995，第 88~89 页）。

② 国务院研究室课题组：《中国农民工调研报告》，中国言实出版社，2006，第 2 页。

③ 肖金成、刘宝奎：《改革开放 40 年中国城镇化回顾与展望》，《宏观经济研究》2018 年第 12 期。

④ 简新华、张建伟：《从"民工潮"到"民工荒"——农村剩余劳动力有效转移的制度分析》，《人口研究》2005 年第 2 期。

布，积极发展小城镇成了官方的选择。[①] 国家在"七五"计划（1986～1990）提出"严格控制大城市规模，合理发展中等城市和小城市"的发展战略，一直延续至"九五"计划（1996～2000），成为这一时段城镇化发展的主导方针。

最后，经济体制改革与不断增大规模的农村剩余劳动力，倒逼城市政府的户籍制度改革。政府最先打破人口自由流动的限制，1984 年出台的《国务院关于农民进入集镇落户问题的通知》，允许农民及其家属自理口粮到集镇务工经商，符合条件的可准予落户。1985 年出台《公安部关于城镇暂住人口管理的暂行规定》，1995 年出台《暂住证申领办法》，通过暂住证制度管理流动人口成为大城市的普遍做法，并逐渐走向规范化与制度化。总之，这一时期，中央加大力度推动小城镇落户开放政策，但对大中城市仍然高度限制，是小城镇户口逐步放开的"半开放期"。[②]

（三）加速推进期（2001～2011）

进入 21 世纪，城镇化发展进入快车道，由 2001 年的 37.7% 提升到 2011 年的 51.27%，城镇化率过半仅用了 10 年的时间，年均增长 1.36%（见图 2-2）。与同期其他国家、世界的平均水平相比，都是一个高速的增长阶段。中国政府主动融入经济全球化进程、城镇化发展战略的制定与稳步推进，以及更为开放的人口流动管理政策，共同推动这一时期城镇化的快速发展。

2001 年中国改革开放的标志性事件——成功加入世界贸易组织，标志中国深度融入经济全球化进程，由此开启了中国经济发展的"黄金十年"。在这一年，中国人均 GDP 突破了 1000 美元（人均 1053 美元）。按照世界经济发展的一般规律，大规模的劳动力迁移现象集中发生在经济起飞和走向成熟的两个发展阶段，大致相当于人均 GDP 超过 1000 美元的发展阶段上。[③]

---

① 赵新平、周一星：《改革以来中国城市化道路及城市化理论研究述评》，《中国社会科学》2002 年第 2 期。

② 孙文凯：《人口管理中的政府政策抉择》，中国人民大学出版社，2018，第 9 页。

③ 国务院研究室课题组：《中国农民工调研报告》，中国言实出版社，2006，第 503 页。

如图 2-3 所示，2001~2009 年中国外出务工人员的数量整体上呈现逐年递增的趋势，按照国家统计局调查数据，年均递增 8.1%。

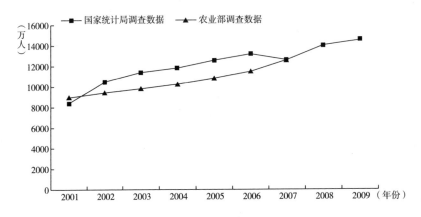

图 2-3　2001~2009 年外出务工农民工数量

资料来源：《我国农民工工作"十二五"发展规划纲要研究》课题组：《中国农民工问题总体趋势：观测"十二五"》，《改革》2010 年第 8 期。

中国政府在"十五"计划中首次把"积极稳妥推进城镇化"作为国家的重点发展战略之一，城镇化开始成为推动中国经济增长、拉动内需的另一个重要引擎。在城镇化发展道路上，"十五"计划、"十一五"规划都指出，要走符合中国国情、大中小城市和小城镇协调发展的多样化城镇化道路。党的十六大进一步提出："要逐步提高城市化水平，坚持大、中、小城市和小城镇协调发展，走中国特色的城市化道路。"理论界和政府尽管对城市发展规模存在分歧，但是其在发展城市群问题上形成了前所未有的共识。[①] "十五"计划提出"完善区域性中心城市功能，发挥大城市的辐射带动作用"，"十一五"规划进一步"把城市群作为推进城市化的主体形态"。在这个时期，城市集群逐步形成，初步形成了 4 个成熟的城镇群和 11 个半成熟的城镇群的格局。[②]

[①] 肖金全、刘保奎：《改革开放 40 年中国城镇化回顾与展望》，《宏观经济研究》2018 年第 12 期。

[②] 国务院发展研究中心课题组：《中国新型城镇化：道路、模式和政策》，中国发展出版社，2014，第 253 页。

这一阶段对待数以亿计进城务工农民工的政策由"消极应对"走向"积极引导",确立了农民工与城市市民同等的就业权。2003 年 1 月国务院办公厅印发《关于做好农民进城务工就业管理和服务工作的通知》,这是国务院第一次专门针对农民工群体制定政策性文件。[①] 2007 年 8 月全国人大常委会通过的《就业促进法》规定:农村劳动者进城就业享有与城镇劳动者平等的劳动权利,不得对农村劳动者进城就业设置歧视性制度。这意味农民工享有的劳动就业权,从政策性保障走向了国家法律保障。在国家整体户籍制度改革没有较大推进的情况下,各地也在进行差异性户籍制度改革的探索。

(四) 新型城镇化内涵发展期 (2012 年以来)

2011 年中国城镇化率超过了 50%,这是一个具有重大历史意义的节点性事件。这意味着中国从一个具有几千年农业文明历史的农业大国,进入以城市社会为主的新成长阶段[②],人民生产方式、职业结构、消费行为、生活方式、价值观念都将发生极其深刻的变化。在这个阶段,中国的城镇化还将保持增长趋势,但增速将进一步放缓 (见图 2-2)。随着城镇化进入中期阶段的后半程,经济社会发展中的一些结构性问题进一步凸显,推动政府转变发展导向、深化城镇化改革,更加重视经济发展质量与城镇化内涵式发展。

党的十八大首次提出城镇化与新型工业化、信息化、农业现代化"四化"融合发展的推进战略。十八届三中全会指出,"要坚持走中国特色新型城镇化道路,推进以人为核心的城镇化",把城镇化的内涵式发展作为深化改革的一项重要内容。2013 年 12 月召开的中央城镇化工作会议全面部署新型城镇化战略。2014 年,我国首部城镇化规划《国家新型城镇化规划(2014—2020 年)》正式发布,明确了新型城镇化实施的路径、目标与任务。农业转移人口市民化由"十二五"规划的"稳步推进"发展为"十三

---

① 沈水生:《中国农民工市民化问题研究》,中国劳动社会保障出版社,2015,第 48 页。
② 李培林:《城市化与我国新成长阶段——我国城市化发展战略研究》,《江苏社会科学》2012 年第 5 期。

五"规划的"加快推进"。国家密集布局新型城镇化战略，为城镇化中期阶段的可持续发展提供了可靠保障。

这一时期户籍制度改革也围绕"有序推进农业转移人口市民化"展开。2014 年国务院出台《国务院关于进一步推进户籍制度改革意见》①。2016 年 2 月国务院发布《国务院关于深入推进新型城镇化建设的若干意见》②。上述政策的基本方向是：根据城市的不同规模，差别性地放开户籍准入的门槛，建立统一的居住证制度，推进城镇基本公共服务常住人口的全覆盖。2016 年 10 月，国务院办公厅公布《国务院办公厅关于印发推动 1 亿非户籍人口在城市落户方案的通知》，制定了 1 亿户籍人口在城市落户的总体方案，完善了支持农业转移人口市民化的财政、土地、住房、社会保障等配套政策。③ 2017 年《加快推进新型城镇化建设行动方案》④，2018 年《国家发展改革委关于实施 2018 年推进新型城镇化建设重点任务的通知》⑤，《2019 年新型城镇化建设重点任务》⑥，强化与压实地方政府户籍制度改革的主体责任，完善"人地钱挂钩"的配套政策，为户籍制度改革阶段性目标的实现，提供了有力的组织与体制保障。

二 新型城镇化战略的新内涵与主要特征

十八大以来，党和国家积极推进新型城镇化道路，追求以人为本的城镇化，在保持城镇化发展合理增长速度的同时，更加注重城镇化的发展质量。从内容上看，新型城镇化包括农业转移人口市民化、城市群建设、城

---

① 《国务院关于进一步推进户籍制度改革意见》（国发〔2014〕25 号），中华人民共和国中央人民政府门户网站，2014-07-30。
② 《国务院关于深入推进新型城镇化建设的若干意见》（国发〔2016〕8 号），中华人民共和国中央人民政府门户网站，2016-02-06。
③ 《国务院办公厅关于印发推动 1 亿非户籍人口在城市落户方案的通知》（国办发〔2016〕72 号），中华人民共和国中央人民政府门户网站，2016-10-11。
④ 《国家发展改革委召开贯彻落实〈加快推进新型城镇化建设行动方案〉电视电话会》，中央人民政府门户网站，2017-06-18 。
⑤ 《国家发展改革委关于实施 2018 年推进新型城镇化建设重点任务的通知》，中央人民政府门户网站，2018-03-13。
⑥ 《发展改革委关于印发〈2019 年新型城镇化建设重点任务〉的通知》，中央人民政府门户网站，2019-04-08。

市发展质量、城乡融合发展以及城镇化相关领域制度改革等内容。作为指导我国城镇化健康发展的宏观性、战略性、基础性规划，《国家新型城镇化规划（2014—2020 年）》（以下简称《规划》）集中和系统体现了新型城镇化的核心内涵与主要内容。新型城镇化是对旧式城镇化的辩证发展，以科学发展观为指导，以人为本，追求高质量的发展。从 2012 年新型城镇化的出台与推进过程来看，新型城镇化包括以下几个方面的特征。

（一）以人为本：有序推进农业转移人口市民化

《规划》明确指出新型城镇化的首要原则就是"以人的城镇化为核心，合理引导人口流动，有序推进农业转移人口市民化"。党的十九大报告把"以人民为中心""新发展理念""保障和改善民生""人与自然和谐共生"等作为新时代中国特色社会主义思想的基本方略，贯穿于"五位一体"的社会主义现代化建设的总体布局。这既保持了新型城镇化发展方向的持续性，也为其注入了新的时代内涵，以人民为中心的新发展观升级成为新型城镇化的指导方略。

新型城镇化以人为核心，重在"质"的提升，关注人的生活质量与居民素质，旧式城镇化片面强调发展的速度，以土地城镇化为核心，追求经济量的扩张。新型城镇化"要求从过去冒进式城镇化向新型城镇化转变，即从以土地城镇化为主的模式向以人的城镇化为主的模式转变"[1]。旧式城镇化是对中国过去十多年城镇化发展的一种理论认知和实践反思。1996～2012 年，中国城镇化保持了年均 1.36% 的高增长速度，城镇化的水平由 30% 上升到 50%，但是人口城镇化率只有 35%。城镇化发展出现了"冒进"的态势，引发了一系列生态问题与社会问题。[2] 其中包括 2 亿多农民工群体的权益保障问题，他们为城市经济的繁荣做出了巨大贡献，但是在就业薪资、劳动保障、居住环境、公共服务上却遭受不公平的待遇。伴随土地城

---

① 陈明星、隋昱文、郭莎莎：《中国新型城镇化在"十九大"后发展的新态势》，《地理研究》2019 年第 1 期。

② 陆大道、陈明星：《关于〈国家新型城镇化规划（2014—2020 年）〉编制大背景的几点认识》，《地理学报》2015 年第 2 期；陈明星、隋昱文、郭莎莎：《中国新型城镇化在"十九大"后发展的新态势》，《地理研究》2019 年第 1 期。

镇化，还有大量失地农民，虽然他们身份上转换为新市民，但生活方式、居民素质与生活质量与城镇老市民还有较大差距，形成城镇内部新的二元结构。

按照《规划》的具体要求，有序推进农业转移人口市民化，提高城镇化质量，包括三个方面的内容。一是户籍制度改革。根据城镇综合承载能力和发展潜力，对具有合法稳定就业和居住的人口有序差异化放开城市户籍。二是城市基本公共服务覆盖常住人口。积极推进城镇基本公共服务由主要对本地户籍人口提供向常住人口提供转变，逐步解决在城镇就业居住但未落户的农业转移人口享有城镇基本公共服务问题，保障随迁子女的教育权、完善公共就业创业服务体系等。三是保障农民工群体的合法权益。针对农民工群体，扩大社会保障的覆盖面，改善基本医疗卫生条件，拓宽住房保障渠道。

（二）动力来源："四化同步"推动城镇化高质量发展

《规划》强调，"推动信息化和工业化深度融合、工业化和城镇化良性互动、城镇化和农业现代化相互协调，促进城镇发展与产业支撑、就业转移和人口集聚相统一，促进城乡要素平等交换和公共资源均衡配置，形成以工促农、以城带乡、工农互惠、城乡一体的新型工农、城乡关系"[①]。习近平总书记在十九大报告中指出，坚持新发展理念，推动新型工业化、信息化、城镇化、农业现代化同步发展。"四化同步"是新发展理念的重要内容，体现了创新、协调、绿色、开放、共享的发展理念。

新发展理念聚焦新时代社会主要矛盾的转变，集中解决"人民日益增长的美好生活需要和不平衡不充分发展之间的矛盾"。城镇化是一个整体社会变迁的过程，需要与工业化、农业现代化同步发展，从而解决产城融合度不高、城乡发展差距过大、产业结构不合理、资源生态压力过载等发展不平衡不充分问题。从创新角度来看，围绕推进农业转移人口市民化，深化户籍、土地、财政、投融资等方面的改革，促进资源与要素城乡间的合

---

① 《国家新型城镇化规划（2014—2020年）》，中央人民政府门户网站，2014-03-16。

理流动与有效配置。从协调角度来看，注重产业发展与人口聚集的关联性，合理布局城镇化的发展规模，推进城乡、区域的协调发展。从绿色角度来看，改变高能耗、高污染、低附加值的工业化产业结构，注重生态环境保护，建设美丽乡村。从开放角度来看，统筹国际、国内两个市场，打破限制人力、资源、要素自由流动的体制机制瓶颈，建立多层级城镇化的合作分工体系，增强城市发展的辐射力与带动效应。从共享角度出发，回归城镇化以人为本的宗旨，建立均等化、普惠性的公共服务体系，提高城乡居民的生活质量与人口素质。

（三）系统配套："人、地、财"改革全面跟进

新型城镇化建设是一项系统性、综合性的工程，需要多部门配合、多领域改革的齐头跟进。按照《规划》中的论述，需要"加强制度顶层设计，尊重市场规律，统筹推进人口管理、土地管理、财税金融、城镇住房、行政管理、生态环境等重点领域和关键环节体制机制改革，形成有利于城镇化健康发展的制度环境"。

在《规划》路线图的指导下，围绕"促进农业转移人口市民化"的首要任务，后续的改革、实施意见以及重点工作安排，正是逐步细化"人"（人口落户与基本公共服务）、"地"（城镇建设土地保障）、"财"（农业转移人口市民化财政支持）几个方面，系统化推进新型城镇化进程。通过对2016年以来推进新型城镇化建设相关政策、措施的核心内容梳理，新型城镇化建设体现出逐步深化、配套完善、指标把控、动态监控的特点（见表2-1）。从人口落户与基本公共服务来看，明确并逐步压实地方政府户籍制度改革的主体责任，按照城市规模逐步放开落户限制，实现300万人口以下城市取消落户限制，300万～500万人口城市全面放开放宽限制，完全取消了重点人群的落户限制；在未落户常住人口中全面推广居住证，在不低于国家标准的基础上，鼓励各地方逐步扩大居住证附加的公共服务与便民项目。从土地、财政政策演进来看，逐步深化"人、地、钱挂钩"的配套政策，明晰市民化成本分担机制；通过财政转移支付与城镇建设用地指标拨付等政策工具，进一步调动地方政府推进市民化的积极性。

表 2-1   国家推进新型城镇化建设的政策（2016~2019）

改革政策与措施	人	地、钱
《国务院关于深入推进新型城镇化建设的若干意见》（国发〔2016〕8号）发文单位：国务院	主要内容：一、加快落实户籍制度改革政策。加快制定实施推动1亿非户籍人口在城市落户方案，强化地方政府主体责任。二、全面实行居住证制度。推进居住证制度覆盖全部未落户城镇常住人口。三、推进城镇基本公共服务常住人口全覆盖	主要内容：实施财政转移支付同农业转移人口市民化挂钩政策，实施城镇建设用地增加规模与吸纳农业转移人口落户数量挂钩政策，中央预算内投资安排向吸纳农业转移人口落户数量较多的城镇倾斜。各省级人民政府要出台相应配套政策，加快推进农业转移人口市民化进程
《加快推进新型城镇化建设行动方案》①发文单位：国家发展改革委	主要内容：一、根据不同类型城市，督促按照国务院户籍制度改革有关要求，全面放宽重点群体落户限制，实现城镇外来人口落户1300万人以上。二、全面实施居住证制度，确保各地区居住证领取门槛不高于国家标准、享受的各项基本公共服务和办事便利不低于国家标准。三、推进教育、医疗等城镇基本公共服务覆盖常住人口。四、提高农民工职业技能培训质量和水平，全年培训2000万人次以上	主要内容：一、全面落实支持农业转移人口市民化财政政策，督促各省（区、市）研究出台支持办法。二、全面落实城镇建设用地增加规模与吸纳农业转移人口落户数量挂钩政策，结合上年度农业转移人口落户情况，调整完善2017年度土地利用计划指标分配办法。三、建立进城落户农民农村"三权"维护和自愿有偿退出机制
《国家发展改革委关于实施2018年推进新型城镇化建设重点任务的通知》发文单位：国家发展改革委	主要内容：一、全面放宽城市落户条件。细化不同规模城市的落户标准，超大城市和特大城市制定差别化落户条件，探索租赁房屋的常住人口在城市公共户口落户。落实地方政府主体责任，2018年实现进城落户1300万人。二、强化常住人口基本公共服务。实现居住证制度覆盖城镇全部未落户常住人口，显著提高居住证发放量。三、不断提升新市民融入城市能力	主要内容：深化"人、地、钱挂钩"配套政策。深化"人钱挂钩、钱随人走"，在安排中央和省级财政转移支付时，综合考虑农业转移人口落户数量等因素，完善对落户较多地区的中央财政资金奖励政策。在制定各地区土地利用计划和安排城镇新增建设用地规模时，进一步增加上年度农业转移人口落户数量指标的权重

---

① 相关内容结合国家发展改革委规划司有关负责同志就《国家新型城镇化报告2016》接受记者采访，见《国务院批复今年城镇化建设五大重点领域25项具体任务》，凤凰财经，2017-07-11。

续表

改革政策与措施	人	地、钱
《2019年新型城镇化建设重点任务》（发改规划〔2019〕617号） 发文单位：国家发展改革委	主要内容：一、积极推动已在城镇就业的农业转移人口落户。城区常住人口100万~300万的Ⅱ型城市，全面取消落户限制；城区常住人口300万~500万的Ⅰ型大城市要全面放开放宽落户条件，并全面取消重点群体落户限制。允许租赁房屋的常住人口在城市公共户口落户。压实地方政府主体责任，强化督促和监测评估。二、推进常住人口基本公共服务全覆盖。确保有意愿的未落户常住人口全部持有居住证，鼓励各地区逐步扩大居住证附加的公共服务和便利项目	主要内容：深化"人地钱挂钩"等配套政策。深化落实支持农业转移人口市民化的财政政策，在安排中央和省级财政转移支付时更多考虑农业转移人口落户数量，2019年继续安排中央财政奖励资金支持落户较多地区。全面落实城镇建设用地增加规模与吸纳农业转移人口落户数量挂钩政策

（四）组织保障：创新政府治理机制

党中央、国务院坚定推行新型城镇化战略，制定了周密的组织保障系统，由国家发展改革委牵头协调各相关部门，建立协同保障机制，统筹新型城镇化战略的规划与实施。《规划》明确指出新型城镇化建设要遵循"市场主导，政府引导"的原则。政府的引导作用，不仅体现为城市规划、空间管制、项目审批、计划用地等方面的规制能力，还体现为政府联合各种社会力量参与城镇化建设的政府治理能力。政府治理机制的创新，为新型城镇化战略的开展提供了有力的组织保障。首先，建立和完善推进新型城镇化工作部际联席会议制度，强化部际协调。《规划》指出："国家发展改革委要牵头推进规划实施和相关政策落实，监督检查工作进展情况。"① 其次，通过新型城镇化建设试点逐渐探索城镇化建设的一般规模。选择不同区域不同城市，针对农民工市民化的成本分担、城镇化投融资、宅基地管理、设市模式等难点问题，先行试点，凝聚共识，推广试点城市的先进经验。最后，加强和创新城市社会治理。树立以人为本、服务为先的理念，完善城市治理结构，创新城市治理方式，提升城市社会治理水平。《规划》

---

① 《国家新型城镇化规划（2014—2020年）》，中央人民政府门户网站，2014-03-16。

从完善城市治理结构、强化社区自治和服务功能、创新社会治安综合治理、健全防灾减灾救灾体制四个方面，详细布局城市社会治理的具体内容。

三 新型城镇化战略推进中的成绩与问题

新型城镇化由战略布局进入规划实施已经过去了 6 年多时间（2012 年 11 月~2019 年 9 月）。按照《规划》设定的目标，距离目标的完成仅有不到 2 年的时间。对照预期目标与取得的成绩，可以发现新型城镇化已经在解决农业转移人口市民化、缩小城乡发展差距、协调区域发展格局等问题上取得了阶段性成果，但是制约新型城镇化可持续、健康发展的结构性问题依然存在。

（一）"半城镇化"现象：户籍人口城镇化率的滞后性

与世界上其他国家相比，中国城镇化发展遵循一般性规律的同时，也具有自身的特殊性。这种特殊性突出表现为工业化与城镇化的发展不协调，大量的流动人口进了城，转换了职业，成为产业工人队伍的一分子，但是仍然无法享有与城镇市民同等的社会身份，形成一种"半城镇化"现象。半城镇化就是"农村人口虽然进了城市但并没有完全成为城市居民（市民）的现象"[1]。半城镇化可以通过半城镇化率来衡量。半城镇化率是指非本地城镇户籍人口占城乡人口的百分比，在统计操作上，可以用城镇常住人口与城镇户籍人口的差作为半城镇化人口。[2] 半城镇化率实际上就是常住人口城镇化率减去户籍人口城镇化率。改革开放之初，受制于较低的城镇化水平，半城镇化率非常小。改革开放之后，半城镇化率逐渐提高，尤其是进入 21 世纪以来，随着城镇化的加速推进，半城镇化率也在提高，到 2012 年，半城镇化率已经达到了 17.3%，接近常住人口城镇化率的 1/3（见图 2-4）。自 2012 年以来，新型城镇化追求"以人为本"的城镇化，强调推进农村转移人口的市民化进程，半城镇化率总体上显示下降的趋势，到 2018

---

① 辜胜阻：《统筹解决农民工问题需要改进低价工业化和半城镇化模式》，《中国人口科学》2007 年第 5 期。

② 李爱民：《中国半城镇化研究》，《人口研究》2013 年第 4 期。

年下降了 1.09 个百分点。按照《规划》设定的目标，2018 年实际已经提前完成了常住人口城镇化率 60% 的目标，今后两年工作的重心应该放在进一步提升户籍人口的城镇化率，到 2020 年实现人口城镇化率再提升 1.63 个百分点（2020 年预期目标是 45% 左右），半城镇化率缩小为 15% 左右（见图 2-4）。

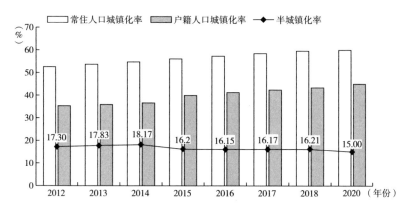

**图 2-4　2012~2020 年中国常住人口城镇化率、
户籍人口城镇化率与半城镇化率**

资料来源：《国家新型城镇化规划（2014—2020 年）》，国家统计局网站。

（二）城乡收入差距近十年呈现逐年缩小趋势，但差距仍然较大

我们用城乡居民收入差距来分析城乡发展差距，以期从一个重要方面观察城乡发展差距的演进趋势，其中涉及两个关键指标：城乡居民绝对收入差（城镇居民人均可支配收入-农村居民人均可支配收入）和城乡居民收入比（城镇居民人均可支配收入/农村居民人均可支配收入）。改革开放以来，我国的城乡发展都比较快，由于改革在城乡推进的次序性、改革力度与发展潜力的不同，城乡发展差距呈现出有起有伏的"波浪式"演进特征（见图 2-5）。农村居民人均年收入从 1978 年的 133.6 元提高到 2018 年的 14617 元，提高了 108.4 倍；同期，城镇居民人均年收入由 343.4 元提高到 39251 元，提高了 113.3 倍。2009 年之前，城乡收入比出现"两降，两升"，总体上呈现出扩大的趋势，在 2008 年达到了峰值 3.11：1（以农村居

民收入为 1，下同），城乡居民人均年收入的差额也在这一年突破了 1 万元大关。2008 年之后，城乡居民收入比进入了拐点，开始了逐年下降的趋势，截至 2018 年已缩小至 2.19∶1。虽然城乡收入比在缩小，但是收入差距的绝对额仍在扩大，2018 年达到 24634 元，是同年农村居民人均年收入的 1.69 倍。

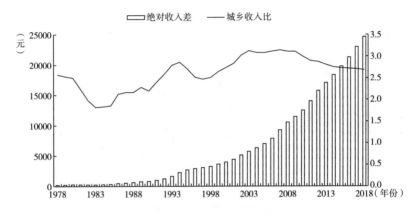

图 2-5　中国城乡居民绝对收入差与居民收入比（1978~2018）

说明：与 2013 年前的分城镇和农村住户调查的调查范围、调查方法、指标口径有所不同。从 2013 年起，国家统计局开展了城乡一体化住户收支与生活状况调查，2013 年及以后数据来源于此项调查。

资料来源：国家统计局网站。

（三）城镇化区域发展差距逐渐缩小，但与全国平均水平仍有一定差距

十八大以来，国家推行均衡的城镇化发展战略，东西部之间的城镇化发展差距在逐步缩小。东部地区城镇化率由 2012 年的 61.9% 增长到 2017 年的 67%，增长了 5.1 个百分点。同期，西部地区城镇化率由 44.7% 增长到 51.6%，增长了 6.9 个百分点，增长速度要快于东部地区。正是由于较快的增长率，西部地区与东部地区的差距在缩小，由 2012 年的 17.2% 下降到 2017 年的 15.4%。在此期间，西部地区、中部地区的城镇化率与全国平均城镇化率的差距也在缩小，西部地区与全国的差距由 7.9% 缩小为 6.9%，

中部地区与全国的差距由 5.4% 缩小为 4.2%。有研究指出，影响农村居民收入的关键在于大量农村剩余劳动力能否尽快地向城乡非农产业转移，因此，欠发达地区城市化和农村现代化对于缩小地区差距具有非常重要的意义。[①] 李克强总理在 2016 年政府工作报告中强调到 2020 年重点解决"三个1 亿人"的工作目标："要深入推进以人为核心的新型城镇化，实现 1 亿人左右农业转移人口和其他常住人口在城镇落户，完成约 1 亿人居住的棚户区和城中村改造，引导约 1 亿人在中西部地区就近城镇化。"[②] 可见，中西部地区城镇化发展水平对于新型城镇化战略如期实现意义重大，也是今后新型城镇化建设的重点与短板。

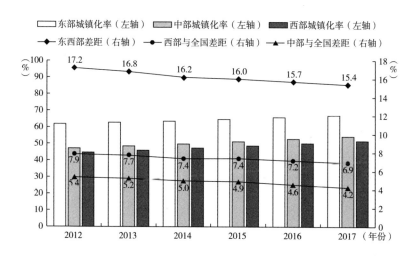

图 2-6　东、中、西部地区城镇化率与城镇化发展差距（2012~2017）

资料来源：国家统计局网站。2012~2017 年东、中、西部城镇化率经过计算得出。

第二节　少数民族流动人口的基本情况与流动特征

2014 年中央民族工作会议指出，中国进入了各民族跨区域大流动的活

①　王小鲁、樊纲：《中国地区差距的变动趋势和影响因素》，《经济研究》2004 年第 1 期。

②　《2016 年政府工作报告》，中央人民政府门户网站，2016-03-17。

跃期，少数民族人口大规模向东部和内地城市流动，内地人口向民族地区及不同民族之间也在进行着大规模流动。很多研究对这个群体的总量规模、流动特点、区域分布等并没有精准的分析，大多数的研究停留在较小样本分析的基础之上。本章基于 2013~2017 年全国流动人口卫生计生动态监测调查数据（以下简称动态监测数据）、国家统计局历年发布的农民工监测调查报告、国家统计局有关人口普查的相关数据，对新型城镇化阶段少数民族流动人口的群体特征进行宏观分析。

一　少数民族流动人口的基本情况

全国流动人口卫生计生动态监测调查是为了解和反映流动人口基本情况及基本公共卫生计生服务状况，为各级政府制定政策和规划、开展卫生计生服务管理提供依据；该调查自 2009 年起，按照随机原则在全国 31 个省（区、市）和新疆生产建设兵团流动人口较为集中的流入地，采取分层、多阶段、与规模成比例的 PPS 方法抽取样本点，开展调查。[1]

从 2017 年动态监测数据的统计口径来看，调查对象为在流入地居住 1 个月以上，非本区（县、市）户口的 15~59 周岁流动人口，其中包括流动到其他地区居住 1 个月以上的非农业户口人员。调查样本为 169989 人，其中农业户口占 78%，非农业、农转居、居民、非农转居以及其他合计占 22%。

（一）　少数民族在流动人口中的占比呈上升趋势

进入 21 世纪，中国城镇化发展呈现加速态势，大量少数民族成员由农村走向城市，由传统聚居的中西部地区走向东部沿海。21 世纪以来少数民族人口在流动人口中的比例总体呈上升趋势，2017 年全国流动人口动态监测数据显示比例已达 9.41%，汉族流动人口为 90.59%，少数民族占全部流动人口的比例将近 1/10（见表 2-2）。

---

[1] 《全国流动人口卫生计生动态监测调查制度》，国家统计局门户网站，2018-08-06。

表 2-2　全国流动人口民族构成

单位：%

年份	2000 年人口普查	2010 年人口普查	2014 年动态监测	2015 年动态监测	2016 年动态监测	2017 年动态监测
汉族	94.30	93.66	92.67	92.14	91.78	90.59
少数民族	5.70	6.34	7.33	7.86	8.22	9.41

说明：截至 2019 年 9 月，2017 年全国流动人口动态监测是最新公布的数据。

资料来源：2000 年、2010 年人口普查数据引自段成荣、肖锐、王伊文《我国少数民族流动人口形势分析与展望》，《福建论坛》（人文社会科学版）2016 年第 6 期。2014～2017 年全国流动人口民族构成由笔者根据全国流动人口动态监测调查数据计算得出。

（二）少数民族流动人口的民族分布

从民族构成上来看，流动人口排在前十位的少数民族依次是回族（2.07%）、壮族（1.24%）、藏族（0.91%）、满族（0.69%）、苗族（0.67%）、土家族（0.66%）、维吾尔族（0.55%）、蒙古族（0.46%）、彝族（0.42%）、侗族（0.21%）（见表 2-3）。人口流动排位前十的民族与 2010 年人口普查人口数量排前十位的民族是吻合的，只是在具体的位次上有一些不同，这也说明少数民族流动人口的数量与本民族人口的规模是高度相关的。[1]

表 2-3　2017 年流动人口的民族分布

民族	人数（人）	比例（%）	民族	人数（人）	比例（%）	民族	人数（人）	比例（%）
蒙古	774	0.46	彝	714	0.42	哈尼	282	0.17
满	1171	0.69	土家	1125	0.66	黎	199	0.12
回	3516	2.07	布依	360	0.21	哈萨克	77	0.05
藏	1552	0.91	侗	362	0.21	傣	107	0.06
壮	2109	1.24	瑶	244	0.14	其他少数民族	825	0.49
维吾尔	929	0.55	朝鲜	231	0.14	少数民族总和	15997	9.41
苗	1147	0.67	白	273	0.16	汉	153992	90.59

[1]　2010 年第六次全国人口普查，人口排名前十的少数民族依次为壮族、回族、满族、维吾尔族、苗族、彝族、土家族、藏族、蒙古族、侗族。

（三）少数民族流动人口的个体特征

从性别上来看，少数民族流动人口男女比例为 49.83%、50.17%，相差不大，接近 1∶1 的比例，汉族流动人口男性比例相对要高一些。从年龄分布来看，38 岁以下的青壮年占到少数民族流动人口的一半多（63.07%），成为流动人口的主力，比汉族流动人口同年龄层的比例要高（汉族为 57.92%）。这个年龄层也正是新生代农民工群体，由此可见，半数以上的少数民族流动人口是"80 后""90 后"。在受教育程度上，少数民族流动人口初中及以下学历占少数民族流动人口的将近七成（69.41%），汉族流动人口相同学历占汉族流动人口的六成（59.79%），与汉族流动人口受教育水平有一定的差距，汉族流动人口整体教育素质要高。从婚姻状况来看，少数民族流动人口在婚比例超过 3/4（75.4%），汉族流动人口的在婚比例略高一些，为81.84%。从户口性质来看，少数民族流动人口农业人口占据了绝大多数，高达 83.11%，比汉族流动人口占比高了 5.66 个百分点（见表 2-4）。

表 2-4　2017 年少数民族流动人口与汉族流动人口的个体特征

变量	特征	少数民族流动人口		汉族流动人口	
		人数（人）	比例（%）	人数（人）	比例（%）
性别	男	7971	49.83	79900	51.89
	女	8026	50.17	74092	48.11
年龄	18~27 岁	4194	26.22	32755	21.27
	28~37 岁	5895	36.85	56441	36.65
	38~47 岁	3647	22.80	39036	25.35
	48~60 岁	1752	10.95	20531	13.33
	60 岁以上	509	3.18	5229	3.40
受教育程度	小学及以下	4943	30.90	24029	15.60
	初中	6160	38.51	68054	44.19
	高中/中专	2672	16.70	34552	22.44
	大学专科	1265	7.91	16514	10.72
	大学本科及以上	957	5.98	10843	7.04

续表

变量	特征	少数民族流动人口		汉族流动人口	
		人数（人）	比例（%）	人数（人）	比例（%）
婚姻状况	未婚	3086	19.29	22600	14.68
	在婚	12061	75.40	126022	81.84
	离婚或丧偶	615	3.84	4171	2.71
	同居	235	1.47	1199	0.78
户口性质	农业	13295	83.11	119260	77.45
	非农业（含居民）	2688	16.80	34622	22.48
	其他	14	0.09	110	0.07

（四）少数民族流动人口的社会经济特征

整体而言，少数民族流动人口与汉族流动人口的差别不大。从就业单位性质来看，两类群体均主要集中在个体工商户与私营企业，其中个体工商户比例分别为 38.59%、41.71%，私营企业比例分别为 27.04%、27.90%。在就业身份上，两类群体半数以上的都是雇员，少数民族为59.59%，汉族为58.40%。在个人月收入上，少数民族流动人口 3500 元以下比例为 59.63%，汉族的比例为 51.60%，两类群体总体的收入均不高。在居住情况上，两类群体以租住私房为主，汉族自购商品房比例略高，少数民族自建房比例高。从经济社会特征的职业、收入、居住指标来看，两类群体的差异其实并不大，这与很多研究认为少数民族流动人口是流动人口的边缘群体的看法有一定的出入，在很大程度上源于一些研究来自对特定少数民族流动人口群体的调研（比如东部地区的维吾尔族、藏族流动人口），大规模抽样调查的数据并不支持这些观点（见表2-5）。

表 2-5　2017 年少数民族流动人口与汉族流动人口的社会经济特征

变量	特征	少数民族流动人口		汉族流动人口	
		人数（人）	比例（%）	人数（人）	比例（%）
就业单位性质	机关、事业单位	484	3.91	3446	2.70
	国有及国有控股企业	541	4.37	6028	4.73

续表

变量	特征	少数民族流动人口		汉族流动人口	
		人数（人）	比例（%）	人数（人）	比例（%）
就业单位性质	集体企业	145	1.17	1268	0.99
	股份/联营企业	357	2.88	4875	3.83
	个体工商户	4783	38.59	53165	41.71
	私营企业	3351	27.04	35552	27.90
	港澳台独资企业	154	1.24	2083	1.63
	外商独资企业	129	1.04	1847	1.45
	中外合资企业	92	0.74	1388	1.09
	社团/民办组织	66	0.53	449	0.35
	其他	368	2.97	2597	2.04
	无单位	1923	15.52	14751	11.57
就业身份	有固定雇主的雇员	5963	48.12	64614	50.70
	无固定雇主的雇员	1421	11.47	9816	7.70
	雇主	572	4.62	7476	5.87
	自营劳动者	4012	32.37	43012	33.75
	其他	425	3.43	2531	1.99
个人月收入	1500元及以下	1400	11.30	10030	7.90
	1501~3500元	5989	48.33	55656	43.70
	3501~5000元	3126	25.22	35329	27.70
	5000元以上	1878	15.15	26434	20.70
住房来源	单位/雇主房（不包括就业场所）	1398	8.74	14517	9.43
	政府提供公租房	224	1.40	1486	0.96
	自购商品房	2538	15.87	33910	22.02
	自购保障性住房	252	1.58	1883	1.22
	自购小产权住房	330	2.06	4005	2.60
	借住房	465	2.91	2268	1.47
	就业场所	402	2.51	3990	2.59
	自建房	1514	9.46	4648	3.02
	其他非正规居所	80	0.50	767	0.50
	租住私房-整租	6823	42.65	70969	46.09
	租住私房-合租	1971	12.00	15549	10.00

二　少数民族流动人口的流动特征

（一）少数民族流动人口总体规模逐渐增大

随着城镇化的发展，少数民族通过就地城镇化和异地城镇化的方式，越来越多地进入城市，成为中国庞大的流动人口群体中的重要组成部分。2010 年人口普查数据显示，汉族流动人口为 2.44 多亿人，少数民族流动人口为 1653.86 万人。[①] 2014 年到 2017 年，少数民族在流动人口中的占比分别为 7.33%、7.86%、8.22% 和 9.41%，在流动人口中的比重呈逐年增长趋势，接近于流动人口总量的 1/10（见表 2-2）。

（二）少数民族省内流动多于跨省流动

少数民族流动人口中，省内流动的人数（省内跨市与市内跨县合计 64.81%）要多于跨省流动（35.19%），而汉族流动人口约一半是跨省流动（50.76%）（见表 2-6）。与 2016 年的动态监测数据相比，少数民族跨省流动从 32.32% 提升到 35.19%，提升了 2.87 个百分点，可见，少数民族的流动半径也在不断扩大，各民族之间交往的程度也在加深。

表 2-6　2017 年按流动范围划分的少数民族与汉族流动人口人数及比例

指标	少数民族流动人口		汉族流动人口	
	人数（人）	比例（%）	人数（人）	比例（%）
跨省	5629	35.19	78161	50.76
省内跨市	6873	42.96	49144	31.91
市内跨县	3495	21.85	26687	17.33

（三）跨省流动多流向西部地区和东部地区

从流向区域来看，少数民族流向首选的区域是西部地区，比例达到

---

① 李吉和、周红英：《略论改革开放以来东部地区城市少数民族人口结构变化》，《民族研究》2018 年第 6 期。

64.92%，这与少数民族主要分布在西部地区有关，尤其是近些年西部地区经济发展速度高于全国平均水平，接纳当地转移人口的速度也在加快。排在第二位的流向区域是东部，为23.89%。汉族流动区域排在前两位的分别是东部（占42.32%）；西部（占31.57%），东部地区是汉族流动的首选区域（见表2-7）。与2016年动态监测数据相比，少数民族流向西部的比例由68.07%降到64.92%，流向东部地区的比例则由21.71%上升到23.89%，这也说明少数民族的流动半径在扩大，由传统的聚居区域走向了东部沿海地区的城市，加速了散居化进程。

表2-7 2017年按流动范围划分的少数民族与汉族流动人口人数及比例

指标	少数民族流动人口		汉族流动人口	
	人数（人）	比例（%）	人数（人）	比例（%）
东北地区	961	6.01	12039	7.82
东部地区	3822	23.89	65173	42.32
西部地区	10385	64.92	48610	31.57
中部地区	829	5.18	28170	18.29

（四）流动时长倾向于长期居住

从流动时长来看，少数民族在流入地居住2~5年的比例为38.36%，居住6~10年的比例为23.75%（见表2-8）。与2016年动态监测数据相比，居住2~5年的比例由28.01%上升为38.36%，居住6~10的比例由18.57%上升为23.75%，更倾向于长期居住。这说明，少数民族流动人口在流入地市民化程度加深，为更多的少数民族成员异地转化成市民创造了条件。与汉族流动人口相比，少数民族流动人口流动时长的各项指标相差不大。

表2-8 2017年按流动时长划分的少数民族与汉族流动人口人数及比例

指标	少数民族流动人口		汉族流动人口	
	人数（人）	比例（%）	人数（人）	比例（%）
1年及以下	2688	16.80	21935	14.24
2~5年	6137	38.36	59958	38.94

续表

指标	少数民族流动人口		汉族流动人口	
	人数（人）	比例（%）	人数（人）	比例（%）
6~10 年	3800	23.75	38787	25.19
11 年及以上	3372	21.08	33312	21.63

三　少数民族流动人口的居留与落户意愿

（一）少数民族流动人口居留意愿强烈

2017 年流动人口动态监测调查设置了居留意愿的问题："今后一段时间，您是否打算继续留在本地？"在回答此题的样本中，少数民族流动人口与汉族流动人口的居留意愿均表现强烈，有约八成的受访者选择打算继续留在该地（见表 2-9）。由此可见，城市的生活居住环境对于少数民族流动人口有很大的吸引力，绝大多数人选择留在城市生活、工作或者学习。

表 2-9　少数民族与汉族城市流动人口居留意愿比较（2017）

今后一段时间，您是否打算继续留在本地？	少数民族流动人口		汉族流动人口	
	人数（人）	比例（%）	人数（人）	比例（%）
是	13161	82.27	127333	82.69
否	408	2.55	3772	2.45
没想好	2428	15.18	22887	14.86

（二）少数民族流动人口落户意愿积极性一般

2017 年流动人口动态监测调查设置了落户意愿的问题："如果符合条件，是否把户口迁入本地？"两类群体的差异也很小，少数民族流动人口回答愿意的比例比汉族高，但仍有 32.03% 的人选择了不愿意，另外 25.7% 的人选择了没想好（见表 2-10）。这说明，少数民族流动人口落户的积极性一般。强烈的居留意愿与落户意愿一般之间的反差，说明了现在的户籍制度改革需要遵循循序渐进的原则，尤其要从尊重少数民族的意愿出发，不能操之过急。

表 2-10　少数民族与汉族城市流动人口落户意愿比较（2017）

如果符合条件，是否把户口迁入本地？	少数民族流动人口		汉族流动人口	
	人数（人）	比例（%）	人数（人）	比例（%）
愿意	6762	42.27	59548	38.67
不愿意	5124	32.03	53479	34.73
没想好	4111	25.70	40965	26.60

第三节　新型城镇化对少数民族合法权益保障的机遇与挑战

对于中国这个处于快速发展中的国家而言，少数民族合法权益保障不仅是一个法权命题，更是一个实践性命题。伴随中国经济社会的发展与少数民族群体自身的成长，少数民族权益也存在存量改善与增量扩容的特征。新型城镇化战略，作为政府主导与引领经济社会发展的过程，是党和国家解决新时代社会发展不平衡不充分矛盾的重要载体与抓手。新型城镇化战略有助于把大量流动的农业人口转化成常住的、非农产业的城市市民，有助于加快西部民族地区的就地城镇化进程，有助于流入东部地区的少数民族更好地融入当地城市社会。

一　加快人的城镇化进程，有序实现少数民族流动人口的市民权

从权益保障的视角审视国家流动人口政策，自改革开放以来，经历了由放松自由迁徙权、保障平等就业权、强化劳动权保障，到全面实现市民权利的发展历程。这构成了国家流动人口政策调整的宏观框架，同样也规约着作为流动人口（主要是农民工群体）的少数民族成员。"农民工市民平权指的是农民工作为城镇常住人口（新市民）逐步享有与城镇户籍居民（老市民）平等的城镇市民权益。"[1] 按照《规划》的要求，就是要推动农业转移人口享有城镇基本公共服务，其中包括农民工随迁子女平等享有受

---

[1]　沈水生：《中国农民工市民化问题研究》，中国劳动社会保障出版社，2015，第51页。

教育权利、职业技能培训、城镇失业保障，以及城镇常住人口享有的基本养老保险权、基本医疗保险权、保障性住房等权利。子女受教育权、社会保障权、住房保障权等构成少数民族常住人口市民权利的核心内容。

据 2017 年动态监测数据显示，从住房保障情况来看，少数民族流动人口自有住房（包括自购、自建）的比例占 28.97%，租住私房的比例高达 54.65%，政府提供公租房的比例仅有 1.4%（见表 2-5）。这在一定程度上反映出政府提供住房保障的覆盖面非常有限，增大了少数民族流动人口城市适应中的经济压力。

据 2016 年动态监测数据显示，从参与社会保障的情况来看（见表 2-11），少数民族流动人口养老保险参保率最高，达到一半，参加住房公积金的比例最低，仅有 7.50%，失业保险、工伤保险、生育保险的参保比例分别为 14.07%、17.04% 和 12.39%。少数民族流动人口的各项参保项目均低于汉族流动人口，除住房公积金占比差距较小之外（2.89 个百分点），养老保险、失业保险、工伤保险、生育保险占比差距分别为 4.21 个、5.62 个、5.23 个和 5.06 个百分点。

表 2-11　少数民族与汉族城市流动人口参加社会保障比较（2016）

参保险种	少数民族流动人口		汉族流动人口		差距
	人数（人）	参保比例（%）	人数（人）	参保比例（%）	百分点
参加养老保险	6979	50.26	84483	54.47	4.21
参加失业保险	1953	14.07	30541	19.69	5.62
参加工伤保险	2366	17.04	34539	22.27	5.23
参加生育保险	1721	12.39	27072	17.45	5.06
参加住房公积金	1042	7.50	16113	10.39	2.89

说明：2017 年问卷没有"您目前参加下列何种社会保障？"的问题。

有序推动少数民族流动人口的市民化进程，要真正落实到对他们的市民权利保障上，缩小其与城镇市民之间在基本公共服务上的差距。新型城镇化以人的城镇化为根本目标，必须通过户籍制度、社会保障制度、土地制度、财政制度、社会治理体制等方面的深化改革，真正提升城镇化的发展质量。在推进少数民族流动人口市民化进程中，住房权益、社会保险、随迁子女教育等市民权益，对流动人口的市民化意愿有较大影响，也是新型城镇化内涵式建设的着力点。

二 加快中西部地区就地城镇化进程，保障少数民族的发展权

《规划》用了较长篇幅说明新型城镇化建设的重大意义，指出城镇化是现代化的必由之路，是保持经济持续健康发展的强大引擎，是加快产业结构转型升级的重要抓手，是解决农业农村农民问题的重要途径，是推动区域协调发展的有力支持，是促进社会全面进步的必然要求。[①] 少数民族成员主要分布在中西部地区，根据 2010 年人口普查数据，少数民族中的 12.81% 分布在中部，71.42% 分布在西部，合计占到少数民族总人口的 84.23%。[②] 中西部地区城镇化发展水平与质量，直接关系到少数民族的发展水平与生活质量，关系到少数民族生存权与发展权的保障程度。"发展权是全体个人及其集合体有资格自由地向国内和国际社会主张参与、促进和享受经济、政治、文化和社会各方面全面发展所获利益的一项基本权利。简言之，发展权是关于发展机会均等和发展利益共享的权利。"[③] 生存权和发展权一直是中国少数民族人权保障的核心内容和首要内容。

《规划》指出中西部地区发展相对滞后，一个重要原因就是城镇化发展很不平衡，中西部城市发育明显不足，要培育发展中西部地区城市群，加快中西部地区就地城镇化进程。随着新型城镇化战略的深入推进，中西部地区基础交通设施的完善，产城融合水平的提升，基本公共服务覆盖面的扩大，在中西部地区就业的农民工继续增加。据《2018 年农民工监测调查报告》显示，在中部地区就业的农民工 6051 万人，比上年增加 139 万人，增长 2.4%，占农民工总量的 21.0%；在西部地区就业的农民工 5993 万人，比上年增加 239 万人，增长 4.2%，占农民工总量的 20.8%。[④] 新型城镇化

---

① 《国家新型城镇化规划（2014—2020 年）》，中央人民政府门户网站，2014-03-16。

② 李吉和、周红英：《略论改革开放以来东部地区城市少数民族人口结构变化》，《民族研究》2018 年第 6 期。

③ 汪习根：《发展权含义的法哲学分析》，《现代法学》2004 年第 6 期。

④ 国家统计局：《2018 年农民工监测调查报告》，国家统计局门户网站，2019-04-29。

建设对推动中西部地区农民工就地城镇化，加快农业转移人口的市民化进程，保障少数民族平等参与经济社会的发展权，将发挥积极的作用。

三　合理满足少数民族特殊性利益诉求，尊重少数民族的平等权

《规划》具有鲜明的问题导向，用不小的篇幅指出快速城镇化进程中出现的矛盾与问题，其中就有城镇化发展与自然历史文化遗产保护的问题。新型城镇化要走以人为本、四化同步、优化布局、生态文明、文化传承的道路，文化传承成为新型城镇化建设的题中之义。民族文化是城市历史文化特色的重要内容。文化权利既表现为民族以群体的形式实践其文化特性与生活方式的集体权利，也包括个体使用本民族语言、践行本民族的风俗习惯、信仰宗教的个体性权利。尊重少数民族的文化权利，是保障各民族一律平等的重要内容。新型城镇化建设，不仅要保护各种作为历史遗迹、固化形态的民族文化遗产，同时还要保护少数民族赖以生存与发展的传统生活方式及其权利，而这体现为少数民族的风俗习惯权利、宗教信仰权利、语言文化权利与民族教育权利，渗透到少数民族个体以及群体衣食住行等各个领域。从消极权利方面而言，城市政府要通过加强治理能力建设，营造社会尊重民族风俗习惯、反对民族歧视的宽容、信任的社会氛围，杜绝各种民族歧视的言论。从积极权利方面来看，城市政府则需要在加强基本公共服务供给的同时，针对少数民族群体合法的特殊性利益诉求，做出倾斜性政策安排。保障少数民族特殊性权益，对少数民族流入城市、融入城市，构建相互嵌入式的社会结构与社区环境，有重大的社会与政治意义。

第三章　城市少数民族流动人口社会调查的实施与样本信息

本部分主要介绍城市少数民族流动人口社会调查实施的基本情况和调查样本的基本信息。社会调查的具体情况包括调查地点的选择、调查形式与内容、调查抽样以及调查实施的具体流程。在样本基本情况介绍中，概要描述了调查样本中少数民族流动人口的个体特征、社会特征与流动特征。

第一节　调查的具体情况

一　调查地点

本研究在调查地点选择上，兼顾了东部、中部、西部的城市分布，选择城市少数民族常住人口或者少数民族流动人口数量较大的城市。西部地区选择了甘肃兰州市、青海西宁市和广西南宁市，中部地区选择了河南郑州市、湖北武汉市，东部地区选择了浙江义乌市、天津市和辽宁大连市。在城市行政层级上包含了直辖市、省会城市、副省级城市和县级市。在每个市的样本选择中，综合考虑少数民族集中分布区域的同时，尽可能覆盖多个市区，以增强样本的代表性（见表3-1）。

表 3-1　调查样本的地点分布

	样本所在城市	所属区域	样本分布区域
1	兰州市	西部地区	七里河区小西湖，城关区西关十字、火车站附近，安宁区甘肃农业大学校区附近，榆中县兰州财经大学和平校区附近

续表

	样本所在城市	所属区域	样本分布区域
2	西宁市	西部地区	城东区的八一路、大众街、民和路、德令哈路口、博文路、博雅路、昆仑路等主要街道，城中区的大十字、中心广场、南山路、城南工业区等，城西区的力盟商业巷、小桥、海晏路、人民公园附近
3	南宁市	西部地区	西乡塘区的中华中社区，良庆区的银海社区、金象社区，兴宁区的虎邱村，青秀区的凤岭北社区
4	郑州市	中部地区	管城回族区北下街、新疆美食城，二七区佛岗村、黄河科技学院（南校区）
5	武汉市	中部地区	洪山区政苑小区、新竹路、光谷、软件园、桃园路，汉阳区七里庙附近
6	义乌市	东部地区	江东四区鸡鸣山社区、稠江街道义乌清真寺附近、浪莎袜业集团
7	大连市	东部地区	西岗区建设社区，泡崖街道万众社区，甘井子区周东社区，金普新区红梅社区
8	天津市	东部地区	南开区南开大学、天津大学校区及附近，北辰区天穆镇回民聚居区，和平区天津医科大学，津南区南开大学、天津大学新校区、津沽公路沿线、月坛商厦附近，西青区阳光100附近，和平区五大道附近，河西区天津财经大学附近

二　调查构成

（一）调查形式

本次调查主要包括问卷调查、个案访谈、集体座谈三种形式。

1. 问卷调查

城镇化发展带来了人口的迁移与流动，大中型城市成为各民族交往、交流、交融的汇集地，这些城市对流动人口合法权益保障情况影响到新型城镇化的建设与市民化的质量。因之，问卷调查的对象选择生活与工作在城市市区的非当地户籍的少数民族，也就是少数民族流动人口。本调查采取了国家卫生健康委在中国流动人口动态监测调查数据（China Migrants

Dynamic Survey，简称 CMDS）对流动人口的界定。① 对少数民族流动人口操作性定义为：在流入地居住一个月以上，非本区（县、市）户口的汉族之外的 15 岁以上的少数民族流入人口。

2. 定性访谈

定性访谈主要针对两部分人群：一部分是作为问卷调查对象的少数民族流动人口；另一部分是涉及少数民族服务与管理的政府职能部门的工作人员。为了进一步深入地了解问卷调查不能呈现的一些问题，需要设计有针对性的结构化或半结构化的访谈，对服务与管理的两方主体进行深入的定性访谈（见表3-2）。"与调查访谈相比，定性访谈的基础是一组进行深度访谈的主题，而不是标准化的问题。"②

3. 集体座谈

针对少数民族流动人口反映较为强烈的权益问题，召集相关的政府职能部门，就相关主题展开非结构化、半结构化的访谈。课题组在义乌市针对少数民族语言培训，召开了由培训教师、民委相关部门参加的座谈会（见表3-2）。

表 3-2 城市少数民族流动人口合法权益保障访谈情况

编号	受访单位	受访时间	受访对象	受访内容
1	西宁市统战部	2019 年 7 月	W 部长	西宁市城市民族工作
2	西宁市创建办	2019 年 7 月	Y 科长	西宁市城市民族工作
3	青海省民宗委政法处	2019 年 7 月	S 处长	西宁市城市民族工作
4	海东市就业局	2019 年 7 月	Y 副局长	青海省拉面经济
5	海东市民宗局	2019 年 7 月	L 处长	流出地与流入地政府协作机制
6	浙江义乌民宗委	2018 年 12 月	Z 科长	义乌市城市民族工作
7	浙江义乌肉食店	2018 年 12 月	M 老板	城市的工作、生活
8	浪莎袜业集团	2018 年 12 月	W 部长	少数民族流动人口服务与管理
9	义乌鸡鸣山社区	2018 年 12 月	H 主任	义乌市社区民族工作

---

① 2017 年全国流动人口卫生计生动态监测调查流动人口卷（A卷）把调查对象界定为：在本地居住一个月及以上，非本区（县、市）的男性和女性流动人口。

② 〔美〕艾尔·巴比：《社会研究方法》，邱泽奇译，华夏出版社，2005，第293页。

续表

编号	受访单位	受访时间	受访对象	受访内容
10	义乌工商学院	2018 年 12 月	R 老师	少数民族流动人口语言培训
11	义乌工商学院	2018 年 12 月	C 老师	少数民族流动人口语言培训
12	浙江省民宗委	2018 年 12 月	N 处长	少数民族流动人口服务与管理
13	新疆驻辽宁工作组大连站	2018 年 7 月	SMT 组长	少数民族流动人口服务与管理
14	新疆驻辽宁工作组大连站	2018 年 7 月	GL 老师	高校民族学生的服务与管理
15	新疆餐厅	2017 年 7 月	ZLYT 老板	城市的工作、生活
16	海东市驻大连联络处	2017 年 7 月	M 老板	流出地与流入地政府协作机制
17	大连朝鲜族中学	2016 年 6 月	P 校长	民族教育
18	大连朝鲜族中学	2016 年 6 月	J 老师	民族教育
19	新疆烤肉店	2016 年 6 月	MMT 老板	城市的工作、生活
20	马记拉面馆	2016 年 6 月	M 先生	城市的工作、生活
21	大连市民委政法科	2016 年 6 月	B 处长	少数民族流动人口服务与管理
22	大连市外来务工人员服务中心	2016 年 6 月	G 主任	流动人口的服务与管理
23	大连市 365 市民服务中心	2016 年 6 月	W 主任	城市网格化管理与服务

（二）调查内容

以"少数民族流动人口合法权益保障情况调查"为主题设计问卷，问卷涉及的内容包括基本情况，流动与就业，劳动权益，市民权益，宗教、文化、风俗习惯权益，权益维护与权益诉求六个部分。问卷的主要调查内容见表 3-3 所示。

表 3-3　问卷调查内容

调查项目	具体调查内容
基本情况	个人基本信息（性别、年龄、民族、政治面貌）、受教育程度、户口性质、婚姻状况、家庭状况、户籍所在地
流动与就业	打工时间、流动范围、打工原因、就业渠道、就业困难
劳动权益	工作时间、休息天数、从事职业、工作行业、单位性质、就业身份、签订合同情况、工资发放情况、收入与消费、技能培训、社会保险参保情况及原因、医疗保险参保情况

调查项目	具体调查内容
市民权益	居住社区、住房性质、住房面积、随迁子女教育、社区/单位选举、法律援助、身份认同、市民化意愿、返乡意愿等
宗教、文化、风俗习惯权益	宗教信仰、宗教活动便利性、遵从风俗习惯面临问题、民族文化/语言教育面临问题
权益维护与权益诉求	法律法规了解程度、维权方式、权益重要性、权益迫切性

三 调查抽样

本调查在少数民族人口流入地展开，采取了便利抽样和配额抽样相结合的方法。因为少数民族流动人口"来无踪，去无影"的特征，少数民族流动人口的数据在街道、社区的基层无法准确掌握。公安部门也主要依据居住证办理，或者进出入城市的交通窗口，大致了解流动人口的数量和规模。对于本项社会调查而言，很难获得完整的抽样框，无法进行科学的概率抽样。在选定调查城市之后，课题组先行与城市的民族工作部门交流，获得少数民族流动人口居住和工作地点较为密集的社区信息，尽可能涵盖少数民族人口涉及的所有行业。按照每个社区、企业发放问卷 30 份的标准，在每个城市发放 120~180 份问卷。在收集 8 个城市所有的问卷之后，按照性别、代次、区域（来源地）对样本进行比例控制，使相关指标与全国流动人口卫生计生动态监测调查的数据大致一致，从而确保样本具有一定的代表性。从样本的总体情况来看，8 个城市少数民族流动人口的男女性别比为 5∶4（2017 年动态监测数据 5∶5），新生代农民工占到样本总量的 67.8%（2017 年动态监测数据为 63.1%），省内和跨省的少数民族流动人口的比重约为 4∶6（2017 年动态监测数据约为 6∶4）。

四 调查实施

本次调查分为两个时间段进行，分别是 2018 年 11 月 1 日~12 月 28 日、2019 年 3 月 1 日~4 月 15 日。社会调查由作为课题组成员的高校专业老师与本科生、硕士生、博士生负责实施。

（一）确定调查城市，成立调查小组

按照东、中、西部的区域划分，根据少数民族人口流入的数量与规模，选定东、中、西部 8 个城市作为社会调查点。以社会调查所在城市，成立 7 个调查小组，分别由当地高校长期从事相关研究的老师负责，具体情况见表 3-4。在社会调查之前，课题负责人通过召开专题会议、电话通信、电子邮件等方式，与调查小组的具体负责人进行充分协商与沟通，确定社会调查的问卷内容、问卷规模、操作步骤与实施时间。由每个城市的社会调查负责人对问卷与质性访谈的访谈员进行培训，并全程监控社会调查的整体过程。共计有 7 名专业老师，40 多名本科生、硕士生、博士生全程参与整个社会调查过程。

表 3-4　社会调查小组的构成

所处区域	调查城市	课题组成员	所在单位及职称
东部地区	大连	×××	×××大学××学院副教授
	义乌	×××	×××大学××学院副教授
	天津	×××	×××大学××学院副教授
中部地区	武汉	×××	×××大学××学院副教授
	郑州	×××	×××大学××学院讲师
西部地区	兰州	×××	×××大学××学院副教授
	西宁	×××	×××大学××学院副教授
	南宁	×××	×××大学××学院讲师

（二）调查的实施流程

2018 年 11 月，由负责人设计完成"少数民族流动人口合法权益保障情况调查"问卷，并在大连市选择了 30 人进行预调查，对问卷中出现的印刷错误、语义歧义等问题进行了修正。2018 年 11～12 月，负责人开始在大连与义乌两个城市进行社会调查，进一步明晰了社会调查的实施步骤、访谈员培训与管理、问卷访谈注意事项等内容，整理成了一份可操作的实施手册。

2019年1月到2月，通过专题会议的形式与分小组的负责人讨论社会调查在其他城市的实施问题。会议确立了调查城市、实施时间、问卷规模等事项。确立了电子邮件、电话通信等方式的沟通协调机制。

2019年3月1日到4月15日，分小组按照计划开展所在城市的社会调查，并在4月15日之前，统一把问卷邮寄给课题负责人，由课题负责人统一组织人员进行问卷数据录入与核对。

五　调查样本规模

本次调查一共发放问卷1200份，共回收有效问卷1055份，有效回收率为87.9%。8个城市的样本分布具体情况见表3-5。

表3-5　少数民族流动人口样本的数量与分布

区域	城市	人数（人）	城市占比（%）	区域占比（%）
东部	大连	171	16.2	37.1
	义乌	100	9.5	
	天津	120	11.4	
中部	武汉	113	10.7	25.0
	郑州	151	14.3	
西部	兰州	152	14.4	37.9
	西宁	140	13.3	
	南宁	108	10.2	
总计		1055	100.0	100.0

六　数据录入与质量检核

（一）　录入问卷数据

问卷数据采取人工输入的方式，先把数据分地区录入 Excel 表格中，建立若干个以地区命名的数据文件，然后再汇总到 SPSS 系统中，形成统一的数据文件。在录入数据之前，两个人一组明确分工（一人读数据、一人录入数据），统一进行数据录入的培训，确保录入员了解问卷编码的规则、数据录入的格式、主观题的处理原则，一些简单故障、错误的排除方法。

（二）核对和清理问卷数据

问卷数据的核对和清理，是在统计分析之前的必要步骤，可以有效降低问卷数据统计中的错误率。核对和清理问卷主要是使用了 SPSS 自带的清理程序，对有效范围（编码的奇异值）、逻辑一致性等内容进行清理。

（三）数据质量的抽查

抽取所有个案的 3% 进行数据核对。现有问卷是 1055 份，按照 3% 的抽验比例，从样本中抽取 32 个个案（case），检查数据录入的情况，并计算出错误率。根据抽样的结果，抽验率是 $5 \div (106 \times 32) = 0.147\%$，数据录入误差在可接受范围之内。

第二节　样本信息

本部分主要是对样本的总体情况与基本特征做介绍，主要包括三个方面的内容：第一部分介绍样本的个体特征，包括性别、年龄、民族、户口性质、代次、来源地；第二部分介绍样本的社会特征，包括婚姻状况、政治面貌、受教育程度、外出打工人口；第三部分介绍少数民族人口流动的基本情况，包括打工累计时间、此次打工持续时间、此次外出打工原因。

一　个体特征

少数民族流动人口的个体特征，包括性别、年龄、民族、户口性质、代次、来源地 6 个方面。具体详见表 3-6 所示。

表 3-6 少数民族流动人口的个体特征描述性信息

特征	频数（个）	百分比（%）
性别		
男性	579	55.4
女性	466	44.6
样本量（人）	1045	
年龄		
20 岁及以下	72	6.8
21~30 岁	383	36.3
31~40 岁	316	30.0
41~50 岁	202	19.1
50 岁以上	82	7.8
均值	34.65 岁	
样本量（人）	1055	
民族		
回族	446	42.4
满族	82	7.8
壮族	70	6.7
维吾尔族	69	6.6
彝族	56	5.3
苗族	49	4.7
蒙古族	45	4.3
藏族	41	3.9
土家族	32	3.0
朝鲜族	31	2.9
样本量（人）	1051	
户口性质		
农业	607	58.6
非农业	243	23.5
农业转居民	86	8.3
非农业转居民	6	0.6
居民	93	9.0
样本量（人）	1035	

续表

特征	频数（个）	百分比（%）
代次		
第一代农民工	174	28.7
新生代农民工	433	71.3
样本量（人）	607	
来源地		
东部地区	101	10.0
中部地区	109	10.8
西部地区	667	66.0
东北地区	133	13.2
样本量（人）	1010	

说明：在"民族"一栏，只列出人数排名前十的民族。

由表 3-6 可知，样本中男性的比例略高于女性，比例约为 5∶4，性别比例相对均衡。在年龄分布上，青壮年的占比最高，平均年龄为 34.65 岁，2017 年流动人口动态监测显示少数民族流动人口平均年龄为 34.39 岁，两个数据基本一致。其中，21～30 岁占 36.3%，31～40 岁占 30%，41～50 岁占 19.1%，50 岁以上占 7.8%。从民族分布上来看，回族占的比例最大，为 42.4%，后面依次为满族占 7.8%，壮族占 6.7%，维吾尔族占 6.6%，彝族占 5.3%，苗族占 4.7%，蒙古族占 4.3%，藏族占 3.9%，土家族占 3%，朝鲜族占 2.9%。从户口性质来看，农业户口比例最大，接近六成，为 58.6%，非农业、农业转居民、非农业转居民、居民合计为 41.4%。在农业户籍人口中，第一代农民工占 28.7%，新生代农民工（1980 年以后出生的农民工）占 71.3%。从来源地来看，来自西部地区少数民族最多，比例为 66%，东部为 10%，中部为 10.8%，东北地区为 13.2%。

二　社会特征

少数民族流动人口的社会特征，包括婚姻状况、政治面貌、受教育程度、外出打工人口数四个方面。具体详见表 3-7 所示。

表 3-7　少数民族流动人口的社会特征描述性信息

特征	人数（人）	百分比（%）
婚姻状况		
未婚	263	26.3
已婚	710	70.9
离婚	20	2.0
丧偶	8	0.8
样本量（人）	1001	
政治面貌		
中共党员	45	4.5
共青团员	99	9.9
民主党派	1	0.1
群众	855	85.5
样本量（人）	1000	
受教育程度		
未上过学	39	3.7
小学	196	18.6
初中	358	34.0
高中/中专	191	18.1
大学专科	120	11.4
大学本科	138	13.1
研究生	11	1.0
样本量（人）	1053	
外出打工人口		
一口	285	28.4
两口	278	27.7
三口	196	19.5
四口	164	16.3
五口及以上	81	8.1
样本量（人）	1004	

从表 3-7 可知，少数民族流动人口已婚比例最大，占 70.9%；其次是未婚，占 26.3%。从政治面貌来看，群众的比例最大，达到 85.5%；也有一小部分中共党员，占 4.5%。从受教育程度来看，主要集中在初中阶段，

有 34%，占到样本人数的 1/3；小学以下教育程度占到 22.3%（包括小学占 18.6%，未上过学占 3.7%）；初中及以下受教育水平人群占到样本数量的 56.3%。总体而言，大部分少数民族流动人口的受教育水平还是比较低。少数民族外出打工人口两口及以上的比例达到了 71.6%，两口之家是最多的家庭人口形式，占到 27.7%；其次是三口之家占 19.5%；四口之家占 16.3%。可见，以家庭的形式外出打工已经成为少数民族流动的最主要形式，这必然会对他们的生活、居住以及融入意愿产生影响，也对城市公共服务供给提出了更高的要求。

三　人口流动的基本特征

少数民族人口流动的基本特征，包括此次打工持续时间、打工累计时间、此次打工流动范围、此次外出打工原因。具体内容详见表 3-8。

表 3-8　少数民族人口流动基本特征的描述性信息

特征	人数（人）	百分比（%）
此次打工持续时间		
1 年以内	374	37.8
2~4 年	312	31.5
5 年以上	304	30.7
样本量（人）	990	
打工累计时间		
不到 1 年	81	7.7
1~2 年	212	20.2
3~4 年	278	26.5
5~9 年	271	25.8
10~14 年	116	11.0
15~19 年	42	4.0
20~29 年	40	3.8
30 年以上	10	1.0
样本量（人）	1050	

续表

特征	人数（人）	百分比（%）
此次打工流动范围		
跨省	578	56.9
省内跨市	314	30.9
市内跨县	123	12.1
样本量（人）	1015	
此次外出打工原因		
务工/工作	574	55.1
经商	295	28.3
家属随迁	51	4.9
婚姻嫁娶	27	2.6
拆迁搬家	8	0.8
投亲靠友	72	6.9
其他	14	1.3
样本量（人）	1041	

　　如表 3-8 所示，少数民族此次打工持续时间，一年以内占 37.8%，2~4 年占 31.5%，五年以上的占到 30.7%。从打工累计时间来看，主要集中在 3~4 年和 5~9 年的时间段，分别占 26.5%、25.8%。从上述两个项目可以看出，少数民族流动人口与全国人口流动表现的趋势具有一致性，趋向于流动的长期化与定居化。由候鸟式的"钟摆式"迁徙变成了嵌入式的城市融入。从流动范围来看，跨省流动比例为 56.9%，其次是省内跨市占 30.9%，最后是市内跨县占 12.1%。在外出打工原因上，务工工作、经商占据了前两位，分别为 55.1%、28.3%，合计占样本总量的 83.4%。2017 年流动人口动态监测显示，全国流动人口外出打工原因排在前两位的是务工工作、经商，合计比例为 83.6%。本次社会调查与 2017 年全国流动人口监测显示的数据具有高度一致性。可见，经济动因仍然是少数民族流动的主要因素。

第四章 城市少数民族流动人口的
生计资本与就业状况

流动人口进入城市的第一步，就是要找到一份可以维持生计的工作。在有相对稳定就业保障的情况下，与劳动生产相关的物质报酬与社会保障才可能发生。人口自由流动是获得城市就业的基础与前提。2003 年 1 月国务院办公厅印发《关于做好农民进城务工就业管理和服务工作的通知》，中央政府通过行政赋权的方式明确了流动务工人员的就业权。法律上的平等就业权，转化为现实生活中的就业质量，除了受宏观制度因素影响之外，还有赖于个体所具有的生计资本。本章从社会调查数据出发，分析城市少数民族流动人口的生计资本（包括人力资本和社会资本）与就业状况，进而从总体上评估这个群体的就业质量。

第一节 城市少数民族流动人口的生计资市

在宏观制度因素基本稳定的情况下，少数民族成员个体拥有的生计资本，对于他们生活、就业、工作乃至后续的融入、认同发挥着关键作用。从相关的研究来看，生计资本包括人力资本与社会资本，共同构成了个体适应城市的重要因素。[1] 本部分主要从"教育水平""务工年限""找工作途径"三个方面，以性别、代际、户口等结构性差异为观察视角，描述性分析城市少数民族流动人口生计资本的基本特征。

---

[1] 杜海峰：《农民工生存与发展状况调查报告》，社会科学文献出版社，2015，第 25~26 页。

一 城市少数民族流动人口的受教育状况

(一) 总体情况

本次调查城市少数民族流动人口的受教育水平如图 4-1 所示。城市少数民族流动人口初中文化水平的比例最多，为 34%，占调查人口的 1/3，其后排序依次为小学（18.6%）、高中/中专（18.1%）、本科及以上（14.2%）、大学专科（11.4%）和未上过学（3.7%）。从总体上来看，受教育水平在初中及以下的占 56.3%，占到样本的一半多。

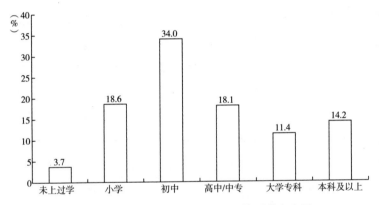

图 4-1 城市少数民族流动人口总体受教育水平

为了进一步了解城市少数民族流动人口内部的差异性，图 4-2 显示了少数民族流动人口中农民工群体的受教育水平。在少数民族农民工中，受教育水平占比最高的仍然是初中，比例为 41%，小学为 23.1%，高中/中专为 16.4%，本科及以上为 7.9%，大学专科为 5.8%，未上过学为 5.8%。与城市少数民族流动人口总体相比，少数民族农民工在低等教育组的比例更高，占到样本的约七成（69.9%），初中以上各个阶段的受教育水平的比例均偏低，高中/中专低 1.7 个百分点，大学专科低 5.6 个百分点、本科及以上低 6.3 个百分点。①

---

① 调查报告把"未上过学""小学""初中"定义为"低等教育组"（受教育年限小于 9 年），把"高中/中专"定义为"中等教育组"（受教育年限大于等于 9 年，小于 12 年），把"高中/中专"以上定义为"高等教育组"（受教育年限大于等于 12 年）。

在城市少数民族流动人口中，农民工的受教育水平更低，约七成的人群集中在低等教育组，这部分群体拥有更少的人力资本。

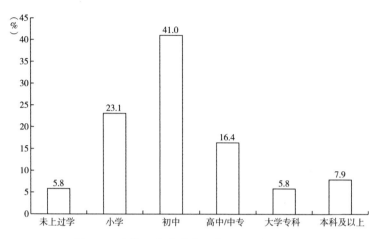

图 4-2　少数民族流动人口农民工受教育水平

国家统计局《2018 年农民工监测调查报告》显示（见图 4-3），全国农民工初中教育水平占比最高，为 55.8%，高中为 16.6%，小学为 15.5%，大专及以上为 10.9%，未上过学的为 1.2%。与 2018 年全国农民工受教育水平相比，本次调查少数民族农民工低等教育组（69.9%），比全国农民工（72.5%）要低一些，高等教育组（共计 13.7%）比全国农民工（10.9%）要高一些，中等教育组的比例基本持平。总体上看，本次调查少数民族农民工受教育水平要比全国农民工水平略高一些。这也意味着，从个体所受教育水平来看，本次调查的少数民族农民工的教育素质要比全国农民工略高。

（二）结构差异

（1）从性别上来看，男性与女性的受教育水平基本一致，其中女性在高中以上受教育水平的占比要高于男性，男性在高中/中专及以下（除未上过学）的比例均高于女性。

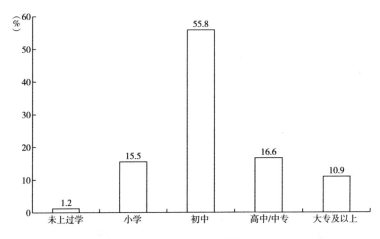

图 4-3　2018 年农民工受教育水平

资料来源：国家统计局：《2018 年农民工监测调查报告》。

　　如表 4-1 所示，在将城市少数民族流动人口受教育水平转换成受教育年限之后，男性平均受教育年限为 10.19 年，女性平均受教育年限为 10.58 年，两者基本一致。这说明，城市少数民族流动人口男性与女性受教育水平基本相当，两个群体整体上处于初中与高中/中专教育的水平。

表 4-1　城市少数民族流动人口受教育水平的基本统计量

	平均值（年）	个案数（人）	标准差
男	10.19	579	3.73
女	10.58	465	4.34
总计/平均	10.37	1044	4.02

　　说明：将城市少数民族流动人口受教育程度转换为实际接受教育年限，未上过学、小学、初中、高中或中专、大学专科、大学本科和研究生分别为 0、6、9、12、15、16 和 19，为连续变量。

　　进一步考察不同教育阶段上的性别差异（见图 4-4），在高中/中专以上高等教育水平上，女性的比例均高于男性，尤其是在大学专科上，两者相差 8.4 个百分点。而在高中/中专及以下受教育水平上（除未上过学），男性均高于女性。这也说明了，随着城镇化的发展，受教育水平上的性别差异出现了缩小的趋势，女性接受高等教育的比例要高于男性。

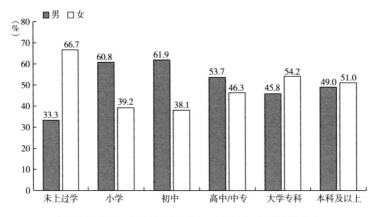

图 4-4　城市少数民族流动人口受教育水平性别分布

（2）从年龄结构来看，21~30 岁、31~40 岁是受高等教育占比高的年龄组，从总体趋势来看，新一代流动人口群体要比老一代群体的受教育水平高。

表 4-2 显示了不同年龄组城市少数民族流动人口的受教育水平。调查结果显示，21~30 岁、31~40 岁年龄组，高中/中专及以上的受教育水平的比例明显要高于其他年龄组，比例分别为 60.5% 和 44.6%。这说明了新生代群体（年龄在 40 岁以内）要比老一代群体接受高等教育比例更大。20 岁及以下受教育水平集中在初中阶段，这部分群体由于过早参加工作，失去了继续接受教育的机会，文化素质的提升受到了限制。

表 4-2　城市少数民族流动人口受教育水平的年龄分组情况

	年龄分组（%）				
	20 岁及以下	21~30 岁	31~40 岁	41~50 岁	50 岁以上
未上过学	0.0	1.6	3.2	8.9	6.2
小学	15.3	9.7	18.0	31.7	33.3
初中	55.6	28.3	34.2	37.1	33.3
高中/中专	16.7	20.7	17.7	13.9	19.8
大学专科	6.9	14.7	14.6	4.5	4.9
本科及以上	5.6	25.1	12.3	4.0	2.5
总计	100.0	100.0	100.0	100.0	100.0
个案数（人）	72	382	316	202	81

（3）从代次结构上来看，新生代农民工受教育水平显著高于第一代农民工，这将对他们的就业方式、行为模式与心理认同产生深刻影响。

表4-3显示了新生代与第一代少数民族农民工受教育水平的差异，两个群体受教育水平的差异相当明显。在高中/中专及以上受教育水平上，新生代少数民族农民工显著地高于第一代农民工。在初中以下受教育水平阶段，第一代农民工比例显著高于新生代农民工。在高中/中专及以上教育阶段，少数民族新生代农民工比例为38.7%，而第一代农民工的比例仅为8.6%。进行卡方检验（$P=0.000<0.001$）后得知，少数民族新生代农民工与第一代农民工受教育水平上存在显著差异。两个群体在受教育水平上的显著差异，会进一步影响到他们的就业方式、行为模式与心理认同状态。

表4-3　少数民族新生代农民工与第一代农民工受教育水平情况

	新生代农民工（%）	第一代农民工（%）
未上过学	3.0	12.7
小学	16.4	39.9
初中	41.9	38.7
高中/中专	21.1	4.6
大学专科	7.4	1.7
本科及以上	10.2	2.3
总计（人）	432	173

$$\chi^2 = 86.707 \quad df = 5 \quad P = 0.000 < 0.001$$

（4）从户籍身份来看，少数民族城市居民（非当地户籍）接受高等教育的比例要远高于少数民族农民工，这决定了两者在利益诉求与权利表达上存在差异。

户籍身份是中国宏观流动人口制度设计的重要组成部分，在影响"城—乡""城—城"人口流动中发挥着重要的资源分配与制度性区隔的功能。户籍身份也把流动人口区分为非本地城市户籍的"城—城"流动人口与农村户籍的"城—乡"流动人口。如图4-5所示，在高中/中专以上高等

教育上，城市少数民族流动人口中居民的比例都要高于农民工，而在高中/
中专及以下中等、初等教育上，城市少数民族农民工的比例都要高于流动
人口中的城市居民，越趋向低等级的教育阶段，城市少数民族农民工的比
例就越高。这说明，流动人口中城市居民接受高等教育的比例更高，而农
民工群体接受中等、低等教育的比例更高。虽然两者都是流动人口，仅在
受教育水平上，两者就存在显著性的差异，这也决定了两个群体在权利表
达与利益诉求上会有不同。

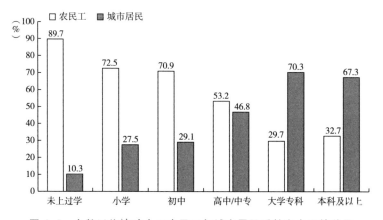

图4-5　少数民族流动人口农民工与城市居民受教育水平的差异

（5）从民族分布上来看，来自西北和西南的一些民族的受教育水平处
于"中等教育组"和"低等教育组"，受教育水平的差异表现出地域分化的
色彩。

如表4-4所示，"高等教育组"有土族、土家族、满族、蒙古族、瑶
族、朝鲜族6个民族；"中等教育组"有侗族、藏族、壮族、苗族、维吾尔
族、回族等民族；"低等教育组"有撒拉族、布依族、东乡族、彝族。总体
上看，来自西北的维吾尔族、回族、撒拉族、东乡族等民族，来自西南地
区的苗族、侗族、壮族、布依族、彝族，大多处于中等教育组和低等教育
组，民族之间的受教育水平差异表现出地域分化的色彩。

表 4-4　城市少数民族流动人口受教育水平的民族分布

	平均值（年）	个案数（人）	教育组
土族	14.42	12	高等
土家族	13.31	32	高等
满族	13.18	82	高等
蒙古族	13.11	45	高等
瑶族	12.82	11	高等
朝鲜族	12.26	31	高等
侗族	11.57	7	中等
藏族	11.41	41	中等
壮族	11.23	69	中等
其他民族	10.40	30	中等
苗族	10.37	49	中等
维吾尔族	10.16	69	中等
回族	9.59	446	中等
撒拉族	8.86	28	低等
布依族	8.82	11	低等
东乡族	7.33	30	低等
彝族	6.84	56	低等
总计	10.35	1049	

说明：受教育年限的处理方式同表 4-1。

二　城市少数民族流动人口的外出务工情况

流动人口的外出务工关系到其职业经验、工作技能的积累，也会影响到他们城市生活的体验，是人力资本的一项重要内容。外出务工包含累计外出务工时间和流动范围两项内容。一般而言，累计外出务工时间越长，越有可能在城市长期居住，转变成市民的意愿也更强烈。流动范围关系到不同地域文化的交流、民族群体的交往、社会资本的强弱，对流动者的技能与素质提出更多的考验。

（一）总体情况

（1）少数民族流动人口外出务工 3 年及以上的占总体的七成以上，外出务工 5 年及以上的占总体的 45.6%，人口外出流动呈现出长期化的趋势。

　　图4-6显示的是本次调查少数民族流动人口累计外出务工时间的情况。少数民族流动人口外出务工3~4年所占比例最大，为26.5%；其次是5~9年，为25.8%；1~2年占20.2%；10~14年的占11%；15年及以上的占8.8%；1年以内的占7.7%。总体上看，务工3年及以上的占总体的七成以上，5年及以上的占总体的45.6%，1年以内的短期流动只有不到1/10，这说明了少数民族流动人口外出流动明显趋于长期化。

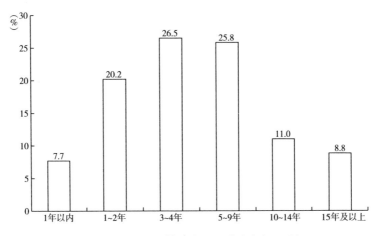

图4-6　少数民族流动人口累计外出务工时间

　　（2）从流动范围来看，少数民族农民工更倾向于长距离的跨省流动，将近2/3的少数民族农民工跨省流动，高出全国农民工的水平。

　　从流动范围来看，本次调查中少数民族流动人口跨省流动的比例为56.9%，省内流动的为43.1%。其中，少数民族农民工63.8%为跨省流动、36.2%为省内流动，跨省流动的占到总体将近2/3（见图4-7）。从上述对比可知，少数民族农民工更倾向于跨省流动，流动的范围更广、距离更长。可能的解释是，民族地区多位于中西部地区，要流入经济社会发展水平更高的中部、东部地区势必要进行跨省长距离的流动。

（二）结构差异

　　（1）随着在外流动时间的增长，少数民族流动人口在婚的比例也在增

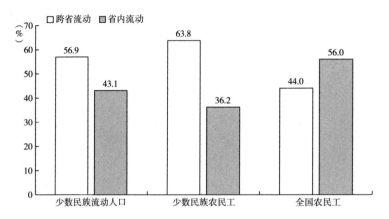

图 4-7 少数民族流动人口、农民工与全国农民工流动范围的比较

说明：全国农民工数据来自国家统计局《2018 年农民工监测调查报告》。

加，在外流动 3 年及以上的群体中在婚的比例要远高于未婚。

本次调查显示，少数民族流动人口在婚的比例为 73.7%（包括已婚、离婚、丧偶），未婚比例为 26.3%。如图 4-8 所示，少数民族流动人口外出务工 3 年及以上人群，在婚的比例要远高于未婚比例，随着累计流动时间的增长，在婚所占比例越来越大。而在外出务工 2 年及以下的人群中，未婚群体的比例高于在婚群体。这一方面说明了随着时间的推移，少数民族流动人口在婚的比例逐渐增大；另一方面也显示了少数民族流动人口中夫妻结伴或者全家外出打工，更倾向于长时间流动、常住流入地。

（2）随着在外流动时间的增长，少数民族流动人口倾向于举家搬迁，其中，5 年及以上累计外出流动的群体，举家搬迁的比例要高于没有举家搬迁的。

图 4-9 显示的是，少数民族流动人口举家搬迁与累计流动时间的情况。在少数民族流动人口中，5 年及以上累计外出流动的群体，更倾向于举家搬迁（三口及以上），而在 5 年以下的流动人口群体中，不举家搬迁（两口及以下）的占比要高于举家搬迁的。这也说明了流动人口的家庭形式与外出打工时长有一定的关系。一般而言，少数民族流动人口只有在外出流动时间足够长，有稳定的收入和住所的情况下，举家搬迁的情况才可能发生。

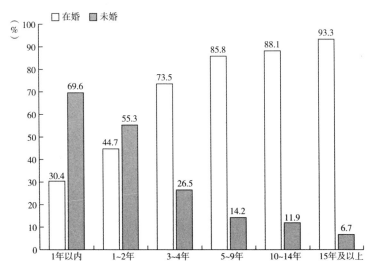

图 4-8　少数民族流动人口婚姻状况与累计流动时间的情况

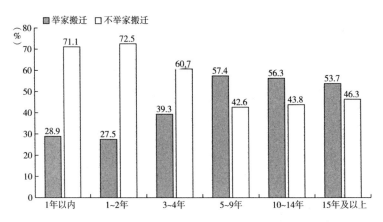

图 4-9　少数民族流动人口举家搬迁与累计流动时间的情况

三　城市少数民族流动人口的社会资本

社会资本从社会互动网络的角度，指出个体或者群体所占有的社会关系网络和群体网络层次，影响到社会资源获取能力与水平，进而影响到权益实现的程度。不同于人力资本的个体属性，社会资本是个体所拥有的关系网络以及借此获得的社会资源。衡量社会资本有诸多的指标，传统研究往往用社会网络中城市居民的数量。① 本次调查以"找工作途径"来衡量社会资本，通过"家人、同乡、亲戚、朋友"找工作定义为"使用社会资本"，通过"互联网、社会媒体、社会中介、企业/老板招聘、自主就业及其他"定义为"未使用社会资本"。

（一）将近 2/3 的少数民族流动人口找工作使用社会资本，这些社会资本来自已有的地缘、亲缘或族缘网络

如图 4-10 所示，少数民族流动人口使用社会资本找工作的比例为64.1%，接近总体的 2/3，未使用社会资本的比例为 35.9%。这种社会资本来自流动人口所拥有的地缘、亲缘、族缘等社会网络。已有研究表明，"基于族缘、亲缘关系的社会关系网，有助于获得物质和精神支持，能够维系少数民族流动人口的价值理念以及民族文化的传承"。② 同时，过分依赖于乡土社会中形成的社会资本，不利于流动人口在城市环境中建立新的社会关系，获得更多的异质性资源。

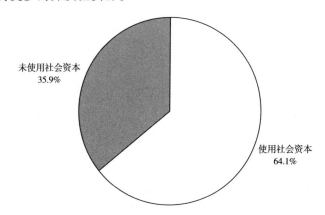

图 4-10　城市少数民族流动人口社会资本情况

---

① 叶俊焘、钱文荣：《不同规模城市农民工市民化意愿及新型城镇化的路径选择》，《浙江社会科学》2016 年第 5 期。

② 马伟华：《社会支持网构建：少数民族流动人口城市融入的实现路径分析》，《西南民族大学学报》（人文社会科学版）2018 年第 2 期。

（二）少数民族农民工比少数民族流动人口中的城市居民更倾向于使用社会资本，68.2%的少数民族流动人口依赖于流出地的社会资本。随着受教育水平的提高，少数民族流动人口使用社会资本的比例在下降，教育作为人力资本的重要性显现

如表4-5所示，从户口身份来看，农民工使用社会资本的占68.2%，城市居民占31.8%；在未使用社会资本的人群中，农民工占41.7%，城市居民占58.3%。"城—乡"户籍身份造成了少数民族农民工与城市居民（非当地城市户籍）获取社会资源上的差异，使农民工更多地依赖于乡土社会中建立的亲缘、地缘关系。从教育分组来看，在使用社会资本的少数民族流动人口中，低等教育组使用社会资本的占68.8%，中等教育组占24.5%，高等教育组占6.7%；在未使用社会资本的情况中，低等教育组占34.2%，中等教育组占38.5%，高等教育组占27.3%。可见，教育在提升少数民族流动人口的人力资本、减少对传统乡土社会中社会资本的依赖上，发挥着重要的作用。

表4-5　结构差异视角下少数民族流动人口社会资本使用情况

结构差异	项目	社会资本情况（%）	
		使用社会资本	未使用社会资本
户口身份	农民工	68.2	41.7
	城市居民	31.8	58.3
	总计	100.0	100.0
教育分组	低等组	68.8	34.2
	中等组	24.5	38.5
	高等组	6.7	27.3
	总计	100.0	100.0

第二节　城市少数民族流动人口的就业状况

生计资本是少数民族流动人口在流动前或者流动中获得的资源、技能、

知识和能力。在外出流动的过程中，少数民族流动人口正是运用自身掌握的生计资本，拓展就业的渠道，解决面临的问题，从而形成某种就业特征与结构。本次调查从人口流动动因、就业的途径、就业中的困难、就业行业与单位性质，描述城市少数民族流动人口的就业状况，进一步分析这个群体的就业质量。

一　人口流动的动因

在"推拉"理论看来，劳动力的流动行为主要受城乡之间（预期）收入差距的影响，当农村劳动力预期自己在城市的收入即使减去流动的成本后仍然高于在农村的收入时，就会流向城市。[1] 城市成为人口聚集的场所，是因为城市本身具有更大的净拉力，这种拉力是城市预期收入拉力、家庭结构和社会关系拉力、发展机会和生活环境拉力。[2] 如表4-6显示，少数民族流动人口外出打工原因，排在前两位的分别是务工/工作和经商，比例分别为55.1%、28.3%，两者合计占样本的83.4%。可见，在城市拉力因素中，寻找更好的工作机会、获取更好收入等经济性因素，依然是少数民族人口向城市流动的主要原因。

家庭结构和社会关系因素在推动少数民族流入城市中也发挥了一定的作用。如表4-6所示，投亲靠友、家属随迁、婚姻嫁娶所占比例合计为14.4%，这三种外出打工的原因都可以归为家庭结构和社会关系因素。在中国的城市人口流动中，因地缘、族缘、血缘关系的连带、示范作用，形成了"老乡带老乡""家人带家人"的"链式迁移"现象。"链式迁移"所产生的人口聚集效应，正是基于家庭结构和社会关系因素的影响。"链式迁移"很好地解决了人口流入城市初期的适应问题，为流动人口提供了生活与就业所需要的资源与支持。

---

[1] John Rees Harris, Michael P. Todaro, Migration, "Unemployment and Development: A Two-Sector Analysis," *The American Economic Review*, 1970, 60 (1): 126-142.

[2] 邹新树：《农民工向城市流动的动因："推—拉"理论的现实解读》，《农村经济》2005年第10期。

表 4-6　少数民族流动人口外出打工原因

外出打工原因	人数（人）	占比（%）
务工/工作	574	55.1
经商	295	28.3
投亲靠友	72	6.9
家属随迁	51	4.9
婚姻嫁娶	27	2.6
其他	14	1.3
拆迁搬家	8	0.8
总计	1041	100.0

二　就业的途径

就业是少数民族流动人口在城市立足的第一步。少数民族个体首先需要从自身所依赖的社会关系与社会网络，寻求机会、资源与社会支持。根据社会网络的性质不同，可以区分为"乡土社会网络"与"新生社会网络"，前者是指那些带入城市的乡土关系网络，主要包括家人、亲戚、老乡、同学（在农村，同学也就是老乡）；后者是指在城市工作和生活中建立起来的网络。[①] 表 4-7 显示，少数民族流动人口获得工作途径排前五位的分别是：家人位居首位，为 19.1%；第二是同乡，为 18.7%；第三是自主就业，为 16.6%；第四是亲戚，为 14.8%；第五是朋友，为 11.5%。家人、同乡、亲戚都属于乡土关系网络，总计占到样本的 52.6%。可见，半数以上的少数民族流动人口找工作依赖于乡土关系网络。如果把"朋友"类别全部认定为进城之后新结交的，少数民族在城市获得工作通过新生社会网络的仅有 11.5%。像企业/老板招聘、互联网、社会中介、报纸、杂志、小广告等社会媒体，不属于社会网络范畴，依赖于市场机制的交换原则，是一种市场网络。因之，通过市场网络获得工作的有 15.1%。政府部门提供正式支持的仅有 2.3%。

---

① 蔡禾、曹志刚：《农民工的城市认同及其影响因素——来自珠三角的实证分析》，《中山大学学报》（社会科学版）2009 年第 1 期。

　　研究者通常把流动人口在城市生活、工作与就业所依赖的社会网络视
为一种社会资本。相关研究表明，同质性、乡土性、分散性的社会网络提
供社会资源的能力有限，所提供的社会支持也仅限于特定的领域（比如生
存与生活方面），限制了群体交往的范围与深度，不利于流动人口的城市融
入。① 少数民族流动人口过多依赖乡土社会网络获得工作，对其进入城市初
始阶段获得基本生存和生活保障发挥了重要作用，但是不利于其适应城市
过程中社会地位的进一步提升，限制了群体成员向上流动的可能性。

表 4-7　少数民族流动人口获得工作的途径

获得工作途径	人数（人）	百分比（%）
家人	200	19.1
同乡	196	18.7
自主就业	174	16.6
亲戚	155	14.8
朋友	120	11.5
企业/老板招聘	81	7.7
互联网	50	4.8
政府部门	24	2.3
其他	19	1.8
社会中介	17	1.6
报纸、杂志、小广告等社会媒体	10	1.0
总计	1046	100.0

三　就业中的困难

　　少数民族流动人口就业中面临的主要困难来自自身人力资本的匮乏，
某些少数民族群体还面临民族文化特殊性的挑战。问卷设置了一个多项选
择题，询问少数民族流动人口就业中面临的主要困难，表 4-8 按照选择人

---

　　① 万向东：《非正式自雇就业农民工的社会网络特征与差异——兼对波斯特"市场化悖论"
的回应》，《学术研究》2012 年第 12 期。

次的多少进行了排序。数据显示，选择"缺少文凭"的高居首位，占总回答人数（997 人）的 44.6%，其次是"技术缺乏"，占 42.7%。个体的教育经历和工作技能是人力资本的重要内容。人力资本是个体所具有的知识、能力和健康等因素，反映了个体在市场环境之下的竞争能力。人力资本是影响其他经济社会因素（诸如就业、升职、融入或者认同）的重要指标。可见，少数民族流动人口就业中首要面临的是人力资本的匮乏，这限制了他们的就业能力、就业行业分布以及职业选择。在"招聘机会少"的选项，选择人数占 19.2%，居就业主要困难的第四位。这在一定程度上反映了少数民族流动人口因自身素质等原因就业渠道狭窄的现实。有 18.6% 的人在就业中碰到了"户籍限制"。随着我国新型城镇化建设的推进，户籍制度改革的逐步深化，就业中的户籍限制逐渐让位于人力资本与市场门槛，户籍对城市流动人口就业发挥的阻碍作用正在减弱。但是大城市、特大城市对户籍的要求仍然比较严格，由此导致的对流动人口就业的制度排斥与权利享有的不公正仍不同程度地存在。

表 4-8　少数民族流动人口就业中的主要困难

就业中的主要困难	人数（人）	百分比（%）
缺少文凭	445	44.6
技术缺乏	426	42.7
饮食差异	256	25.7
招聘机会少	191	19.2
户籍限制	185	18.6
语言障碍	123	12.3
其他	109	10.9
文化不适应	108	10.8

少数民族在城市就业中还面临着自身民族文化的特殊性所产生的困难。有 25.7% 的人碰到过饮食差异带来的困难，12.3% 的人面临找工作中的语言障碍，还有 10.8% 的人经历过文化不适应。这说明少数民族流动人口在结构适应的同时，还面临着文化适应问题。

为了更进一步分析是否民族文化特殊性产生的饮食差异、语言障碍和文化不适应问题，我们对少数民族流动人口中不同民族就业困难排名前三位的因素列交叉表。如表 4-9 所示，就业中碰到"饮食差异"问题的有回族（36.5%）、维吾尔族（55.2%）、撒拉族（31.0%）、土家族（33.3%）和布依族（36.4%）；遇到"语言障碍"问题的有维吾尔族（40.3%）、藏族（28.2%）；遇到"文化不适应"问题的有瑶族（36.4%）。总体上来看，饮食差异、语言障碍与特定民族有很强的相关性。像回族、维吾尔族、撒拉族等有清真饮食习惯的少数民族成员，在流入地面临着"入口"问题。而像维吾尔族、藏族中部分成员普通话掌握不熟练，直接影响到他们在流入地的生活与工作。

表 4-9　少数民族流动人口不同民族就业中的主要困难（排名前三位）

民族（人）	第一	（%）	第二	（%）	第三	（%）
回族（425）	缺少文凭	48.0	技术缺乏	40.0	饮食差异	36.5
满族（76）	招聘机会少	38.2	缺少文凭	32.9	户籍限制	32.9
壮族（69）	技术缺乏	46.4	缺少文凭	30.4	户籍限制	29.0
维吾尔族（67）	饮食差异	55.2	语言障碍	40.3	技术缺乏	38.8
苗族（46）	技术缺乏	60.9	缺少文凭	52.2	招聘机会少	32.6
蒙古族（43）	缺少文凭	51.2	技术缺乏	48.8	招聘机会少	32.6
藏族（39）	缺少文凭	46.2	技术缺乏	28.2	语言障碍	28.2
东乡族（30）	缺少文凭	80.0	技术缺乏	66.7	户籍限制	20.0
撒拉族（29）	缺少文凭	62.1	技术缺乏	34.5	饮食差异	31.0
土家族（27）	技术缺乏	55.6	缺少文凭	55.6	饮食差异	33.3
朝鲜族（25）	缺少文凭	44.0	技术缺乏	40.0	户籍限制	32.0
布依族（11）	技术缺乏	63.6	饮食差异	36.4	缺少文凭	27.3
瑶族（11）	技术缺乏	45.5	户籍限制	36.4	文化不适应	36.4

说明：如存在并列排名的情况，取所有选项中排名前三位的选项。

四　就业的行业与单位性质

少数民族流动人口从事的职业主要集中在饮食服务业等第三产业领域，就业的形式以个体工商户、私营企业为主，非正式就业是少数民族流动人口就业的主要形式。表 4-10 显示，少数民族流动人口从事的行业主要集中在饮食服务业和生产制造业，高达 51.0% 的人分布在饮食服务业，12.1% 的人从事生产制造业，6.4% 的人从事建筑业。从事第二产业的人员有 18.5%（生产制造业+建筑业），从事第三产业的人员有 66.7%（饮食服务业+科教+娱乐服务业+交通运输业+房地产业+环境卫生业+家政服务业+中介公司）。

表 4-10　少数民族流动人口就业行业分布

工作行业	人数（人）	百分比（%）
饮食服务业	504	51.0
生产制造业	120	12.1
其他	93	9.4
建筑业	63	6.4
科教	37	3.7
娱乐服务业	31	3.1
交通运输业	28	2.8
政府机关	23	2.3
房地产业	22	2.2
外企	20	2.0
环境卫生业	16	1.6
家政服务业	12	1.2
中介公司	11	1.1
不在业	9	0.9
总计	989	100.0

2018 年农民工从业行业分布显示（见表 4-11），有过半数的农民工从事第三产业，有 49.1% 的人从事第二产业，主要集中在制造业和建筑业。随着我国经济增长动力的换挡升级，国内消费市场在拉动经济增长中发挥

了越来越大的作用，全国农民工在第二产业就业比重在下降，第三产业吸纳的人口在增长。本次社会调查也反映出这一大趋势。

表 4-11　2018 年农民工从业行业分布

产业分布	行业类别	百分比（%）
第一产业	农、林、牧、渔	0.4
第二产业		49.1
	其中：制造业	27.9
	建筑业	18.6
第三产业		50.5
	其中：批发和零售业	12.1
	交通运输、仓储和邮政业	6.6
	住宿和餐饮业	6.7
	居民服务、修理和其他服务业	12.2
	公共管理、社会保障和社会组织	3.5
	其他	9.4

资料来源：国家统计局：《2018 年农民工监测调查报告》。

　　如表 4-12 所列，从就业单位性质来看，53.6% 是个体工商户；27.0% 在私营企业工作，机关事业单位，国有企业，外资、合资企业，社团/民办组织（这些单位有政府注册与备案，规范程度更高）总计有 12.9%。在中国城乡二元分割的社会管理体制之下，流动人口由于户籍身份的限制，难以进入城市的正式就业部门，大量聚集在非正式就业部门，处于一种非正式就业状态。非正式就业是指就业人员不具备正式的雇佣关系，处于未进入政府监督体系的低端劳动力市场，就业具有低层次性、依附性和边缘性特点。[1]

---

[1] 万向东：《非正式自雇就业农民工的社会网络特征与差异——兼对波斯特"市场化悖论"的回应》，《学术研究》2012 年第 12 期。

表 4-12　少数民族流动人口就业单位性质分布

单位性质	人数（人）	百分比（%）
个体工商户	552	53.6
私营企业	278	27.0
机关、事业单位	55	5.3
无单位	40	3.9
国有企业	37	3.6
其他	25	2.4
外资、合资企业	24	2.3
社团/民办组织	18	1.7
总计	1029	100.0

表 4-13 显示了少数民族流动人口就业身份在不同性质单位中的分布。其中，35.53%的雇员分布在个体工商户，41.77%的雇员分布在私营企业，89.36%的雇主和86.86%的自营劳动者分布在个体工商户。这说明，少数民族流动人口的劳务性就业绝大多数分布在非正式就业部门，经营性就业以自雇和小规模的雇工形式为主。根据相关研究，非正式就业使劳动保护和社会保障的覆盖面难以保证，人力资本积累和提升受阻，社会资本建构空间和能力不足，进而影响到少数民族流动人口的市民化进程。[1]

表 4-13　少数民族流动人口就业身份与单位性质交叉表

单位性质	就业身份（%）			
	雇员	雇主	自营劳动者	其他
机关、事业单位	7.80	0.00	0.73	10.17
国有企业	5.20	3.19	0.36	3.39
个体工商户	35.53	89.36	86.86	22.03
私营企业	41.77	3.19	5.11	27.12
外资、合资企业	3.81	0.00	0.73	0.00

---

[1]　李强：《非正规就业视角下农民工市民化的现实困境与路径选择》，《城市问题》2016 年第 1 期。

续表

单位性质	就业身份（%）			
	雇员	雇主	自营劳动者	其他
社团/民办组织	2.08	2.13	0.36	3.39
无单位	2.25	2.13	5.47	13.56
其他	1.56	0.00	0.36	20.34

本章小结

第一，从受教育水平来看，需要关注城市少数民族流动人口的社会分化及群体内部的差异性，这种社会分化包括了流动模式、年龄结构（代际）和民族结构三个方面。

（1）流动模式差异。少数民族流动人口不仅包括"城—乡"流动人口（即农民工），还包括"城—城"流动人口（城市户籍流动人口）。城市少数民族流动人口受教育水平的差异，不仅体现为城乡差异，还体现为内外之分（本地与当地户籍之分）。与2018年全国农民工受教育水平相比，本次调查少数民族农民工的受教育水平略高一些，两者总体相差不大；但是与流动人口中城市居民的受教育水平相比，两者存在显著的差异，后者的受教育水平更高。因此，需要关注城市少数民族流动人口的流动模式及形成的差异性群体，"城—乡"流动人口与"城—城"流动人口受教育水平的差异，必然会对两个群体的文化素质、价值观念、行为方式与权益诉求产生影响。

（2）年龄结构（代际）差异。随着时间的推移和代际更替，少数民族流动人口的受教育水平出现了明显提高的情况。一方面，随着中国教育改革的深化推进、教育观念的深入人心，少数民族流动人口接受更高层次教育的人群比例明显增多，中青年年龄组表现出更高的受教育水平。另一方面，少数民族流动人口受教育水平的代际差异明显，少数民族新生代农民工群体的受教育水平显著高于第一代农民工群体。

（3）民族结构差异。从民族分布来看，不同民族的受教育水平与地域差异有一定的关联性。一些来自西北和西南地区的少数民族受教育水平处于"中等教育组"和"低等教育组"，西北、西南地区又是我国经济社会的欠发达地区，因此，民族受教育水平的差异表现出一定的地域分化色彩。

第二，从外出流动时长和距离来看，少数民族流动人口呈现出外出流动的长期化、家庭化的趋势，跨省流动的人员多于省内流动。新的城镇化战略推行以人为本的理念，积极推进农业转移人口的市民化进程，而具有稳定工作并长期居住是市民化的重要基础。少数民族流动人口外出流动的长期化、家庭化趋势，有利于他们在流入地扎根、产生认同，并形成落户的意愿。少数民族流动人口跨省流动的增多，是各民族跨地域、跨城乡交流交往交融趋势增强的表现，有利于全国经济社会发展的一体化，从而熔铸统一的中华民族共同体意识。

第三，从流动目的来看，务工、经商等经济性动因是少数民族人口走向城市的主要原因，家庭结构和社会关系因素在推动少数民族流入城市中也发挥了一定的作用。从这一点来看，尤其要关注与务工、经商紧密关联的工资、劳动保护等劳动权益，同时还要看到家庭结构和社会关系影响之下，少数民族流动人口对子女教育、居住、社会保障等市民权益的诉求。

第四，从就业途径来看，少数民族流动人口找工作更多地依赖乡土社会网络提供的社会资本，而这主要是人力资本不足造成的，具体表现为缺少文凭和技能缺乏。过多地依赖社会资本，会造成这个群体在城市适应中的阶层固化与认同内卷化。城市少数民族流动人口中的城市居民和具有较高受教育水平的成员对社会资本的依赖在下降，表明了人力资本的提升有助于减少他们对社会资本的依赖。同时，一些少数民族流动人口就业中，还面临着自身民族文化特殊性带来的障碍，这种障碍与饮食差异、语言障碍和文化不适应有关。

第五，从就业质量来看，少数民族流动人口从事的职业主要集中在饮食服务业等第三产业领域，就业的形式以个体工商户、私营企业为主，非正式就业是少数民族流动人口就业的主要形式。非正式就业的弊端显而易见，这造成了少数民族流动人口多分布在次属劳动力市场，收入报酬较低，劳动保护与社会保障的情况也较差。

第五章 城市少数民族流动人口的劳动权益

劳动权益是法律赋予公民的一项基本权利，也是关系到普通公民生存和发展的最为重要的权利之一。"与政府单向提供的公共服务相比，劳动保障权益是劳动者用劳动从用人单位换来的权益，范围更大、实施更具强制性、意义更重要。"① 我国《宪法》规定："中华人民共和国公民有劳动的权利和义务"，"国家通过各种途径，创造劳动就业条件，加强劳动保护，改善劳动条件，并在发展生产的基础上，提高劳动报酬和福利待遇"。② 《劳动法》对劳动权益的具体内容有明确的规定，"劳动者享有平等就业和选择职业的权利、取得劳动报酬的权利、休息休假的权利、获得劳动安全卫生保护的权利、接受职业技能培训的权利、享受社会保险和福利的权利、提请劳动争议处理的权利以及法律规定的其他劳动权利。"③ 可见，劳动权益作为公民的一项权利和义务，包括平等就业权、自由择业权、报酬权、休息休假权、劳动安全保护权、职业技能培训权、社会保险和福利权、依法维权等子权利。本章主要从工资与工时、合同签订、职业技能培训、社会保障等方面，分析少数民族流动人口劳动权益保障情况。

第一节 工时与工资

工时与工资是劳动权益的核心指标，也是流动人口最为关心的权益内

---

① 沈水生：《中国农民工市民化问题研究》，中国劳动社会保障出版社，2015，第118页。
② 《中华人民共和国宪法》，中央人民政府门户网站，2018-03-22。
③ 《中华人民共和国劳动法》，中央人民政府门户网站，2005-08-31。

容。工时关系到劳动强度和工作的自由度，也关系到工资水平。但是超过一定限度的工作时长，必然会影响到劳动者的精神状态与身体健康。获得较高的工资是流动人口流入城市的最主要目的。

一　工时与工资的总体情况

（一）从工时来看，少数民族流动人口工作权益并未得到有效保障，普遍存在每周工作时间过长、劳动强度大的现象。相较而言，少数民族雇员在休息日、每周工作天数方面保障得较好，但也存在超长加班的现象

《劳动法》对工时的规定涉及三个方面。（1）工作时长限制。每日工作时间不超过 8 小时、平均每周工作时间不超过 44 小时的工时制度；（2）延长工作时间。一般每日不得超过 1 小时，因特殊原因需要延长工作时间的，在保障劳动者身体健康的条件下延长工作时间每日不得超过 3 小时，但是每月不得超过 36 小时；（3）休息日规定。用人单位应当保证劳动者每周至少休息一日。从上述三个核心指标来看，少数民族流动人口的劳动权益并未得到有效保障。如表 5-1 显示，少数民族流动人口每周平均工作 6.3 天，每日工作 10.02 个小时，一个月休息 2.79 天，一周工作时间为 64.02 个小时。对于少数民族流动人口而言，基本一周都处于工作状态，一个月很少有休息时间，每周工作时长超过法定规定的 45%。

表 5-1　少数民族流动人口工时的情况

统计量	每周上班天数（天）	一天工作时间（小时）	一个月休息几天（天）	一周工作时间（小时）
平均值	6.30	10.02	2.79	64.02
中位数	7.00	10.00	2.00	63.00
人数（人）	1040	1040	1053	1037

少数民族流动人口中包括多种就业身份，雇主和自营劳动者超长工作是为了自身经营的商业活动，带有更多的自愿性质。为了更加准确地反映

劳资关系，需要对少数民族流动人口中的雇员作专门分析。如表5-2显示，少数民族雇员每周上班6天，一天工作9.65个小时，一个月可以有3~4天的休息时间，每周工作时长为59.59小时，超过法定规定时长的35.4%。相比少数民族流动人口整体而言，少数民族雇员的权益保障要好一些，每周工作天数、休息日都符合法律的规定，但也存在超长加班的现象，只是比少数民族流动人口整体加班时长稍短一些。

表5-2　少数民族雇员的工时统计信息

统计量	每周上班天数（天）	一天工作时间（小时）	一个月休息几天（天）	每周工作时间（小时）
平均值	6.09	9.65	3.49	59.59
中位数	6.00	9.00	4.00	56.00
人数（人）	590	590	593	588

（二）九成的少数民族流动人口都能够按时领取工资，但也存在小比例工资拖欠与迟发的情况，少数民族流动人口"底线型"权益得到较好的保障

《劳动法》对工资的规定如下。（1）平等原则。工资分配应当遵循按劳分配原则，实行同工同酬。（2）最低工资标准。用人单位支付劳动者的工资不得低于当地最低工资标准。（3）工资发放方式。工资应当以货币形式按月支付给劳动者本人。不得克扣或者无故拖欠劳动者的工资。

从最低工资标准来看，表5-3列出了8个调查城市的月最低工资标准，统计了样本中少数民族雇员中低于标准的人数与比例。在581个有效雇员样本中，8个地区中不符合月最低工资标准的人数为13人，占2.24%。其中，天津市7个未符合月最低工资标准的人员中有5个所报月收入在2000元，与月最低工资标准线非常接近。总体而言，调查地区很好地执行了月最低工资标准，少数民族流动人口"底线型"权益得到有效保障。

表5-3　调查地区月最低工资标准与低于最低工资标准人数

地区	最低工资标准（元）	低于最低工资标准人数（人）	比例（%）
大连	1620	2	1.8
天津	2050	7	13.7
义乌	1800	0	0
武汉	1750	2	2.6
郑州	1900	0	0
兰州	1620	0	0
西宁	1500	0	0
南宁	1680	2	3.3
人数（人）	581	13	2.24

资料来源：8个地区月最低工资标准来自人力资源和社会保障部发布的《全国各地区月最低工资标准情况（截至2019年3月）》。

从工资发放情况来看，表5-4显示，91.7%的人能够按月领取工资（包括每月正常领取和每月领取上个月的工资两种情况），5.3%的人每个季度或者半年领取一次，只有3%的人表示工资经常拖欠、不固定。近些年，国家重拳治理拖欠农民工工资的问题，出台了一系列有分量的政策和文件，有效保障了流动人员的工资权益。[①] 从少数民族流动人口工资发放情况来看，相关政策执行效果显现。同时，仍有8.3%的人员未能按月领取工资，这种现象尽管不再普遍，但值得进一步关注。

---

① 为了解决拖欠农民工工资的问题，2003~2011年，国家出台了一系列的政策，主要包括《国务院办公厅关于做好农民进城务工就业管理和服务工作的通知》（2003）、《关于进一步解决拖欠农民工工资问题的通知》（2005）、《关于解决农民工问题的若干意见》（2006）、《关于推进企业解决工资拖欠问题的若干意见》（2006）、《关于切实做好当前农民工工作的通知》（2008）、《关于切实解决企业拖欠农民工工资问题的紧急通知》（2010），以及整治建筑领域工程款拖欠问题的相关政策文件等（参见陈建中、解进强编著《外来务工人员社会权益保障读本》，中国经济出版社，2013，第27~36页）。

表 5-4 少数民族流动人口工资发放情况

工资发放情况	人数（人）	百分比（%）
每月正常领取	401	60.8
每个月领取上个月的	204	30.9
每个季度或半年领取一次	35	5.3
经常拖欠，不固定	20	3.0
总计	660	100.0

（三）少数民族流动人口月均工资为 5380 元，47.3% 的人月均工资分布在 1501~3000 元，接近八成的人月均工资在 3000 元以下，群体内部呈现出较大的贫富分化现象

本次调查数据表明，少数民族流动人口的月均工资为 5380.47 元，中位数为 4000 元（见表 5-5）。如图 5-1 所示，城市少数民族流动人口 47.3% 的人月均工资集中在 1501~3000 元，32.5% 的人月均工资为 0~1500 元，月均工资在 3000 元以下的人群比例接近八成（79.8%）。13.8% 的人月均工资为 3001~5000 元，6.4% 的人月均工资在 5000 元以上。进一步来看，少数民族流动人口月均工资标准差达到 6342.76 元（见表 5-5），这说明少数民族流动人口群体内部月均工资的差距较大，存在较大的贫富分化现象，影响到了平均值的代表性。从中位数来看，少数民族流动人口月均工资为 4000 元。国家统计局发布的《2018 年农民工监测调查报告》显示，农民工月均收入 3721 元，外出务工农民工月均收入 4107 元，本地务工农民工月均收入 3340 元。城市少数民族流动人口月均工资中位数，与国家统计局发布的外出务工农民工月均收入较为接近。

表 5-5 城市少数民族流动人口不同年龄组月均工资

单位：元，人

统计量		年龄分组				
		20 岁及以下	21~30 岁	31~40 岁	41~50 岁	50 岁以上
平均值	5380.47	3904.29	5118.05	5766.49	6000.52	4892.70
中位数	4000.00	3650.00	4000.00	5000.00	5000.00	4000.00
标准差	6342.76	1777.35	6524.98	6184.62	7660.71	4608.50
总计	1012	70	371	305	192	74

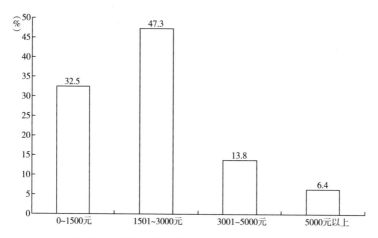

图5-1　城市少数民族流动人口收入分组情况

（四）不同年龄组月均收入存在较大差异，大致呈现出随着年龄的增长，月均收入逐渐递增的趋势，至41~50岁年龄组，月均工资达到最高的6000.52元，此后月均工资水平开始下降

表5-5显示的是不同年龄组少数民族流动人口月均工资分布情况，月均工资在不同年龄组存在明显差异。从总体趋势来看，随着年龄的增长，月均工资表现出递增的趋势，41~50岁人员月均工资达到最高，为6000.52元，其后开始下降。31~40岁年龄组月均工资为5766.49元，21~30岁年龄组为5118.05元，20岁及以下年龄组为3904.29元。这也反映出少数民族流动人口的收入水平，受到工作年限、工作经验与身体状态等因素的影响。50岁之后，月平均工资出现下降，为4892.70元，但仍高于20岁及以下年龄组月平均收入。

（五）城市少数民族流动人口月均工资与城镇非私营单位就业人员工资存在较大的差距，差距最大达到3000元以上，少数民族流动人口经济市民化水平较低

按照国家统计局的指标解释，城镇地区全部非私营法人单位，具体包

括国有单位、城镇集体单位、联营经济、股份制经济、外商投资经济、港
澳台商投资经济等单位。这些部门也是城市正规就业集中的部门。流动人
口与城市市民收入的差距，在很大程度上来自不同就业部门的差异。有研
究指出，"职业由次属的、非正规劳动力市场上的农民工，转变成首属的、
正规的劳动力市场上的非农产业工人"是市民化的一个重要维度。① 从这点
来看，少数民族流动人口真正实现经济方面的市民化还存在较大的差距，
这种差距直接体现为工作部门性质产生的收入差距。从调查城市来看，8 个
城市 2018 年城镇非私营单位就业人员月均工资，均高于流动人口的工资水
平，武汉市的差距最小，为 777.61 元，南宁市差距最大，为 3248.98 元。

表 5-6 八个调查城市城镇非私营单位就业人员
与少数民族流动人口月均工资情况

城市	2018 年城镇非私营单位就业 人员月均工资（元）	2019 年少数民族流动 人口月均工资（元）	差距 （元）
大连	7110.17	4836.75	2273.42
义乌	7315.42	4409.99	2905.43
天津	8394.25	7540.95	853.30
武汉	7157.08	6379.47	777.61
郑州	6617.83	5538.10	1079.73
兰州	6873.33	5740.13	1133.20
西宁	6612.19	4846.01	1766.18
南宁	6689.08	3440.10	3248.98

资料来源：各地统计局发布的公开数据。其中西宁市 2018 年城镇非私营单位就业人员工资是基
于 2017 年的数据，按照青海省 2018 年的平均增长率（10%）估算得出。

二 工资收入的结构差异

本部分从户口、代次、流动区域、就业身份等方面，分析少数民族流
动人口工资水平的结构差异。

---

① 王爱华：《农民工市民化进程中的非制度障碍与制度性矫治》，《江西社会科学》2013 年第
1 期。

（一）城市居民的月均收入高出农民工 512.43 元，第一代农民工月均收入高出新生代农民工 937.44 元

如表 5-7 所示，从户口身份来看，少数民族流动人口中的城市居民（包括非农业、农业转居民、非农业转居民、居民四类户口身份，都是非本地户籍人员）月均工资要高于农民工的水平。城市居民的月均工资为 5702.7 元，农民工的月均工资为 5190.27 元，城市居民高出 512.43 元。从代次来看，第一代农民工月均工资为 5864.22 元，新生代农民工月均工资为 4926.78 元，前者比后者高出 937.44 元。城市居民与农民工在收入上还存在一定的差距，这种工资差距亦是城乡差距的一种反映。尽管新生代农民工具有人力资本上的优势，但是第一代农民工打工的时间更长，工作经验也更加丰富，因此，获得的报酬自然会更高一些。

表 5-7 少数民族流动人口工资水平的社会特征差异

单位：元，人

统计量	户口身份		农民工代次	
	农民工	城市居民	新生代	第一代
平均值	5190.27	5702.70	4926.78	5864.22
中位数	4000.00	4500.00	4000.00	4000.00
人数	583	410	417	166

（二）从人口输出地来看，月均工资由高到低依次为东部、中部、西部、东北，从人口输入地来看，月均工资由高到低依次为东部、中部、东北、西部，地区之间月均工资差异基本反映出地区之间的发展差异

如表 5-8 所示，从人口输出地来看，东部地区的少数民族流动人口的月均工资最高，为 6216.13 元，中部地区为 5414.10 元，略高于西部地区的 5411.79 元，东北地区最低，为 5047.19 元。从人口输入地来看，东部地区人员的月均工资最高，为 6173.05 元，其次是中部地区的 5896.08 元，最后是东北地区的 4836.75 元与西部地区的 4830.47 元。总体上看,少数民族流动人口的收入水平与流入地和流出地的区域特征有一定的相关性,显示了区域发展差异对个体收入水平的影响。正是由于区域发展之间的差距,少数民族流动人口更多地从收入较低的西部地区流入工资收入较高的东部、中部地区。

表 5-8　少数民族流动人口工资水平的流动区域差异

单位:元,人

统计量	人口输出地				人口输入地			
	东部	中部	西部	东北	东部	中部	西部	东北
平均值	6216.13	5414.10	5411.79	5047.19	6173.05	5896.08	4830.47	4836.75
中位数	4500.00	5000.00	4000.00	4000.00	4000.00	5000.00	4000.00	4000.00
人数	93	105	656	121	206	260	392	154

(三) 从就业身份来看,少数民族流动人口中雇主月均收入明显高于雇员收入,雇主身份约占少数民族流动人口 (985 人) 的 10%,这部分群体的数量关系到城市中产阶层的规模

表 5-9 的数据显示,不同就业身份在月均工资方面存在明显差异,雇员月均工资为 4199.54 元,雇主月均工资为 10188.71 元,自营劳动者月均工资为 6729.41 元,其他情况为 3349.11 元。

表 5-9　少数民族流动人口月均工资水平的就业身份差异

单位:元,人

统计量	就业身份			
	雇员	雇主	自营劳动者	其他
平均值	4199.54	10188.71	6729.41	3349.11
中位数	4000.00	7000.00	5000.00	2900.00
人数	581	93	255	56

为了进一步验证两者之间是否具有相关性,表 5-10 对就业身份与不同收入组别做交叉表相关分析。结果显示,受访者中,83.6% 的雇员月均收入

集中在 0~3000 元，3000 元以上的仅有 16.4%；48.9% 的雇主月均收入集中在 1501~3000 元，41.4% 的雇主月均收入在 3000 元以上；78.7% 的自营劳动者月均收入在 3000 元及以下；其他情况中，收入也主要是集中在 3000 元以下。通过卡方检验（$P = 0.000 < 0.01$），不同就业身份的少数民族流动人口月均工资有明显差距，雇主的收入明显高于雇员和自营劳动者。少数民族流动人口中的雇主，具有独立商业经营能力和管理技术等专业工作能力，这两种能力恰恰是"中产阶层"的特征。[1] 少数民族流动人口中的雇主占样本总量不到 10%（9.2%），扩大这部分群体的数量，推动更多的少数民族成员进入中产阶层，对壮大城市中产阶层的规模，缩小城市民族间发展差距，具有重大的现实意义。

表 5-10　不同就业身份的少数民族流动人口月均工资的差异

单位：%

月收入	雇员	雇主	自营劳动者	其他
0~1500 元	39.5	9.6	22.5	44.1
1501~3000 元	44.1	48.9	56.2	42.4
3001~5000 元	12.4	19.1	14.5	11.9
5000 元以上	4.0	22.3	6.9	1.7
总计（人）（百分比）	573（58）	94（9.2）	276（27）	59（5.8）

$\chi^2 = 89.050$　$df = 9$　$P = 0.000 < 0.01$

第二节　合同签订

2008 年出台的《劳动合同法》为规范劳资关系、保障劳动者的合法权益提供了制度性规范文件。是否签订劳动合同以及签订何种性质的合同，对于维护劳动者的劳动权益，提升劳动者的社会保障与社会福利，发挥了积极的作用。相关的研究表明，劳动合同签订在工人工作时间保障上具有一定的积极作用，对于农民工福利和保险也具有显著的积极作用。[2]

---

① 李强：《论农民和农民工的主动市民化与被动市民化》，《河北学刊》2013 年第 4 期。
② 刘林平等：《农民工权益保护理论与实践研究》，经济科学出版社，2015，第 203 页。

一 2/3 的雇员签订了合同，1/3 未签订合同或者对是否签订合同不清楚，合同签订的情况较好

表 5-11 列出了少数民族流动人口中雇员身份的人员签订合同的类型及比例。40.5%的人签订了有固定期限的合同，23.0%的人签订的是无固定期限的合同，1.5%的人签订了完成一次性工作任务的合同，签订试用期合同的有 2.0%，合计共有 67%的人签订了劳动合同。与之相对照，26.9%的人未签订劳动合同，6.0%选择是否签订合同并不清楚。就样本而言，大约2/3的少数民族雇员签订了合同，1/3 的人未签订劳动合同或者对此不清楚。2017 年全国流动人口动态调查设置了"您与目前工作单位（雇主）签订的劳动合同种类"的问题，签订合同的比例有 66.5%，未签订合同、不清楚的比例有 33.5%，分别占全国流动人口的 2/3 和 1/3（见表 5-12）。本次调查数据与全国流动人口调查数据相吻合。相当多的人员未签订劳动合同，相关原因还需要深入探究。

表 5-11 少数民族雇员签订合同的类型与比例

合同类型	人数（人）	百分比（%）
有固定期限	238	40.5
无固定期限	135	23.0
完成一次性工作任务	9	1.5
试用期	12	2.0
未签订劳动合同	158	26.9
不清楚	35	6.0
总计	587	100.0

表 5-12 与目前工作单位（雇主）签订的劳动合同种类

劳动合同种类	人数（人）	百分比（%）
有固定期限	42214	51.7
无固定期限	9869	12.1
完成一次性工作任务	1551	1.9

续表

劳动合同种类	人数（人）	百分比（%）
试用期	732	0.9
未签订劳动合同	26282	32.2
不清楚	1064	1.3
总计	81712	100.0

资料来源：2017 年全国流动人口动态调查数据。

二　少数民族流动人口签订合同比例较低的行业主要分布在饮食服务业、家政服务业、建筑业等

为了进一步考察不同行业合同签订的情况，表 5-13 对工作行业与合同签订情况做交叉列表。从少数民族流动人口几个主要从事的行业来看，未签订合同比例最高的行业是饮食服务业，为 49.0%，而这个领域也是受访对象中从业人数最多的行业（个案数为 206 人）；家政服务业未签订合同的比例有 33.3%；建筑业有 24.5%；其他行业有 18.2%；科教有 17.9%；娱乐服务业有 15.8%；生产制造业有 12.8%，也是从业人数第二多的行业（个案数为 109 人）；房地产业有 11.1%；中介公司有 10.0%。总体上来看，饮食服务业、家政服务业、建筑业未签订合同的现象还比较普遍，而这几个领域也是从业人数较多的行业。科教、娱乐服务业、生产制造业、房地产业、中介公司签订合同的状况较好。环境卫生业、政府机关、外企、交通运输业履行签订合同的情况最理想，未签订合同的比例均在 10% 以下。这也说明了，正规就业部门有助于提升就业的质量，劳动保护的情况也更好一些。

表 5-13　不同工作行业的少数民族流动人口合同签订情况

工作行业	合同签订情况（%）			个案数（人）
	签订合同	未签订合同	不清楚	
饮食服务业	46.1	49.0	4.9	206
家政服务业	66.7	33.3	0.0	9
建筑业	62.3	24.5	13.2	53

续表

工作行业	合同签订情况（%）			个案数（人）
	签订合同	未签订合同	不清楚	
其他	81.8	18.2	0.0	44
科教	82.1	17.9	0.0	28
娱乐服务业	68.4	15.8	15.8	19
生产制造业	77.1	12.8	10.1	109
房地产业	88.9	11.1	0.0	18
中介公司	90.0	10.0	0.0	10
环境卫生业	83.3	8.3	8.3	12
政府机关	93.8	6.3	0.0	16
外企	94.4	5.6	0.0	18
交通运输业	95.0	5.0	0.0	20

第三节 职业技能培训

职业技能培训在提升务工人员的人力资本中发挥着重要作用。职业技能也是人力资本的一项重要内容。2003 年，国家相关部委联合发文《2003—2010 年全国农民工培训规划》，开始把农民工的就业服务和培训纳入公共财政支持的范围。2006 年颁布的《关于解决农民工问题的若干意见》就解决农民工的权益问题做出了全面的规定，把培训就业等问题纳入解决农民工问题的视野。该意见"首次将农民工问题的解决上升到党和国家的战略高度，从而成为推动各地重视农民工权益的一个纲领性的文件"①。在推进新型城镇化建设的新时代，国家出台《加快推进新型城镇化建设行动方案》，开始系统实施农民工职业技能培训计划。

---

① 操家齐：《农民工社会保障权均等化推进迟滞的深层逻辑》，《社会科学战线》2017 年第 7 期。

一　职业技能培训的总体情况

（一）1/3 的少数民族流动人口参加过正规技能培训，在参加过正规技能培训的人群中，85.2% 的人参加技能培训次数在两次以内

如图 5-2 所示，在 "是否参加过正规技能培训" 问题中，有效样本 881 个，占总体样本的 83.5%。回答参加过正规技能培训的有 34.6%，没有参加过的有 65.4%，两者的比例大致为 1：2。针对参加正规技能培训的次数的问题（见图 5-3），42.0% 的人回答参加过一次，43.2% 的人回答参加过两次，7.2% 的人回答参加过三次，总体而言，85.2% 的人参加正规技能培训的次数在两次以内。

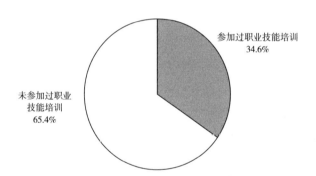

图 5-2　少数民族流动人口参加职业技能培训的情况

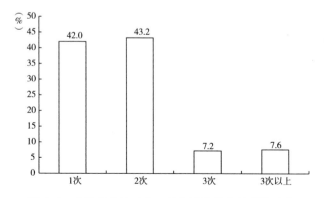

图 5-3　少数民族流动人口参加职业技能培训的次数

（二）从年龄分组来看，少数民族流动人口越年轻，参加正规职业技能培训的比例越高，新生代少数民族农民工参加正规职业技能培训的比例要高于第一代农民工

表 5-14 显示了少数民族流动人口职业技能培训年龄分组情况。20 岁及以下接受职业技能培训的比例最高，为 39.7%，21~30 岁年龄组为 38%，31~40 岁年龄组为 33%，41~50 岁年龄组为 29.4%，50 岁以上年龄组为 32.3%。从年龄分布来看，越年轻，接受培训的比例越高。随着国家和政府对农民工职业技能培训的日益重视，加大对职业技能培训的资金投入、媒体宣传力度，强化相关的保障机制，越来越多的流动人口开始接受职业技能培训。城市产业结构的转型升级对工人技能素质提出了更高的要求，年轻一代的流动人口为了获得更高的回报率，改善自身的就业环境与改变行业性质，也更愿意提升自身的专业技术能力。从代次上来看，34.7% 的新生代农民工接受过正规技能培训，而第一代农民工的比例是 29.3%。总体上看，流动人口中越年轻，接受职业技能培训的意愿也越强，实际参加职业技能培训的比例也越高，与第一代农民工相比，新生代农民工参加职业技能培训的比例更高。

表 5-14　少数民族流动人口职业技能培训年龄分组情况

年龄组	指标	参加职业技能培训	未参加职业技能培训	合计
20 岁及以下	个案数（人）	25	38	63
	占比（%）	39.7	60.3	100
21~30 岁	个案数（人）	126	206	332
	占比（%）	38.0	62.0	100
31~40 岁	个案数（人）	87	177	264
	占比（%）	33.0	67.0	100
41~50 岁	个案数（人）	47	113	160
	占比（%）	29.4	70.6	100
50 岁以上	个案数（人）	20	42	62
	占比（%）	32.3	67.7	100

二 职业技能培训的途径

如图 5-4 所示，在进一步询问受访者"技能培训机构来自哪里"时，45.9%的人回答"所在企业"，16.2%的人回答"技工学校"，10.3%的人回答"家乡政府"，9.2%的人回答"打工地政府"，2.2%的人选择工会，0.9%的人选择妇联，其他类别有 15.5%。

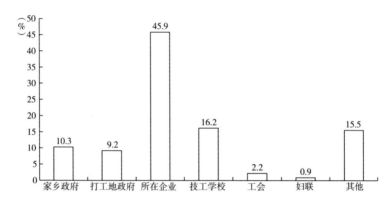

图 5-4 少数民族流动人口接受职业技能培训的主要途径

按照组织的性质，我们可以把提供技能培训的机构分为两类。一类是市场化的组织。企业和技工学校提供的技能培训，带有市场交易的性质，需要劳务人员付出一定的经济成本。另一类是公共性组织。流出地和流入地政府及体制内的社团组织开展技能培训，主要基于国家政策驱动或制度压力，技能培训是公共服务供给的一部分，带有公益性与普惠性。选择所在企业和技工学校的人员共有 62.1%，市场化组织在少数民族流动人口的技能培训中发挥主要作用。选择公共性组织的人员仅有 22.6%，政府及体制内的社团组织还应继续扩大技能培训的覆盖面、针对性与可及性，为少数民族流动人口获得更高的职业技能提供制度化的社会支持。

三 职业技能培训的效果

在回答"技能培训是否有帮助"（见表 5-15），79.8%的人认为技能培训有帮助，20.2%的人认为技能培训没有帮助。从调查情况来看，职业技能培训对提升流动人口的工作技能发挥着较好的作用，职业技能培训作为一项重要的培育人力资本的手段，在提高流动人口的就业质量、技能素质上发挥着明显的作用。

表 5-15　少数民族流动人口参加正规技能培训的情况

技能培训是否有帮助	人数（人）	百分比（%）
有帮助	386	79.8
没有帮助	98	20.2
总计	484	100.0

第四节　社会保障

社会保障，在我国被称为社会保险，是劳动权益的核心议题之一，也是劳动者发展权益的重要内容。《劳动法》规定："国家发展社会保险事业，建立社会保险制度，设立社会保险基金，使劳动者在年老、患病、工伤、失业、生育等情况下获得帮助和补偿。"[1] 从社会保险的内容来看，一般包括养老保险、医疗保险、失业保险、工伤保险和生育保险。《住房公积金管理条例》规定："住房公积金，是指国家机关、国有企业、城镇集体企业、外商投资企业、城镇私营企业及其他城镇企业、事业单位、民办非企业单位、社会团体（以下统称单位）及其在职职工缴存的长期住房储金。"[2] 住房公积金有利于城镇职工购房、对冲房产市场压力，在保障职工住房上发挥积极作用。"住房公积金在现在和未来都兼有支撑住房保障体系、促进住房市场健康发展的双重功能。"[3] 相关研究表明，社会保障制度的建立能够有效地提升就业质量。[4]

---

① 《中华人民共和国劳动法》，中央人民政府门户网站，2005-08-31。
② 《住房公积金管理条例》，中央人民政府门户网站，2019-03-24。
③ 陈杰：《中国住房公积金的制度困境与改革出路分析》，《公共行政评论》2010 年第 3 期。
④ 苏丽锋：《我国转型期各地就业质量的测算与决定机制研究》，《经济科学》2013 年第 4 期。

一　少数民族流动人口参保情况

如表 5-16 所示，共有 745 个人回答了参保险种，占全部样本的
70.6%。其中 79.2% 人参加了养老保险，42.8% 的人参加了工伤保险，
28.5% 的人参加了失业保险，18.9% 的人有住房公积金，16.6% 的人参加了
生育保险。

表 5-16　少数民族流动人口的参保险种/住房公积金的情况

参保险种/住房公积金	人数（人）	百分比（%）
养老保险	590	79.2
失业保险	212	28.5
工伤保险	319	42.8
生育保险	124	16.6
住房公积金	141	18.9

为了进一步明晰少数民族流动人口参保情况，表 5-17 列出了参保种
数，在 808 个有效样本中，无保险的 63 人，占 7.8%，参加保险的有 745
人，占 92.2%（参加一种保险即认为参加了社会保险）。其中，60.3% 的人
参加了一种保险，9.2% 的人参加了两种保险，6.9% 的人参加了三种保险，
7.1% 的人参加了四种保险，参加了五种保险的有 8.8%。

表 5-17　少数民族流动人口参险种数

参加保险数量	人数（人）	百分比（%）
无保险	63	7.8
一种险	487	60.3
二种险	74	9.2
三种险	56	6.9
四种险	57	7.1
五种险	71	8.8
总计	808	100.0

表 5-18 显示了少数民族流动人口参加医疗保险的情况，966 人填答参加医疗保险。其中，58.7% 的人参加了新型农村合作医疗，20.8% 的人参加了城镇居民医疗保险，15.2% 的人参加了城乡居民合作医疗，10.4% 的人参加了城镇职工医疗保险。

表 5-18 少数民族流动人口参加医疗保险情况

医疗保险种类	人数（人）	百分比（%）
新型农村合作医疗	567	58.7
城乡居民合作医疗	147	15.2
城镇居民医疗保险	201	20.8
城镇职工医疗保险	100	10.4

二 社会保障的结构差异

少数民族流动人口中包含了多种社会身份的群体，为了更进一步了解社会保障的结构差异，需要从户口、代次等视角，分析该群体的社会保障情况。

（一）从户口身份来看，少数民族农民工各项社会保险均低于少数民族流动人口整体与少数民族流动人口中的城市居民

从图 5-5 可见，少数民族农民工参加养老保险、工伤保险、失业保险、住房公积金、生育保险的比例均低于少数民族流动人口整体，差距分别为 5 个百分点、1.2 个百分点、9.9 个百分点、7.7 个百分点和 7.2 个百分点。其中工伤保险的差距最小，这主要是因为工伤保险在农民工权益保障中启动最早，并与农民工从事的高危风险行业有关。可见，少数民族农民工是少数民族流动人口中最为弱势的群体，社会保障的情况也是最差的。这也决定了对于少数民族流动人口权益保障，尤其要关注其中的农民工群体。

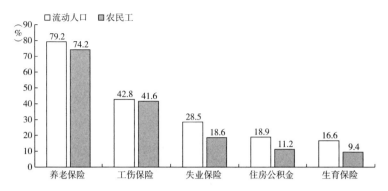

图 5-5　少数民族流动人口与农民工参保情况

　　图 5-6 显示了少数民族流动人口中的农民工与城市居民（城市户籍少数民族流动人口）参保情况的对比，两类群体的差距更为明显，养老保险、失业保险、工伤保险、生育保险、住房公积金的差距分别为 11.7 个百分点、21.7 个百分点、2.5 个百分点、15.6 个百分点、16.7 个百分点。因此，对于少数民族流动人口权益保障，除了考虑户籍身份所造成的制度性排斥，还要考虑流动人员的城乡差距。在社会保障上，少数民族"城—城"流动的人员总体上要好于"城—乡"流动的人员。

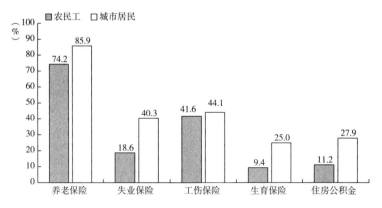

图 5-6　少数民族农民工与城市居民参保情况

（二）从代次来看，新生代农民工除了养老保险之外，社会保障总体上好于第一代农民工

已有研究表明，"新生代农民工对土地的情结弱化，思想观念、生活习惯、行为方式已日趋城市化"。① 如图 5-7 所示，在养老保险上，第一代农民工的参保比例高出新生代农民工 8 个百分点。第一代农民工务工年龄大多在 40~60 岁，临近退休年龄，养老的压力逐渐加大，这推动他们有了参加养老保险的愿望与诉求。在失业保险、工伤保险、生育保险、住房公积金上，新生代农民工分别高出第一代农民工 12.9 个百分点、15.6 个百分点、11.4 个百分点和 11.6 个百分点。总体上看，新生代农民工参保情况要好于第一代农民工，这与新生代农民工权利意识增长、城市融入意愿更强、工作环境改善等因素有关。

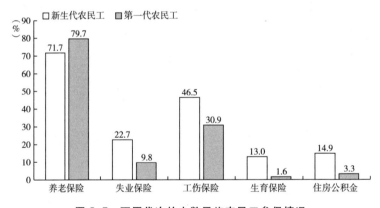

图 5-7 不同代次的少数民族农民工参保情况

三 少数民族流动人口未在当地办理社会保险的原因

从少数民族流动人口参保情况来看，60.3% 的人参加一种保险，仅有 8.8% 的人拥有全部社会保险，社会保险险种的覆盖面过小，大部分人仅拥

① "我国农民工工作'十二五'发展规划纲要研究"课题组：《中国农民工问题总体趋势：观测"十二五"》，《改革》2010 年第 8 期。

有一种保险。表 5-19 显示受访者未办理社会保险的原因，其中，40.9%的人回答不了解，20.6%的人在农村参加了其他保险，12.2%的人回答转移接续麻烦，9.2%的人回答其他，8.1%的人选择不适用，5.6%的人认为缴费标准高，3.4%的人选择单位不给缴。少数民族流动人口未在当地办理社会保险的原因，主要归结为主观认识不足（与政府政策宣传与推广的力度也有关系）、替代性选择（选择在农村参加其他保险）与异地转接的技术性障碍三个方面。

表 5-19　少数民族流动人口未办理社会保险的原因

未办理社会保险原因	人数（人）	百分比（%）
不了解	380	40.9
在农村参加了其他保险	191	20.6
转移接续麻烦	113	12.2
其他	85	9.2
不适用	75	8.1
缴费标准高	52	5.6
单位不给缴	32	3.4
总计	928	100.0

本章小结

第一，在工时与工资方面，少数民族流动人口的部分劳动权益得到较好的保障，但也存在一些劳动权益受到侵害的现象。具体而言，少数民族流动人口在按月领取工资、最低工资标准方面得到较好的保障，其中，少数民族雇员还能享受每周工作天数与休息日的法定权利。但是，少数民族流动人口普遍存在超长加班的现象，需要以更多的工作时间换取较高的劳动报酬。这必然会影响他们的身体、心理的健康状态，挤占他们的休息、娱乐与继续教育的时间，从而阻碍他们在非经济领域的市民化进程。

第二，从工资的总体水平来看，少数民族流动人口内部、不同年龄组以及与城镇非私营单位就业人员相比，均存在较大的差距。从群体内部来看，少数民族流动人口月均工资超过 5000 元，而接近八成的人月均工资在 3000 元以下，显示出较大的贫富分化现象。从年龄分组来看，大致呈现出随年龄增长月均工资增长的趋势，年龄组间月均工资差距最大达到 2096.23 元。从群体外部来看，与城镇非私营单位就业人员相比，调查城市月均工资差距水平最大达到 3000 元以上。这反映出，少数民族流动人口内部具有较大的异质性，作为整体与城镇正规就业人员相比，又处于一种弱势地位，经济市民化水平较低。

从月均工资的结构差异来看，城市居民（城市户籍流动人口）高于农民工（农村户籍流动人口），第一代农民工高于新生代农民工。流出地和流入地的月均工资差距与所处地域的经济社会发展水平有关联性，按照东部、中部、西部的次序递减。少数民族流动人口中雇主月均收入明显高于雇员收入，雇主身份约占少数民族流动人口的 10%，这部分群体的数量关系到城市中产阶层的规模。

第三，从合同签订情况来看，2/3 的少数民族流动人口的雇员签订了劳动合同，1/3 未签订合同或者对是否签订合同不清楚。少数民族流动人口签订合同较低的行业主要分布在饮食服务业、家政服务业、建筑业等。这些行业往往是少数民族从业较多的领域，也多是非正式就业部门普遍存在的领域。而在环境卫生业、政府机关、外资企业、交通运输业等正式就业部门分布较多的行业，签订合同的情况最为理想。这在一定程度上说明了，就业部门的非正式性缩小了对少数民族流动人口劳动保护的覆盖面，导致合同签订率普遍较低的情况。

第四，从职业技能培训情况来看，只有 1/3 的人员接受过培训，且八成以上的人员接受培训次数在两次以内，职业技能培训的覆盖面仍十分有限。从职业技能培训的途径来看，企业和技工学校等市场化的主体发挥着主要作用，而政府与体制内的社会团体等公共性组织发挥的作用较小，这必然会增加少数民族流动人口接受职业技能培训的经济成本。职业技能培训作为一项准公共服务，在提升流动人口的人力资本上发挥着重要作用，七成以上接受培训的少数民族流动人口认为有效，因此，政府仍需要在职业技能培训的覆盖面、可及性与功效性上精准施策。

　　第五，从参加社会保险/住房公积金的情况来看，除了养老保险、工伤保险参保人口比例较高外，其他险种与住房公积金的参加比例都较低，而且在参保险种上，以一种社会保险为主，两种及以上保险的参加比例均在10%以下。从医疗保险参加情况来看，除了新型农村合作医疗参加比例较高之外，城乡居民合作医疗、城镇居民医疗保险与城镇职工医疗保险的参保比例均较低。从社会保险参保的结构差异来看，少数民族农民工参加社会保险的比例均与城市居民存在一定差距，且低于少数民族流动人口整体的情况。因此，少数民族农民工处于城乡差距与内外之分的双重不利地位，社会保障的情况最差。除养老保险之外，新生代农民工参保情况均好于第一代农民工。影响少数民族流动人口在当地参加社会保险的原因主要是主观认识不足、替代性选择和异地转接的技术性障碍。

第六章　城市少数民族流动人口的市民权

市民权（citizenship）主要是指与城市市民资格相关的身份与权利。在中国城乡二元分割的社会管理体制之下，户籍制度的存在赋予了市民权不仅具有一般城乡划分的地域性属性，同时还具有了身份甄别与制度区隔的社会属性。"户籍制度由于长期以来嵌套了各种社会福利制度，承载着利益分配的功能，因此市民权已成为某些特权的基础。"[①] 正是由于市民权具有的特权性质，本地城镇户籍居民与非本地居民权益分享上的差异。本章主要从住房与消费、子女教育、社会与政治参与权、户籍与身份认同等几个重要维度，考察少数民族流动人口的市民权益状态。[②]

第一节　住房与消费

国务院发展研究中心农民工市民化课题组指出："住房是农民工城镇生活的基本条件，安居才能生根、才能乐业。"[③] 随着中国房地产供应的市场化改革，住房逐渐成为城乡居民的一项重要的生活消费。对于广大的农民工群体而言，住房更多带有自住属性。在考察住房渠道的同时，还需要分

[①]　康岚：《特大城市市民权的权利观念及其影响因素——以上海为例》，《同济大学学报》（社会科学版）2015年第4期。

[②]　在中国城市的民族工作中，一些民族文化、宗教权益实际上是依附于市民权的，以具有当地市民户籍为享有民族文化、宗教权益的资格。比如，清真饮食补贴的发放，还有一些地方对于穆斯林群众能够在本地区"入土"有户籍的限定。

[③]　国务院发展研究中心课题组：《农民工市民化：制度创新与顶层政策设计》，中国发展出版社，2011，第211页。

析居住社区的性质，居住社区环境决定了流动人口生活的人文空间与环境，以及公共服务资源的分布，并对流动人口的社会交往与城市融入产生一定的影响。

一　住房

（一）四成多的少数民族流动人口生活在环境较差、公共服务配套不完善的社区，63.4%的人以租赁住房为主，无自购住房的比例占到八成

如表6-1所示，少数民族流动人口居住的社区以商品房社区（31.2%）和经济适用房社区（25.4%）为主，还有一部分居住在未经改造的老城区（13.6%）、城乡接合部（6.3%）、机关事业单位社区（5.2%）、城中村或棚户区（5.2%）、农村社区（5.1%），仍有一部分人生活在工作与生活空间高度重合的工矿企业社区（3.3%）。可见，有一半的少数民族流动人口居住在商品房和经济适用房社区，这种社区生活居住环境较好，公共服务配套较为完善，需要一定的经济支付能力；还有四成多的人口居住在生活环境较差、配套设施不完善的老旧社区。

表6-1　少数民族流动人口居住社区性质

居住社区性质	人数（人）	百分比（%）
商品房社区	320	31.2
经济适用房社区	261	25.4
未经改造的老城区	140	13.6
城乡接合部	65	6.3
机关事业单位社区	53	5.2
城中村或棚户区	53	5.2
农村社区	52	5.1
其他	48	4.7
工矿企业社区	34	3.3
总计	1026	100

表 6-2 显示了少数民族流动人口现住房的性质，反映了少数民族流动
人口满足居住需求的主要渠道。从住房的供给渠道上来看，大致可以分为
三类：一是由雇主或雇佣单位免费提供住房；二是在城市购房；三是租赁
住房。① 按照租房居住、购买住房、免费住房的分类，有 63.4% 的人租赁住
房（包括租住私房、租住单位/雇主房、政府提供公租房、政府提供廉租
房），有 19.4% 的人自购住房，有 16.6% 的人免费住房（包括单位/雇主提
供免费住房、借住房）。从三者所占比例来看，少数民族流动人口中大部分
人还是租赁住房，还有一部分人免费住房，无自购住房的比例达到了八成，
仅有不到两成的人群实现了自购住房。

表 6-2　少数民族流动人口现住房性质

现住房性质	人数（人）	百分比（%）
租住私房	514	50.0
自购住房	200	19.4
租住单位/雇主房	123	12.0
单位/雇主提供免费住房	121	11.8
借住房	49	4.8
政府提供公租房	9	0.9
其他非正规居住	8	0.8
政府提供廉租房	5	0.5
总计	1029	100

**（二）少数民族农民工的居住社区要明显差于城市居民（城市户籍
流动人口），与全国农民工相比，少数民族农民工租赁房屋比例比全国
平均水平高 8.5 个百分点，自购房屋比全国平均水平低 8 个百分点**

表 6-3 按照户口身份，对农民工与城市居民居住社区性质进行分析。
对于农民工和城市居民而言，排在前两位的都是商品房社区和经济适用房

---

① 国务院发展研究中心课题组：《农民工市民化：制度创新与顶层政策设计》，中国发展出版
社，2011，第212~213页。

社区，两项合计占农民工群体的一半（49.5%）和城市居民的近七成（66.7%），城市居民居住比例明显超过了农民工。而在剩下的社区类型中，农民工的居住比例均高于城市居民，机关事业单位社区高3.9个百分点，工矿企业社区高1.7个百分点，未经改造的老城区高3个百分点，城中村或棚户区高2.7个百分点，城乡接合部高1.7个百分点，农村社区高3.8个百分点，其他类型高0.3个百分点。由于社区性质带有很强的市场属性，一般环境好、地段好、集中较多公共服务的社区，也意味着更高的经济收入和社会地位。进行卡方检验（P=0.000<0.001）后得知，少数民族农民工与少数民族城市居民在居住社区性质上有明显的差异，城市居民比农民工更高比例地居住在环境好、公共服务集中的社区。

表6-3　不同户口身份少数民族流动人口居住社区性质

居住社区性质	农民工（%）	城市居民（%）
商品房社区	25.8	38.8
经济适用房社区	23.7	27.9
机关事业单位社区	6.8	2.9
工矿企业社区	4.1	2.4
未经改造的老城区	14.7	11.7
城中村或棚户区	6.3	3.6
城乡接合部	7.2	5.5
农村社区	6.7	2.9
其他	4.8	4.5

$\chi^2=37.850$　df=8　P=0.000<0.001

　　为了更好地反映少数民族农民工住房性质的水平，图6-1显示的是2018年全国农民工住房性质的分布，图6-2是本次社会调查少数民族农民工住房性质的分布。对比图6-1和图6-2，少数民族农民工与全国农民工住房性质在租赁住房和购房住房两项存在较明显的差异。其中，全国农民工中61.3%的人选择租房居住，少数民族农民工为69.8%，两者相差8.5个百分点；全国农民工中19%的人选择购房住房，少数民族农民工为11%，两者相差8个百分点；在单位或者雇主提供住房上两者相差不大。就住房情况而言，少数民族农民工要差于全国农民工，基于少数民族对于城市民族关系和谐稳定的重要意义，需要对这个群体的生活居住状况有更多的关注。

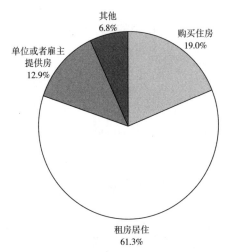

图 6-1　2018 年全国农民工住房性质的分布

资料来源：国家统计局发布 2018 年农民工动态监测数据。

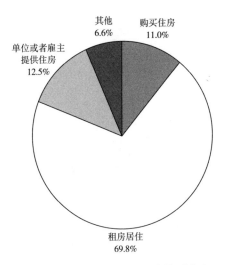

图 6-2　少数民族农民工住房性质分布

二　居民消费

"市民化就是在现代化过程中，人们从农村迁往城市，进而形成现代文明的生产和生活方式的一种趋势。"① 市民化通常意味着较高的生活水平，居民拥有了较高消费能力，从而能够享受现代化带来的便利与舒适。城市少数民族流动人口，是农村人口中的"精英群体"，也是城市居民中的"佼佼者"，他们由农村流向城市，由小城市流向大中城市，希望更好地分享现代化的发展成果。少数民族流动人口较高的消费能力，说明了他们生活方式的转变，也具有一定的收入能力。

（一）城市少数民族流动人口月均消费为 2714.48 元，高出 2018 年城镇居民、农村居民人均月消费水平，其中 31~40 岁年龄段人均月消费最高，63.2% 的人均月消费为 1000~3000 元

如表 6-4 所示，在调查的 1007 个样本中，城市少数民族流动人口人均月消费为 2714.48 元。这一消费水平高于 2018 年城镇居民人均月消费支出 2176 元，远远高出农村居民人均月消费支出 1010 元。② 从收入的年龄分组来看，人均月消费最高的群体分布在 31~40 岁，人均月消费 3226.73 元，其次是 41~50 岁，人均月消费为 2616.67 元。31~50 岁年龄段，正是少数民族流动人口的中青年群体，他们承担着抚养孩子与赡养老人的义务，经济上的压力最大，消费支出也最多。30 岁以下、50 岁以上年龄组人均月消费的差别不大，都在少数民族流动人口人均月消费水平之下。

表 6-4　少数民族流动人口不同年龄组人均月消费情况

单位：元

统计量	年龄分组					
	20 岁及以下	21~30 岁	31~40 岁	41~50 岁	50 岁以上	总计
平均值	2239.55	2484.15	3226.73	2616.67	2424.66	2714.48
中位数	2000.00	2000.00	2900.00	2000.00	2000.00	2000.00
个案数（人）	67	369	306	192	73	1007

① 李强：《论农民和农民工的主动市民化与被动市民化》，《河北学刊》2013 年第 4 期。
② 根据国家统计局 2018 年城镇居民人均消费支出（年）、农村居民人均消费支出（年）计算得出。

从具体的消费水平来看（见图6-3），40%的人月均消费1001~2000元，23.2%的人月均消费2001~3000元，15.8%的人月均消费1000元以下，14.3%的人月均消费3001~5000元，仅有6.7%的人月均消费在5000元以上。六成多的人月均消费在1000~3000元，一半多的人月均消费在2000元以下。

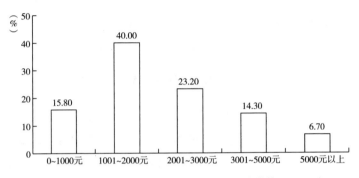

图6-3 少数民族流动人口人均月消费情况

（二）少数民族流动人口月均消费在不同户口身份与就业身份上存在显著差异，城市居民高出农民工671元，雇主高出雇工2133元，不同代次的农民工消费差异不具有统计上的显著性

在社会特征方面，表6-5分析了不同户口身份、代次、就业身份，少数民族流动人口消费水平是否存在明显差异。从户口身份来看，农民工月均消费2438.83元，城市居民为3109.78元，相差670.95元，两总体方差存在显著差异（P值为0.000），两总体均值相等检验P值接近于0（0.000），小于显著水平0.001，因此，农民工与城市居民的人均月消费存在显著差异。从代次上来看，新生代农民工月均消费为2409.31元，第一代农民工为2514.72元，相差105.41元，两总体方差不存在明显差异（P值为0.504>0.05），两总体均值相等检验P值大于0.05（0.585），因此，不同代次之间的人均月消费不存在明显差异。从就业身份来看，雇员人均月消费为2332.81元，雇主人均月消费为4465.38元，相差2132.57元，两总

体方差存在显著差异（P 值为 0.000），两总体均值相等检验 P 值接近于
0（0.000），小于显著水平 0.001，因此，雇员与雇主在人均月消费水平上
存在显著差异。

表 6-5　少数民族流动人口消费水平独立样本 t 检验结果

统计量	户口身份		代次		就业身份	
	农民工	城市居民	新生代农民工	第一代农民工	雇员	雇主
人数（人）	582	407	419	163	573	93
均值（元）	2438.83	3109.78	2409.31	2514.72	2332.81	4465.38
标准差	2086.42	2349.14	1880.08	2546.32	1564.47	4188.74
方差相等检验 P 值	0.000		0.504		0.000	
均值之差（元）	670.95		105.41		2132.57	
t 值	4.626		.547		4.855	
均值相等检验 P 值（双尾）	0.000		0.585		0.000	

（三）从人口输出地来看，月均消费由高到低依次为东部、东北、中部、西部；从人口输入地来看，月均消费由高到低依次为东北、东部、中部、西部

如表 6-6 所示，从人口输出地来看，东部地区人均月消费最高，均值
为 3757.22 元，其次是东北地区的 3117.33 元，中部地区的 2640.57 元，
最后是西部地区的 2514.74 元。从人口输入地来看，东北地区人均月消费
最高，均值为 3465.56 元，其次是东部地区的 3169.27 元，中部地区的
2651.55 元，最后是西部地区的 2223.66 元。从人口输入地与输出地消费
差异来看，流动人口的月均消费水平与地区发展水平可能存在一定的相
关性。

表 6-6　少数民族流动人口在输出地和输入地方面的月均消费水平

单位：元

统计量	人口输出地				人口输入地			
	东部	中部	西部	东北	东部	中部	西部	东北
均值	3757.22	2640.57	2514.74	3117.33	3169.27	2651.55	2223.66	3465.56
中位数	3000.00	2500.00	2000.00	3000.00	3000.00	2000.00	2000.00	3000.00
个案数（人）	97	106	648	120	205	258	391	153

第二节　子女教育

随着流动人口迁移的"家庭化"与"定居化"，子女教育问题越来越成为流动人口权益关注的焦点问题。有研究指出，在流入地政府向流动人口提供的公共服务中，核心和关键是农民工随迁子女教育，子女教育权也是决定户籍制度改革进度的关键。[①]

一　少数民族农民工随迁子女教育以民办学校为主，仅有三成多的选择就读公立学校，与少数民族流动人口总体存在一定的差距，与全国农民工随迁子女教育"两为主"的情况存在较大的反差[②]

在随迁子女的义务教育方面，地方政府贯彻和完善"两为主"的政策，即以输入地为主，以全日制公办中小学为主。2018 年农民工监测的数据显示，小学阶段随迁儿童 82.2% 在公办学校就读，11.6% 在有政府支持的民办学校就读；初中阶段随迁儿童 84.1% 在公办学校就读，10% 在有政府支持的民办学校就读。[③]

---

① 赵俊超：《市民化政策应紧扣农民工定居决策过程》，《中国发展观察》2017 年第 2~3 期。

② 也有研究指出不能单纯追求公办学校的入学率，2013 年已达 80.4%，一味强调公办学校就读率并不合理，它可能带来入学门槛提高、封杀民办学校等问题，反而造成更糟的结果。参见赵俊超《市民化政策应紧扣农民工定居决策过程》，《中国发展观察》2017 年第 2~3 期。

③ 国家统计局：《2018 年农民工监测调查报告》，国家统计局门户网站，2019-04-29。

从图 6-4 显示的数据来看，少数民族流动人口选择公立学校与民办学校的比例几乎持平（1.09∶1）；从户口身份差异来看，少数民族城市居民选择公立学校的比例为六成（60.1%），选择民办学校的有三成（32.4%），而少数民族农民工选择公立学校的仅有三成多（34.8%），选择民办学校的将近一半（46.9%）。与全国农民工数据相比，少数民族农民工选择公立学校的比例存在不小的差距。

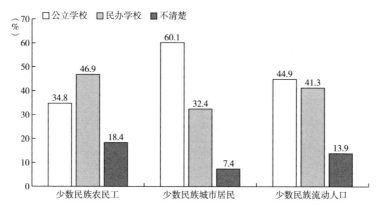

图 6-4　少数民族流动人口、农民工、城市居民子女就读学校性质

二　少数民族流动人口随迁子女入学面临的主要问题是民办教育发展的不均衡不充分问题，不能接孩子在身边读书的主要原因是工作、收入没有稳定保障

问卷设计了"您认为子女在本地上学的主要困难是什么"的问题，获取少数民族流动人口在流入地子女教育面临问题的信息。为了保证样本的有效性和可靠性，通过 SPSS 软件进一步筛选符合"举家搬迁"（三口及以上）与有效回答此题的样本，共计 346 人，相关的数据见图 6-5。39.3% 的人反映民办学校数量少，30.1% 的人反映民办学校师资和教学条件差。少数民族流动人口子女在当地入学最主要困难都涉及民办教育，这在一定程度上反映出公立学校教育质量与数量的不均衡不充分问题。在一些人口大量流入的地区，比如浙江义乌市，公办教育在满足本地户籍子女教育问题都

存在供不应求的局面，少数民族流动人口很难进入公立学校或者进入教学质量较好的公立学校，这就对民办学校教育提出了更高的要求，催生了对高质量、分布均衡的民办教育的需求。相比公办教育对于学区或者高额赞助费的要求，少数民族流动人口获得民办教育的门槛更低一些。其他的原因还涉及无法在当地升学（20.2%）、学习水平差距大（19.9%）、公立学校收费高（17.3%），风俗习惯差异（14.5%）、与城里孩子待遇不一样（11.0%）、语言沟通困难（6.9%）。

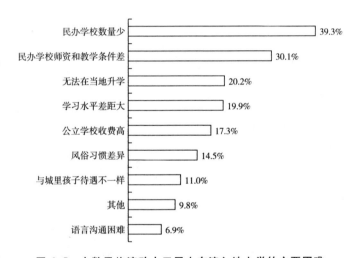

图6-5 少数民族流动人口子女在流入地上学的主要困难

在问及访谈对象"如果您的孩子在家乡，那么您没有将子女接到身边读书的主要原因是什么"时，筛选出"未举家搬迁"（两口及以下）有效样本322人，相关的回答见图6-6。44.3%的人选择了工作太忙，无法照顾孩子；38.2%的人选择了工作不稳定，无法接出来；36.3%的人回答收入低，负担不起。可见，少数民族流动人口的就业与劳动权益保障状况，直接关系到是否举家搬迁，也关系到子女是否能够跟随父母在流入地接受教育。少数民族流动人口的流动状况、较低的收入水平、工作的不稳定性以及较低的社会保障，影响到其子女在流入地接受教育。在与学校教育直接相关的因素中，13.9%的人选择家乡的学校就很好，不要接出来；13.9%的人选择不能参加升学考试，8.6%的人选择学习跟不上。这也反映出流入地与流出地学校教育的衔接机制，两地较大的教育水平差异，直接影响到其子女接受教育所在地的选择。还有 7.8% 的人选择城里的学校不接纳，5.8% 的人选择孩子自己不想出来。

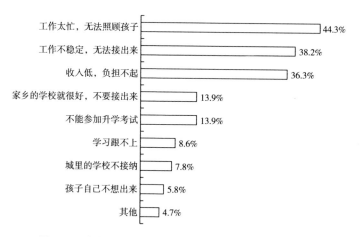

图 6-6　少数民族流动人口子女在家乡接受教育的原因

第三节　社会与政治参与权

少数民族流动人口市民化的过程，是其成员逐渐获得与当地市民同等权利的过程。从政府的角度来看，就是要基于身份平等的原则，向流入人口提供与当地人口均等的基本公共服务的过程。从内涵上来看，市民权不仅包括享有与当地市民同等公共服务的权利，同时还意味着社会与政治方面的参与权。一些研究者也把社会权利和社会参与权列入农民市民化的影响因素或者发展目标。[①] 有的研究者从可行能力的视角出发，认为提升少数民族流动人口社会融入、参与社会发展进程的能力，对于保障其合法权益至为关键。[②]

[①]　文军：《农民市民化：从农民到市民的角色转型》，《华东师范大学学报》（哲学社会科学版）2004 年第 3 期。

[②]　马俊毅：《论城市少数民族的权利保障与社会融入——基于治理现代化的视角》，《中南民族大学学报》（人文社会科学版）2017 年第 1 期。

从表6-7来看，少数民族流动人口参与基层选举活动的情况不容乐观。八成的人表示没有参加过选举活动，7.4%的人参加过社区/单位人大代表选举，7.2%的人参加过社区居委会选举，明确表示参加过基层选举活动的合计仅有14.6%。这种情况的出现，固然与少数民族流动人口的选举愿望与能力有关，同时也与现有的选民登记规定存在一些针对流动人口的限制有关。对于流动人口的选民登记，绝大多数省份是以户籍所在地登记为原则，现居住地登记为例外，部分省份对在现居住地登记者设置了若干条件，有的是时限方面，有的是程序方面；有的省份拒绝临时在非户籍所在地劳动、工作、居住者在现居住地参加选举，要求回户籍所在地进行登记。[①] 随着流动人口流动的长期化、定期化，政府需要对选民登记中针对流动人口的限制进行改革。

表6-7　少数民族流动人口参与选举活动的情况

选举活动类型	人数（人）	百分比（%）
没有参加过选举活动	811	80.0
社区/单位人大代表选举	75	7.4
社区居委会选举	73	7.2
其他	55	5.4
总计	1014	100.0

第四节　户籍与身份认同

从中国户籍制度改革与新型城镇化推进的实践来看，户籍管理制度还无法完全废除，户籍制度改革坚持"两条腿走路"，有序推进农民工市民化。[②] 户籍制度必然是一个重要的变量，影响到流动人口的市民权分享状况，影响到他们的身份归属，进而对市民化进程产生影响。

[①] 段莎等：《对选民登记和流动人口选举权行使的若干思考》，《人民代表报》2016年11月26日。

[②] 沈水生：《农民工共享城镇基本公共服务的进展、问题及对策》，《社会治理》2017年第6期。

一　有四成的受访者认为没有户籍会给当地工作生活带来麻烦，户籍仍然对少数民族流动人口享有城市公共服务与便民服务项目产生一定的负面影响

在被问及"没有户籍身份是否给您在当地的工作生活带来麻烦"时，在 971 个有效样本中，认为有麻烦的占 41.6%，认为没有麻烦的占 58.4%，有四成的人认为没有户籍身份会对当地的生活工作带来麻烦（见图 6-7）。

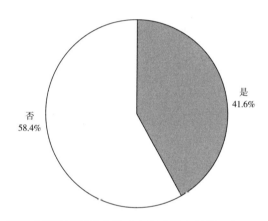

图 6-7　城市少数民族流动人口对有无户籍身份是否带来麻烦的选择

进一步追问选择"是"的受访者，"没有户籍身份，给您在当地的工作生活带来的麻烦有哪些"。如图 6-8 所示，在 398 个有效样本中，回答不能办理一些证件的有 66.6%，生活没有安定感的有 43.0%，小孩入学需要交纳高额赞助费的有 29.9%，有的工作岗位不能应聘有 19.3%，不被当地人信任有 13.1%，感到歧视有 6.8%，其他有 2.8%。没有户籍身份首先影响到流动人口享受一些便民服务，其次是心理的归属感，最后也对随迁子女的教育权益、对自身的就业权益产生一定的负面影响。

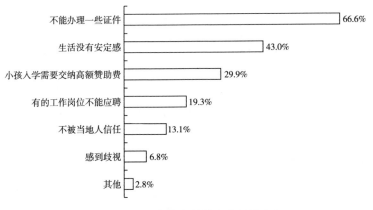

图 6-8　没有户籍身份带来麻烦的分布

二　在没有任何限制的情况下，46%的人表示愿意落户当地城市，如果附加退出农村承包地的限制，则只有 1/4 的人明确表示愿意落户当地城市

落户关系到市民权的实现。2011 年，国务院颁布了《关于积极稳妥推进户籍管理体制改革的通知》，按照城市的规模与性质，区别性放开落户的门槛与限制。"从全国层面来看，推进户籍制度改革鼓励中小城市降低户籍制度门槛，但大中城市，尤其省会城市的门槛仍然严格。"[①] 本次社会调查涉及的 8 个城市，除了大连、义乌是非省会城市之外，其他城市都是省会城市或直辖市，这些城市的落户门槛必然要比中小城市都高。在这种情况下，我们设计了无限制落户的问题，在询问受访者"若没有任何限制，您是否愿意把户口迁入城市？"时，在 895 个有效样本中，在没有任何限制的情况下，46%的人愿意把户口迁入当地，54%的不愿意把户口迁入当地（见表6-8）。尽管省会、直辖市有更多的公共服务与社会资源，少数民族流动人口落户意愿也没有出现一边倒的情况，不愿意落户的人口占多数。

---

① 韩俊、何宇鹏：《新型城镇化与农民工市民化》，中国工人出版社，2014，第 119 页。

表 6-8 城市少数民族流动人口无限制落户城市的意愿

是否愿意把户口迁入本地	人数（人）	占比（%）
是	412	46.0
否	483	54.0
总计	895	100.0

如果对落户条件加以限制，尤其是以退出土地承包地等农民权益为前提条件，城市少数民族流动人口的落户意愿会是怎么样呢？图 6-9 显示受访者对"如果让您退出农村承包土地，您是否还愿意把户口迁入城市"的回答情况。在 998 个有效样本中，39.3% 的人选择不愿意，25.3% 的人选择愿意，23.0% 的人选择说不清，12.4% 的人没有承包地。如果退出农村承包地，愿意迁入本地的人口下降到有效回答的约 1/4。可见，在少数民族流动人口中，对于农村户籍的人口而言，是否保留与农民户籍相关的权益，关系到他们城市落户的意愿。

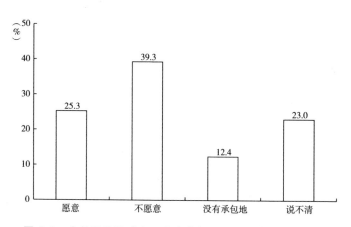

图 6-9 少数民族流动人口退出农村承包地落户当地的意愿

三 城市少数民族流动人口将近一半的人选择长期居住在当地城市，37.6% 的人有本地人的认同归属

在问及被访者"您是否打算在本地长期居住（5 年以上）"时，将近一半的人（48.8%）愿意长期居住，返乡的人（20.0%）与没有想好的人

（22.4%）各约有 1/5，其中，还有 8.7% 的人选择继续流动。

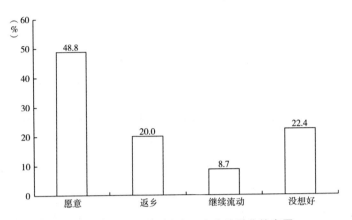

图 6-10 少数民族流动人口在当地居住的意愿

　　身份的市民化是市民化进程的一个重要的维度，反映了流动人口的心理状态与社会认同，也是反映城市社会融入的重要指标。积极的社会认同有助于流动人口更好地融入城市，提升市民化的意愿。回答"您认为自己是哪里人"时，1030 个有效样本中，58.3% 的人回答是老家人，回答是新本地人的有 23.0%，回答本地人的有 14.6%，不知道自己是哪里人的有 4.2%。如果合并本地人与新本地人的选项，有当地人认同的共计 37.6%。

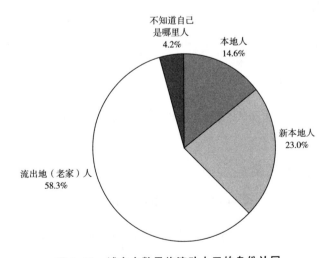

图 6-11 城市少数民族流动人口的身份认同

本章小结

第一，从居住情况来看，63.4%的少数民族流动人口租赁住房，只有不到两成的人群实现了自购住房。与 2018 年全国农民工住房情况相比，少数民族农民工租赁房屋比例高出约 8 个百分点，自购房屋比例低 8 个百分点。从居住小区的性质来看，四成多的少数民族流动人口生活在环境较差、公共服务配套不完善的老旧社区或者城乡接合部，而其中的农民工居住的环境要更差一些。有固定的、相对完善公共设施的居住环境，是流动人口市民化的重要一步。在中国把买房等同于安居的社会心理作用之下，解决流动人口的住房问题，才能从根本上解决流动人口的长期定居乃至落户的问题。从积极推进少数民族和民族地区城镇化发展的角度出发，需要关注少数民族农业转移人口的住房问题。

第二，从消费水平来看，城市少数民族流动人口月均消费为 2714.48元，高出 2018 年城镇居民、农村居民人均月消费水平，其中 31~40 岁年龄段人均月消费最高，有 63.2%的人月均消费为 1000~3000 元。少数民族流动人口月均消费在不同户口身份与就业身份上存在显著差异，城市居民比农民工高，雇主比雇员高，不同代次的农民工消费差距不大。从人口输出地来看，月均消费由高到低依次为东部、东北、中部、西部，从人口输入地来看，月均消费由高到低依次为东北、东部、中部、西部。流出地与流入地的消费水平基本与当地的经济发展水平相关。

第三，从子女教育来看，少数民族流动人口的子女以接受公办学校教育为主，但是与国家义务教育阶段农民工随迁子女 80%以上公办教育的普及率存在一定差距。在少数民族流动人口中，子女在流入地就学面临的主要问题是民办教育发展的不充分不均衡问题，子女在流出地留守就学的主要原因是自身工作、收入没有稳定保障。与全国农民工相比，少数民族农民工子女公办学校入学比例要低 30 个百分点以上，选择民办学校的比例占到 1/3。这种情况说明，少数民族农民工随迁子女教育权益保障情况较差，增加了他们市民化的经济成本。

第四，从社会与政治参与来看，80%的人没有参加过社区或者基层单位的选举活动，少数民族流动人口社会、政治参与权行使的情况不容乐观。这一方面源于少数民族流动人口缺乏一定的人力资本与社会资本，导致他们与城市的社会融合度差；另一方面也与现有的选举制度设计有关。少数民族的流动状况使选举权行使面临一些技术性和程序性障碍，增大了行使权利的难度。

第五，从户籍制度来看，四成的少数民族流动人口认为没有户籍身份会给他们的日常生活带来麻烦。首要的麻烦来自不能享受一些便民服务，其次是影响其对城市的归属感，最后也影响到随迁子女的教育权和自身的就业权。户籍制度造成的影响在衰减，但是仍然对与市民化密切相关的权益产生影响，也影响到流动人口的城市归属感。从落户意愿来看，在没有任何限制的情况下，46%的人表示愿意落户当地城市，如果附加退出农村承包地的限制，则只有1/4的人明确表示愿意落户当地城市。这说明把户籍放开等同于落户的观点有一定的局限性，实际生活中，少数民族流动人口的落户意愿受到包括户籍、公共服务、农村权益等多种因素的影响。从心理认同来看，城市少数民族流动人口将近一半的人选择长期居住在当地城市，37.6%的人有本地人的认同归属。这无疑对推进少数民族流动人口市民化进程释放了积极信号。能否通过政府的户籍改革与公共服务使这部分沉淀型流动人口定居下来乃至获得户籍身份，关系到城镇化发展的最终质量。

第七章　城市少数民族流动人口的权益诉求与维权

　　城市少数民族流动人口合法权益保障，是城市政府民生建设的重要内容，也是关系到城市社会稳定，影响民族关系和谐的重要议题。1999年第一次全国城市民族工作会议首次提出要保障少数民族的合法权益，这一政策精神在以后的城市民族工作会议中得到延续和进一步发展。2014年中央民族工作会议和2016年召开的城市民族工作会议把城市少数民族合法权益保障作为城市民族工作的核心，进一步增大了合法权益保障在城市民族事务治理中的分量。在中央和国家的大力推动之下，地方政府的改革随之跟进。以"以服务为中心""以服务促管理，寓管理于服务""市民化服务"为价值导向的城市少数民族服务与管理改革，开始取代"关门主义"的防范式管理、"放任自流"的懒政式管理，涌现出了许多典型案例与地方治理的样本。

　　从理论研究来看，研究者普遍认为少数民族因为生存状态的流动性、宗教文化的特殊性、经济社会地位的弱势性，合法权益更容易遭到侵犯，需要多方位保障少数民族的合法权益。在如何保障城市少数民族流动人口合法权益上，存在公共服务供给与散居民族"整全式"保障两种视角。从城市政府公共服务供给视角出发，刘立敏认为要把少数民族流动人口权益保障纳入流动人口大盘子进行谋划，妥善处理好公共性服务与特定性服务的关系，重点保障其特定性合法权益。[①] 彭建军认为要对少数民族流动人口

---

　　① 刘立敏：《城市少数民族流动人口权益保障的现状与出路》，《烟台大学学报》（哲学社会科学版）2018年第5期。

需求的共同性与差异性予以区分，城市政府要做到就业、城市管理与服务、社会保障的全面覆盖，针对有一定语言、文化方面特殊需求的群体，提供差异化的优惠政策。[①] 从散居民族"整全式"保障视角出发，虎有泽、田烨、陆平辉等人认为，需要修订与完善散杂居民族权益保障的法律体系，从而保障城镇少数民族的政治权益、经济权益、文化权益、宗教信仰权益、风俗习惯权益和获得国家帮助权益。[②]

公共服务供给的视角基于一定的社会调查，对接政府推进城市少数民族流动人口服务管理体系建设的政策设计与地方实践，提出的保障路径具有较强的针对性。同时，这种视角基于少数民族成员公民属性与民族属性的两重性，区别对待少数民族流动人口一般性权益与特殊性权益，反映出了城市少数民族权益的差异性。散杂居民族"整全式"保障视角从城市少数民族的散杂居的社会属性与法律属性出发，对照法律规范建设中的盲点与欠缺之处，试图构建涵盖政治、经济、社会、文化等"大而全"的"整全式"保障体系，缺乏对城市少数民族权益需求的动态关注。无论是公共服务供给视角，还是散杂居民族"整全式"保障视角，都缺乏对少数民族流动人口权益认知与权益需求次序的精确反映，导致无论是政府公共服务供给还是法律规范的完善都无法对接少数民族流动人口的实际需求，从而产生了政府公共服务供给与少数民族流动人口权益需求难以有效匹配的问题。基于此，有必要从流动人口自身的需求出发，了解他们具有怎样的权益认知与权益需求的次序，深入探析少数民族流动人口在就业、劳动权、市民权和民族文化权益等方面的重要性认知与需求迫切性上的实际状态。[③]

---

① 彭建军：《我国中东部城市少数民族流动人口权益保障方式评析》，《西南民族大学学报》2014 年第 1 期。

② 虎有泽：《散居少数民族权益保障探析》，《青海民族研究》2013 年第 3 期；田烨：《试论我国城镇少数民族权益保障体系》，《北方民族大学学报》（哲学社会科学版）2013 年第 2 期；陆平辉、李莉：《散居少数民族权利研究述评》，《云南大学学报》（法学版）2011 年第 3 期。

③ 本研究对少数民族流动人口权益项目的问卷设计，参见李超海《农民工的权益谱系与公共政策保护研究》，《中共宁波市委党校学报》2012 年第 5 期。对权益重要性与权益迫切性的统计方法，影响权益类型选择的二分类 Logistic 回归分析，参见刘林平等《农民工权益保护理论与实践研究》，经济科学出版社，2015，第 497~518 页。

第一节　权益的重要性与迫切性

本章的社会调查，首先按照市民化过程的阶段性，把少数民族流动人口的权益划分为劳动权益（包含就业权）和市民权益。其次，基于少数民族的民族属性，一些民族对民族文化与宗教生活有特殊需求，故专列出民族文化权益。最后，把每种权益进一步细化区分，形成若干子权益。如劳动权益又包括工资、工作时间、劳动安全、劳动合同、平等就业、职业培训、社会保险和福利；市民权益包括选举权与被选举权、子女教育权、住房、法律援助、户籍、城市歧视。在问卷中，列出上述 14 项权益，由被访者按照权益的重要性程度和迫切性程度，列出排序前三的权益类型。

一　权益的重要性

如表 7-1 所示，在第一重要权益中，60.1% 的人选择工资，比例最高，分布也最为集中，其他权益项目的比例均低于 10%，子女教育为 9.7%，劳动安全为 6.0%。在第二重要权益中，权益项目分布较为分散。17.2% 的人选择社会保险和福利，15.0% 的人选择工作时间，选择子女教育、住房的比例均为 12.6%。在第一重要的权益中，有 80.7% 的人选择了劳动权益，17.7% 的人选择了市民权益，只有 1.6% 的人选择了民族文化权益。在第二重要权益中，选择劳动权益的仍然占到六成多（64.6%），但比第一重要权益下降了 16.1 个百分点；市民权益为 32.9%，比第一重要权益上升了 15.2 个百分点。可见，八成少数民族流动人口认为劳动权益最为重要，并集中于工资权益，获得更高的收入仍然是少数民族流动人口权益保障的核心内容。

为了量化呈现各项权益重要性的实际排序，我们为权益的重要性赋值加总，"第一重要权益""第二重要权益""第三重要权益"赋值分别为 3 分、2 分、1 分。如表 7-2 所示，14 项权益经过赋值计算形成权益项目重要性排序表。按照得分的多少，大致可以划分为几个区段：（1）高分区段（60 分以上）。工资得分最高，为 205.8 分，是最为重要的权益，相比其他权益具有显著的优势。其后依次为社会保险和福利（69.2 分）、子女教育

（65.7 分）和住房（62 分），市民权益的比重开始加大。（2）中分区段（20~60 分）。依次为劳动安全（41.6 分）、工作时间（40.3 分）、劳动合同（31 分）、平等就业（22.6 分），这几项权益也是劳动权益的核心内容。（3）低分区段（20 分以下）。依次为户籍（15.3 分）、法律援助（14.4 分）、民族文化权益（14.2 分）、职业培训（10.1 分）、选举权与被选举权（4.5 分）、城市歧视（3.4 分）。随着户籍制度改革，城市的公共服务、社会福利与户籍制度逐步脱钩，城市户籍的重要性也在下降。相对工资等经济性权益，少数民族流动人口对于政治权益的诉求并不高，这从选举权与被选举权得分很低可知。城市歧视排名最后，得分最低，在一定程度上表明了城市社会宽容的社会环境，以及民族团结创建形成的良好社会氛围。

表 7-1　少数民族流动人口对权益重要性的选择情况

权益类型		选择比例（%）		
		第一	第二	第三
劳动权益	工资	60.1	9.7	6.2
	工作时间	2.1	15.0	3.9
	劳动安全	6.0	8.0	7.5
	劳动合同	2.8	7.8	6.9
	平等就业	2.9	4.0	6.0
	职业培训	1.0	2.9	1.4
	社会保险和福利	5.8	17.2	17.3
	总计	80.7	64.6	49.2
市民权益	选举权与被选举权	0.7	0.8	0.9
	子女教育	9.7	12.6	11.3
	住房	5.2	12.6	21.2
	法律援助	0.2	3.5	6.8
	户籍	1.9	2.4	4.7
	城市歧视	0.0	1.0	1.5
	总计	17.7	32.9	46.4
民族文化权益	民族文化权益	1.6	2.4	4.4
合计		100.0	100.0	100.0
个案数（个）		1037	1032	1022

表7-2　少数民族流动人口对权益重要性项目选择的赋值与排序

权益选项	第一重要权益		第二重要权益		第三重要权益		总分	排序
	比例（%）	得分	比例（%）	得分	比例（%）	得分		
工资	60.1	180.2	9.7	19.4	6.2	6.2	205.8	1
社会保险和福利	5.8	17.4	17.2	34.5	17.3	17.3	69.2	2
子女教育	9.7	29.2	12.6	25.2	11.3	11.3	65.7	3
住房	5.2	15.6	12.6	25.2	21.2	21.2	62.0	4
劳动安全	6.0	17.9	8.0	16.1	7.5	7.5	41.6	5
工作时间	2.1	6.4	15.0	30.0	3.9	3.9	40.3	6
劳动合同	2.8	8.4	7.8	15.7	6.9	6.9	31.0	7
平等就业	2.9	8.7	4.0	7.9	6.0	6.0	22.6	8
户籍	1.9	5.8	2.4	4.8	4.7	4.7	15.3	9
法律援助	0.2	0.6	3.5	7.0	6.8	6.8	14.4	10
民族文化权益	1.6	4.9	2.4	4.8	4.4	4.4	14.2	11
职业培训	1.0	2.9	2.9	5.8	1.4	1.4	10.1	12
选举权与被选举权	0.7	2.0	0.8	1.6	0.9	0.9	4.5	13
城市歧视	0.0	0.0	1.0	1.9	1.5	1.5	3.4	14

二　权益的迫切性

在问卷中，设计了"您最迫切希望打工地政府解决哪几项问题（按照迫切性程度排序选三项）"，用来衡量权益的迫切性。权益的迫切性说明少数民族流动人口对于权益需求的急切程度，反映出流动人口对政府公共服务供给与社会管理的期待。

表7-3显示少数民族流动人口对权益迫切性的选择。在第一迫切需要政府保障的权益中，选择工资的有42.0%，相比表7-1第一重要权益工资的比例，下降了18.1个百分点。市民权益中的子女教育（11.0%）上升为第二位问题。在第二迫切需要政府保障的权益中，排序第一的为社会保险和福利（22.6%），子女教育（11.5%）和住房（11.3%）超过工资（9.9%）分别居第二位和第三位。在第一迫切权益中，劳动权益占到了约七成（71.3%），相比表7-1第一重要权益中劳动权益的比重下降了近一成

（9.4%），市民权益呈上升趋势，为 26.7%，民族文化权益变化不大，比重仍很小。

表 7-3　少数民族流动人口对权益迫切性的选择

权益类型		选择比例（%）		
		第一	第二	第三
劳动权益	工资	42.0	9.9	6.9
	工作时间	2.1	10.4	3.2
	劳动安全	5.9	5.4	6.7
	劳动合同	2.8	5.3	6.4
	平等就业	3.6	6.3	5.5
	职业培训	4.1	3.7	1.9
	社会保险和福利	10.8	22.6	14.7
	总计	71.3	63.6	45.3
市民权益	选举权与被选举权	0.6	1.0	1.6
	子女教育	11.0	11.5	10.3
	住房	8.1	11.3	20.0
	法律援助	1.4	4.2	10.1
	户籍	5.2	4.5	5.3
	城市歧视	0.4	1.1	2.3
	总计	26.7	33.6	49.6
民族文化权益	民族文化权益	2.0	2.7	5.0
合计		100.0	100.0	100.0
个案数（个）		1024	1015	1010

按照上述权益重要性赋值加总的规则，我们对权益的迫切性进行排序。如表 7-4 所示，分布在高分区段（60 分以上）的权益有四项，分别为工资（152.6 分）、社会保险和福利（92.3 分）、住房（67.0 分）和子女教育（66.5 分）。对比权益重要性与权益迫切性的排序，工资仍然是迫切性最为优先的权益，但是相比这个权益项目在重要性方面的得分，已经下降了不少；社会保险和福利仍排在第二，位次没有变化；住房由重要性排名的第

四上升到迫切性的第三；子女教育由重要性的第三位下降为迫切性的第四位。中分区段（20~60分）有劳动安全（35.1分）、工作时间（30.5分）、户籍（29.9分）、平等就业（29.0分）、劳动合同（25.6分）、法律援助（22.7分）、职业培训（21.7分）七项权益。相比权益重要性排序，劳动安全、工作时间的迫切性的位次没有变化，户籍由重要性的第九位上升为迫切性的第七位。低分区段（低于20分）有三项权益，分别为民族文化权益（16.2分）、城市歧视（5.6分）、选举权与被选举权（5.3分）。职业培训和法律援助也由重要性的低分区段进入了迫切性的中分区段。

表 7-4　少数民族流动人口对权益迫切性项目选择的赋值与排序

权益选项	第一迫切权益		第二迫切权益		第三迫切权益		总分	排序
	比例（%）	得分	比例（%）	得分	比例（%）	得分		
工资	42.0	126.0	9.9	19.7	6.9	6.9	152.6	1
社会保险和福利	10.8	32.5	22.6	45.1	14.7	14.7	92.3	2
住房	8.1	24.3	11.3	22.7	20.0	20.0	67.0	3
子女教育	11.0	33.1	11.5	23.1	10.3	10.3	66.5	4
劳动安全	5.9	17.6	5.4	10.8	6.7	6.7	35.1	5
工作时间	2.1	6.4	10.4	20.9	3.2	3.2	30.5	6
户籍	5.2	15.5	4.5	9.1	5.3	5.3	29.9	7
平等就业	3.6	10.8	6.3	12.6	5.5	5.5	29.0	8
劳动合同	2.8	8.5	5.3	10.6	6.4	6.4	25.6	9
法律援助	1.4	4.1	4.2	8.5	10.1	10.1	22.7	10
职业培训	4.1	12.3	3.7	7.5	1.9	1.9	21.7	11
民族文化权益	2.0	5.9	2.7	5.3	5.0	5.0	16.2	12
城市歧视	0.4	1.2	1.1	2.2	2.3	2.3	5.6	13
选举权与被选举权	0.6	1.8	1.0	2.0	1.6	1.6	5.3	14

综上来看，工资、社会保险和福利、住房、子女教育四项权益既是最为重要的权益，也是最迫切需要当地政府加以保障的权益，其次是劳动安全和工作时间。尽管户籍权益不是高度重要的权益，但是对于少数民族流动人口来说具有中度的迫切性需求，这与户籍制度所加载的公共服务与便民措施有关系，流动人口在享受流入地某些公共服务和便民服务上表现出迫切性需求。少数民族流动人口对于法律援助和职业培训也具有中度的迫

切性。民族文化权益、城市歧视、选举权与被选举权既是低度重要性的权益，也是低度迫切性的权益。

第二节　权益重要性和迫切性
影响因素回归分析

权益重要性排序仅能看出不同权益的相对位次，为了进一步分析城市少数民族流动人口选择第一重要性权益和第一迫切性权益的影响因素，本部分拟对权益选择的影响因素进行回归分析。

一　因变量

从城市少数民族流动人口对权益类型的选择上，大致可以分为两大类，一类是劳动权益，另一类是市民权益。由于民族文化、宗教权益选择人数比例很小，包含的子权益项目（清真饮食补贴、民族学校入学资格，等等）又与城市户籍相挂钩，因此，把民族文化、宗教权益也归入市民权益中，不做单独的类型列出。劳动权益代表了流动人口职业身份的转换，体现了他们进入城市后作为产业工人的阶级属性；市民权益代表了流动人口社会身份的转换，获得与城市居民同等的地位、身份与认同。这两种权益的选择，代表了流动人口市民化的不同阶段与演进的纵深。为此，按照城市少数民族流动人口在第一重要权益和第一迫切权益上选择劳动权益还是市民权益作为二分类变量，做 Logistic 回归，以劳动权益为参照组。

二　自变量

通过对已有研究的梳理，可以把影响城市少数民族流动人口第一重要权益选择的因素分为如下几个方面。

1. 个人特征。性别（0 男，1 女）；婚姻状况（0 在婚，1 不在婚）[1]；

---

[1]　问卷中婚姻状况有未婚、已婚、离婚、丧偶四个选项，回归分析把未婚、离婚、丧偶的情况统一视为"不在婚"。

年龄（连续变量）；户籍身份（0 农业，1 非农业）；举家搬迁（0 是，1
否）；受教育年限（连续变量）①。

2. 社会经济特征。就业形式（0 受雇，1 自雇）；工资收入（连续变
量）；住房形式（0 租房，1 自购，2 其他）。

3. 心理因素。无限制户口迁入城市（0 是，1 否）；身份认同（0 本地
人，1 老家人，2 说不清）。

4. 流动特征。此次流动时间（0 为 1 年以内，1 为 2~4 年，2 为 5 年及以
上）；人口流出地（0 东部，1 中部，2 西部，3 东北）；人口流入地（0 东部，
1 中部，2 西部，3 东北）；流动范围（0 市内跨县，1 跨省，2 省内跨市）。

三 变量分布

影响权益重要性和迫切性选择的 Logistic 回归模型涉及的变量如表7-5
所示。

表 7-5 因变量与自变量的分布情况

单位：人，%

影响因素	变量类型	选项	人数（百分比）
个人特征	性别	男性	579（55.4）
		女性	466（44.6）
	婚姻	在婚	710（70.9）
		不在婚	291（29.1）
	年龄	有序变量	1036，均值＝34.65 岁
	户籍	农业户口	607（58.6）
		非农业户口	428（41.4）
	举家搬迁	是	441（43.9）
		否	563（56.1）
	受教育年限	连续变量	10.36

---

① 问卷中"受教育程度"是一个定序变量，分为六个等级。在回归分析中，将城市少数民族
流动人口受教育程度转换为实际接受教育年限，未上过学、小学、初中、高中或中专、大
学专科、大学本科和研究生分别为 0、6、9、12、15、16 和 19，为连续变量。

续表

影响因素	变量类型	选项	人数（百分比）
社会经济特征	就业形式	受雇	593（58.0）
		自雇	429（42.0）
	工资收入	连续变量	1012，均值 = 5380.47 元
	住房性质	租房	651（63.3）
		自购	200（19.4）
		其他	178（17.3）
心理因素	户口迁入城市	是	412（46.0）
		否	483（54.0）
	身份认同	本地人	387（37.6）
		老家人	600（58.3）
		说不清	43（4.2）
流动特征	此次流动时间	1 年以内	374（37.8）
		2~4 年	312（31.5）
		5 年以上	304（30.7）
	流动范围	跨省	578（56.9）
		省内跨市	314（30.9）
		市内跨县	123（12.1）
	人口流出地	东部	101（10.0）
		中部	109（10.8）
		西部	667（66.0）
		东北	133（13.2）
	人口流入地	东部	220（20.9）
		中部	264（25.0）
		西部	400（37.9）
		东北	171（16.2）

四 模型统计及分析结果

（一）权益重要性模型

在初步的单因素分析自变量筛查的基础之上，形成了包括个人特征、社会经济特征、心理因素、流动特征四个方面的回归模型。城市少数民族流动人口第一重要权益 Logistic 回归模型结果见表 7-6。

表 7-6　城市少数民族流动人口权益重要性 Logistic 回归分析结果

变量	市民权益/劳动权益（以劳动权益为参照）	
	B	Exp（B）
性别（男＝0）	-0.126	0.882
婚姻状况（在婚＝0）	-0.521*	0.594*
年龄	-0.006	0.994
年龄二次方	0.000	1.000
户籍身份（农业＝0）	-0.069	0.934
举家搬迁（举家搬迁＝0）	0.070	1.072
受教育年限	0.072**	1.075**
就业身份（受雇＝0）	0.494**	1.638**
月收入对数	-0.019	0.982
住房性质（租房＝0）		
自购	0.002	1.002
其他	-0.047	0.954
身份认同（当地人＝0）		
老家人	0.106	1.112
说不清	-0.551	0.576
户口迁入本地（是＝0）	-0.473*	0.623*
此次流动时间	0.013	1.013
此次流动范围（跨省＝0）		
省内跨市	-0.157	0.892
市内跨县	0.237	0.755
人口输出地（东部＝0）		
中部	-0.374	0.688
西部	0.031	1.031
东北	-0.718	0.487
人口输入地（东部＝0）		

变量	市民权益/劳动权益（以劳动权益为参照）	
	B	Exp（B）
中部	−2.033***	0.131***
西部	−1.443***	0.236***
东北	−0.255	0.775
常量	−0.399	0.671
样本量	669	
Cox & Snell R²	0.108	
Nagelkerke R²	0.170	
Hosmer and Lemeshow	0.264	

说明：*** 表示 $p < 0.01$，** 表示 $p < 0.05$，* 表示 $p < 0.1$。模型通过了 Hosmer and Lemeshow 检验（0.264>0.05），说明模型的拟合效果理想。

如表7-6所示，对第一重要权益影响水平在 0.05 水平以上的因素有受教育年限、就业身份、输入地差异三个因素。

1. 受教育年限

城市少数民族流动人口受教育年限越高越倾向于把市民权益视为第一重要权益。受教育年限每增加 1 年，将市民权益视为第一重要权益的发生比比将劳动权益视为第一重要权益要高 7.5%。受教育年限是流动人口人力资本的一个重要衡量指标，受教育年限越长，一般而言，人力资本也会相应增高，拥有较高的收入与劳动保障。因此，城市少数民族流动人口会对市民权益提出更高的要求，认为市民权益作为第一重要权益的比例也会相应提高。

2. 就业身份

就业身份为自雇的成员要比身份为雇员的更倾向于把市民权益作为第一重要权益。自雇身份的城市少数民族流动人口将市民权益视为第一重要权益要比雇员身份高 63.8%。自雇身份包括雇主和自营劳动者，他们更倾向于在城市中获得子女教育、住房、法律援助、户籍、民族文化、宗教权益等。在一定意义上，自雇就业人员是城市中产阶级的后备军，他们有更强的城市融入意愿，希望获得与城市居民同等的市民权益。

3. 流入地差异

与参照组东部地区相比，流入西部、中部的少数民族流动人口选择劳动权益作为第一重要权益的具有统计学上的显著差异。具体来看，流入西部、中部的少数民族流动人口要比流入东部的更倾向于选择劳动权益作为第一重要权益，将市民权益看作第一重要权益的比将劳动权益看作第一重要权益的分别低 76.4% 和 86.9%。相比于东部地区，中、西部地区经济社会发展水平较差，城市公共服务的水平也相对较低，这对于流入人口的吸引力来说较为一般，因此，流入中、西部地区的城市少数民族流动人口更倾向于选择劳动权益。

4. 婚姻状况和迁入城市意愿

婚姻状况没有在模型中得到显著性验证（显著性为 0.1），表明婚姻状况对第一重要权益选择意愿无显著影响。相对于在婚的而言，不在婚的人员更倾向于选择劳动权益。可能的解释是，有配偶的人员，举家搬迁的可能性会更大，他们对城市生活有稳定的预期，因此市民化意愿也最强烈，对市民权益的诉求也最迫切。无限制迁入城市意愿也未得到显著性验证（显著性为 0.1）。从统计结果来看，不愿意无限制户口迁入城市的人员要比愿意迁入城市的更倾向于选择劳动权益作为第一重要权益。愿意无限制迁入城市的人员，会更倾向于选择市民权益。

（二）权益迫切性模型

城市少数民族流动人口第一权益迫切性 Logistic 回归模型结果见表 7-7。

表 7-7 城市少数民族流动人口权益迫切性 Logistic 回归分析结果

变量	市民权益/劳动权益（以劳动权益为参照）	
	B	Exp（B）
性别（男 = 0）	-0.204	0.815
婚姻状况（在婚 = 0）	-0.490*	0.612*
年龄	-0.044	0.957

续表

变量	市民权益/劳动权益（以劳动权益为参照）	
	B	Exp（B）
年龄二次方	0.001	1.001
户籍身份（农业=0）	-0.014	0.986
举家搬迁（举家搬迁=0）	0.082	1.086
受教育年限	0.073**	1.076**
就业身份（受雇=0）	0.534**	1.705**
月收入对数	0.383**	1.466**
住房性质（租房=0）		
自购	-0.321	0.726
其他	-0.112	0.894
身份认同（当地人=0）		
老家人	0.205	1.228
说不清	0.510	1.665
户口迁入本地（是=0）	-0.368*	0.692*
此次流动时间	0.079	1.083
此次流动范围（跨省=0）		
省内跨市	-0.182	0.834
市内跨县	0.413	1.511
人口输出地（东部=0）		
中部	0.134	1.143
西部	0.273	1.314
东北	-0.701	0.496
人口输入地（东部=0）		
中部	-2.203***	0.111***
西部	-1.188***	0.305***
东北	0.247	1.280
常量	-3.485*	0.031*

续表

变量	市民权益/劳动权益（以劳动权益为参照）	
	B	Exp（B）
样本量	662	
Cox & Snell R^2	0.135	
Nagelkerke R^2	0.195	
Hosmer and Lemeshow	0.928	

说明：*** 表示 $p<0.01$，** 表示 $p<0.05$，* 表示 $p<0.1$. 模型通过了 Hosmer and Lemeshow 检验（0.928>0.05），说明模型的拟合效果理想。

如表 7-7 所示，对第一迫切权益影响水平在 0.05 以上的因素有受教育年限、就业身份、月收入和流入地差异四个方面，影响水平在 0.1 以上的因素有婚姻状况与迁入城市意愿。从统计显著影响因素来看，第一迫切权益与第一重要权益具有很强一致性，显著影响第一重要权益的受教育年限、就业身份、流入地差异，也对第一迫切权益产生影响，只是系数有略微的差别。唯一的不同是，月收入在第一迫切权益的影响因素中具有统计显著性。以下逐一分析统计结果。

1. 受教育年限

城市少数民族流动人口受教育年限越高越倾向于把市民权益视为第一迫切权益。受教育年限每增加 1 年，将市民权益视为第一迫切权益的发生比将劳动权益视为第一重要权益的要高 7.6%。

2. 就业身份

就业身份为自雇的成员要比身份为雇员的更倾向于把市民权益作为第一重要权益。自雇身份的城市少数民族流动人口将市民权益视为第一迫切权益的发生要比雇员身份高 70.5%。

3. 月收入水平

少数民族流动人口月收入越高越倾向于把市民权益视为第一迫切权益。月收入（对数）每增加一个单位，将市民权益视为第一迫切权益的发生增加 46.6%。收入水平在很大程度上代表着流动人口的经济市民化水平。只有在初步实现经济市民化的基础上，流动人口社会层面和文化层面的市民化才能发生。因此，收入水平对于少数民族流动人口的市民化具有基础性的作用。

4. 流入地差异

流入西部、中部的城市少数民族流动人口要比流入东部的更倾向于把劳动权益作为第一迫切权益。流入西部、中部的城市少数民族流动人口要比流入东部的人员将市民权益看作第一重要权益的发生比将劳动权益看作第一重要权益的分别低 69.5% 和 88.9%。大致的原因可以用不同地区经济社会发展水平与市民权益的含金量差异解释。

5. 婚姻状况与迁入户口意愿

这两个因素对第一迫切权益的影响不具有统计上的显著性（显著性仅为 0.1）。相比在婚人员，不在婚人员更倾向于选择劳动权益作为第一迫切权益；相比愿意无限制户口迁入本地的人员，不愿意无限制迁入本地的人员更倾向于选择劳动权益。

第三节 法律认知与维权方式

2014 年召开的中央民族工作会议强调，要用法律来保障民族团结，只有树立对法律的信仰，各族群众自觉按照法律办事，才能实现民族关系的和谐，维护各民族群众的合法权益。"要抓好少数民族流动人口普法教育工作，创新宣传形式和载体，提供各族群众最需要、最实用的法律知识，引导各族群众自觉学法、尊法、守法、用法，提高依法维权，依法解决矛盾纠纷的意识和能力。"[1] 用法律保障民族团结，不仅要求国家的相关政府机关在立法、执法、司法、监督等环节中贯彻法治的理念，依法办事，同时还要求一个国家的国民具有较高的法律素养，具有较高的法律认知，采取制度化的渠道维护自身的权益。法律认知会影响到维权方式，"工人的法律

---

[1] 国家民族事务委员会编《中央民族工作会议精神学习辅导读本》，民族出版社，2015，第126 页。

认知和权益意识会促进他们的维权能力和激发他们的利益抗争行为。"[1] 一个国家或者社会政治的制度化水平，也会影响到政治参与的水平与效果。[2] 法律援助作为一种制度化的权利救济渠道，也会影响到人们的维权行为。因此，我们从法律认知、维权方式与法律援助三个方面，分析城市少数民族流动人口的法律意识与维权行为。

一　法律认知

问卷列举了与城市少数民族流动人口权益密切相关的七部法律，分别是《劳动法》《劳动合同法》《就业促进法》《最低工资规定》《工资支付条例》《工伤保险条例》《城市民族工作条例》，上述法律法规对就业权、劳动权益与少数民族的民族文化、宗教权益有较为集中的规定。通过量表的形式，了解流动人口对不同法律的熟悉程度，从而客观地衡量他们的法律认知程度。从表7-8来看，城市少数民族流动人口对上述七种法律法规认知的平均得分都在2~3分，位于不熟悉与一般之间，各个法律规范认知程度的区别度不大。从数量关系来看，《劳动法》的认知程度最好，《城市民族工作条例》的认知程度最差。

表7-8　城市少数民族流动人口对法律的认知程度

描述项	熟悉程度（人）					平均值*
	完全不知道	不熟悉	一般	比较熟悉	很熟悉	
《劳动法》	106	387	437	105	11	2.55
《劳动合同法》	138	391	387	112	8	2.48
《就业促进法》	256	422	291	62	5	2.17
《最低工资规定》	192	411	331	90	10	2.34
《工资支付条例》	285	376	295	73	7	2.17
《工伤保险条例》	255	373	309	88	10	2.25

---

① 李超海：《女性农民工法律认知的影响因素分析——以珠三角地区为例》，《南京人口管理干部学院学报》2009年第2期。

② 〔美〕塞缪尔·P. 亨廷顿：《变化社会中的政治秩序》，王冠华、刘为等译，上海人民出版社，2015。

续表

描述项	熟悉程度（人）					平均值*
	完全不知道	不熟悉	一般	比较熟悉	很熟悉	
城市民族工作条例	305	414	263	38	12	2.07

说明：* 处为平均得分，依次为"完全不知道""不熟悉""一般""比较熟悉""很熟悉"，赋值为1分、2分、3分、4分、5分。

为了进一步分析城市少数民族流动人口对法律认知水平的差异性，表7-9呈现了户口身份、农民工代次、就业身份维度下法律认知水平的情况。从户口身份来看，城市居民对各项法律的熟悉程度要好于农民工；从代次来看，新生代农民工对各项法律的熟悉程度要好于第一代农民工；从就业身份来看，雇主与雇员之间的差异相差不大。

表 7-9　城市少数民族流动人口社会身份差异下的法律认知水平比较

单位：分

描述项	户口身份			农民工代次			就业身份		
	农民工	居民	差距	第一代	新生代	差距	雇主	雇员	差距
劳动法	2.45	2.68	0.23	2.36	2.64	-0.27	2.57	2.54	0.03
劳动合同法	2.40	2.58	0.18	2.26	2.58	-0.32	2.48	2.50	-0.01
就业促进法	2.09	2.27	0.18	1.95	2.27	-0.31	2.19	2.20	-0.01
最低工资规定	2.24	2.45	0.21	2.18	2.41	-0.23	2.34	2.34	0.00
工资支付条例	2.10	2.25	0.16	1.95	2.28	-0.33	2.15	2.23	-0.08
工伤保险条例	2.18	2.33	0.15	2.06	2.34	-0.29	2.20	2.29	-0.10
城市民族工作条例	1.99	2.15	0.15	1.86	2.16	-0.30	2.04	2.11	-0.07

说明：法律认知水平分为"完全不知道""不熟悉""一般""比较熟悉""很熟悉"。赋予规则同表7-8。

二　维权方式

在日常生活中，涉及民族因素的城市群体性事件时常见诸报端，非制度化的利益表达与维权方式，不仅造成社会的维稳成本高，也造成了社会大众对城市少数民族流动人口的刻板印象与负面看法。在本次社会调查中，问及受访者"当您的合法权益受到侵害时，您更愿意通过哪种方式维护自己的利益"时，共有985人回答了这个问题，其中46.6%的人选择打官司，

20.7%的人找亲友同乡帮助，9.9%的人上访，8.2%的人找报纸、电视媒体曝光，5%的人找本民族权威人士，默默忍受和其他的分别有4.9%和4.7%（见图7-1）。进一步把维护权益的方式进行分类，可以分为制度化维权、非制度化维权与放弃维权或其他。如图7-2所示，制度化维权是通过规范化、制度化的渠道维权，包括打官司和上访；非制度化维权是通过非正式网络、非制度化渠道维护权益，包括找亲友同乡帮助，找报纸媒体曝光以及找本民族权威人士；默默忍受和其他归入放弃维权或其他类别。制度化维权比例占到56.5%，非制度化维权占33.9%，放弃维权或其他的占9.6%。可见，城市少数民族流动人口一半以上的人选择制度化维权，通过打官司或者上访维权；非制度化维权约占1/3，以寻求亲缘、地缘关系的社会支持为主；仅有4.9%的人选择放弃维权，表明城市少数民族流动人口的整体维权意识很高，且半数以上的人员通过制度化方式维权。

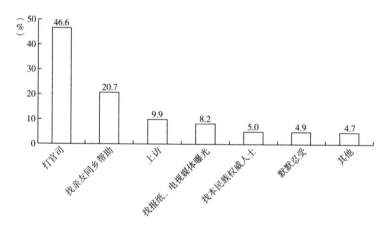

图7-1　城市少数民族流动人口维护合法权益方式的分布

三　法律援助

法律援助是国家和地方政府力推的一项公共服务。据报道，各地区把农民工作为普法重点对象，做好农民工讨薪、维权等法律服务专项工作，不断扩大法律援助覆盖面，2015年全国共办理农民工法律援助案件51.9万件。[1]

① 沈水生：《农民工共享城镇基本公共服务的进展、问题及对策》，《社会治理》2017年第6期。

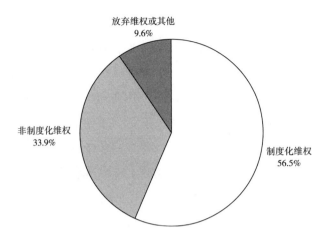

图 7-2　城市少数民族流动人口维权的制度化程度

图 7-3 数据显示城市少数民族流动人口接受法律援助的情况。在 1015 个有效样本中，62.7% 的人听说过，没有接受过法律援助；27.5% 的人从来没有听说过法律援助；5.8% 的人接受过，认为法律援助有效果；4% 的人接受过但没有效果。进一步归并同类项目来看，没有接受过法律援助的比例占到 90.2%，高达九成的人没有接受过法律援助；接受过法律援助的仅有 9.2%，并且真正有效的仅有 5.8%。这一方面说明了法律援助作为一项公共服务的普及程度还远远不够，另一方面也表明法律援助的实际效果有待加强。

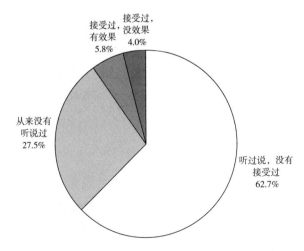

图 7-3　城市少数民族流动人口接受法律援助的情况

本章小结

第一，在权益的重要性和迫切性上，少数民族流动人口高度重视劳动权益。在权益的重要性上，80.7%的人把劳动权益视为第一重要权益，64.6%的人把劳动权益视为第二重要权益，49.2%的人把劳动权益视为第三重要权益。在权益的迫切性上，71.3%的人把劳动权益视为第一迫切权益，63.6%人把劳动权益视为第二迫切权益，45.3%的人把劳动权益视为第三迫切权益。

第二，工资、社会保险和福利、子女教育和住房四项权益，既是少数民族流动人口认为高度重要的权益，也是政府最迫切需加以有效保障的权益，其中，工资又是这些重要和迫切性权益中的关注重心。60.1%的人认为工资是第一重要权益，在权益重要性排名中居首位，遥遥领先于后面的权益。42%的人为工资是第一迫切权益，在权益迫切性排名中居首位，与后续权益的得分也有较大优势。可见，关系到少数民族流动人口安身立命的经济权益，依然是权益保障的核心内容。

第三，从权益重要性影响因素来看，受教育年限、就业身份、流入地差异三个因素对少数民族流动人口选择劳动权益还是市民权益有显著影响。其中，受教育年限越长，就业身份为雇主，流入东部地区的人口，更倾向于选择市民权益作为重要性权益。从权益迫切性影响因素来看，教育年限、就业身份、收入水平、流入地差异四个因素对少数民族流动人口选择劳动权益还是市民权益有显著影响。其中，受教育年限越长，就业身份为雇主，收入水平越高，流入东部地区的人口，更倾向于选择市民权益作为迫切性权益。

第四，从法律认知水平来看，少数民族流动人口对城市法律法规大多不熟悉或者一般化了解；从结构差异来看，城市居民要好于农民工，新生代农民工要好于第一代农民工，雇主与雇员之间的差异不大。总体上而言，少数民族流动人口高度关注自身的劳动权益，却对与劳动权益保障紧密相关的法律法规的认知度较低，两者存在较大的反差，这必然会导致少数民族成员在维护个体权益过程中更多地采取非制度化的维权方式。

第五，从维权方式来看，打官司和找亲友同乡帮助是两个主要渠道，一半以上的人选择制度化维权，约 1/3 的人选择非制度化维权。具体来看，46.6%的人选择打官司，20.7%的人找亲友同乡帮助，选择上访、媒体曝光、找本民族权威人士等比例皆在 10%以下。56.5%的人选择制度化维权，包括打官司和上访；33.9%的人选择非制度化维权，包括通过族缘、地缘等社会资本寻找帮助与支持；9.6%的人选择放弃维权或者其他。

第六，从法律援助来看，高达九成以上的人群没有接受过法律援助，只有 5.8%人接受过法律援助且有效果。这说明政府提供的法律援助，无论是普及面，还是实施效果，都存在很大的提升空间。与维权方式结合起来看，正是由于国家制度化的维权渠道的缺乏或者效果有限，更多的人寻找族缘、地缘等乡土社会资本的帮助，选择非制度化的维权方式。

第八章 城市民族事务的政府治理：
转型与挑战

在城市民族事务治理实践中，中国已经初步形成了党政、职能部门、社会各界共同参与的多元治理结构。城市民族事务多元治理结构的有效运行，依赖于党政为主导的政治力量与社会主体、市场主体的通力配合与协同治理，而这又从根本上指向政府治理理念、模式与机制的革新。中国经历了从全能型政府治理到经济绩效型政府治理，正向服务型政府治理转型的过程。面对"两化叠加"的双重压力，民族工作部门化的体制瓶颈，以及治理实践中不断强化的纵向秩序整合机制，城市政府在民族事务治理中亟须树立共建共治共享的治理思路。

第一节 城市民族事务政府治理研究的背景

中国作为一个统一的多民族国家，民族事务治理是国家治理体系的重要内容和有机组成部分。2014 年以来党和国家相继召开的中央民族工作会议、全国城市民族工作会议，是在中国城镇化发展过程中呈现出新的阶段性特征、全面推进城市民族事务治理体系与治理能力现代化的重要会议。会议对城市民族事务治理体系的构建做出全面部署与制度性安排，既涉及表层的组织结构、体制、政策的改革，也涉及深层次的价值、理念的更新。在城市民族事务治理实践中，政府亟待解决的突出问题是少数民族流动人口管理中的"关门主义""放任自流"以及少数民族合法权益的保障问题。从政府治理的角度来看，这反映出政府职能的越位、缺位、错位，以管控主义、地域主义为特征的管理理念与方法，仍在主导着一些地方政府的工作实践。如何运用治理的新思路和新方法，更新政府的管理与服务理念，发挥党政引领、社会协同的城市民族事务治理体制的优势，实现城市民族事务的善治，是各级政府部门面临的新时代挑战。

随着国家高位持续性推进城市民族工作，理论界开始运用治理理论分析中国民族事务治理的实践与问题，以期把脉现实问题，推动治理实践的发展。在"统治"与"治理"二元对立范式观照之下，研究者对城市民族事务治理的价值理念、推进路径、转型模式等展开了讨论，提出了中国民族事务的"协同共治"①、"嵌入式治理"②、"全域化治理"③、"嵌合型民族工作"④ 等具有启发意义的创新路径与模式。诸多关于城市民族事务治理模式与路径的创新，都不同程度地渗透着治理理论的核心要素，诸如多元主体、协商互动、网络关系等等，体现着研究者对于中国民族事务治理未来发展的善意解释。

在实践中，我们事实上已经初步建立了城市民族事务治理的体制，即"党委领导、政府负责、有关部门协同配合、全社会通力合作的民族工作格局"⑤，这本质上是一种多元治理结构，并原则性地框定了各主体在治理结构中的方向性分工。往往容易被人忽视的是，这种民族事务治理体制有效运行的关键在于党政主导之下的各种社会力量的"协同配合""通力合作"，而这涉及多元主体合作的基础是什么以及协同形成的机制为何的根本性问题。更进一步来看，在中国"强政府，弱社会"的国家社会关系背景之下，多元主体协同治理的核心在于政府治理理念与治理模式的根本性变革。因此，研究城市民族事务治理，有必要从历史发展与基础理论上，厘清政府

① 朱碧波、李璐燕：《协同共治：中国民族事务治理体系的当代建构》，《探索》2018 年第 2 期。

② 沈桂萍：《构建城市民族工作的"嵌入式治理"模式》，《湖南省社会主义学院学报》2015 年第 1 期。

③ 吴开松，何昕珂：《城市流动少数民族事务全域化治理创新机制研究》，《中南民族大学学报》（人文社会科学版）2017 年第 4 期。

④ 严庆：《嵌合型：广义民族工作视域下的民族工作模式思考》，《西北民族研究》2018 年第 3 期。

⑤ 《中央民族工作会议暨国务院第六次全国民族团结进步表彰大会在北京举行》，《人民日报》2014 年 9 月 30 日。

联合社会多方力量合作管理城市民族事务的理念、模式及机制，而这正是政府治理的研究范畴。

第二节　城市民族事务政府治理的内涵

作为一种统治、管理、控制社会及其成员的政治行为与政治方式，政府实施的治理活动一直就存在于有阶级以来的社会。不仅治理一词很早就记载于中国古代的文献典籍，同时作为一个很早就建立统一中央集权的国家，中国拥有丰富的治国理政经验。作为一种分析概念与分析框架的政府治理，则是随着西方治理理论的引入，逐渐对中国的行政管理与公共事务治理产生影响。

从描述意义来看，治理就是权威在一定的领域实践的过程、方式或者结果。格里·斯托克认为，治理的实质就是创造一种环境（条件），这一环境为良好秩序和集体行动提供了条件。[1] 治理理论的创新之处，就在于强调权威可以来自政府之外，各种市场组织、社会组织、公民团体等在公共事务管理中发挥准政府权威的作用。1995 年全球治理委员会题为《我们的全球之家》的研究报告对"治理"做如下界定：治理是各种公共的或私人的机构管理其共同事务的诸多方式的总和。[2] 植根于中国本土的治理实践，中国的研究者往往更加聚焦政府治理，凸显政府（党政）在社会的制度供给与秩序管理中的重要作用。这种强调政府作为主导性治理主体的认知，反映在对政府治理概念的理解上。例如，王浦劬认为："'政府治理'是指在中国共产党领导下，国家行政体制和治权体系遵循人民民主专政的国体规定性，基于党和人民根本利益一致性，维护社会秩序和安全，供给多种制度规则和基本公共服务，实现和发展公共利益。"[3] 包国宪等指出："政府治

---

① Gerry Stoker, Governance as Theory: Five Propositions, *International Social Science Journal*, 1998, 50 (155): 17-28.

② Commission on Global Governance, *Our Global Neighborhood: The Report of the Commission on Global Governance*, Oxford: Oxford University Press, 1995: 26.

③ 王浦劬：《国家治理、政府治理和社会治理的含义及其相互关系》，《国家行政学院学报》2014 年第 3 期。

理意味着政府通过行使公共权力而管理社会公共事务，解决公共问题，创造公共价值的活动。"①

从规范意义来看，作为一种多中心治理的现代化理论，治理必然会对政府管理的模式、过程与机制产生影响。中国研究者更多把治理视为一种工具性的政治行为，重视其在提升政府治理效能，改善政府管理社会方式、行为与过程中的积极作用。"治理是实现一定社会政治目标的手段，相对于国家的统治体制而言，治理体制是一种工具理性。"② 像治理理论的一些共同特征，如多中心、网络关系、关注过程、协商互动等，被不同程度地应用于政府治理的概念分析。例如，何增科认为："政府治理是政府联合多方力量对社会公共事务的合作管理和社会对政府与公共权力的约束的规则和行为的有机统一体，其目的是维护社会秩序，增进公共利益，保障公民的自由和权利。"③

总之，上述研究对政府治理的理解，突出了党政的主导地位与社会力量协同参与。我们认为政府治理是政府（党政）联合社会各种力量共同参与到社会公共事务管理中的组织架构与运行规则的总和，其中包括政府对于自身、对于市场及对于社会实施的公共管理活动。

第三节　城市民族事务政府治理
发展脉络与基本现状

城市民族事务是民族事务与城市事务的交叉领域，因此，对城市民族事务政府治理的历史性考察，不仅需要关注中国民族事务治理的特殊制度设计与政策安排，还需要深入城市基层社会管理的组织结构与运行机理中。城市民族事务政府治理是城市社会治理的一个子系统、分领域，是在城市政府治理的整体框架下运行的，从演进时序上来看，体现为全能型政府治理到经济绩效型政府治理，再向服务型政府治理转型的过程。

---

① 包国宪、霍春龙：《中国政府治理研究的回顾与展望》，《南京社会科学》2011 年第 9 期。
② 俞可平等：《中国的治理变迁：1978—2018》，社会科学文献出版社，2018，第 3~4 页。
③ 何增科：《政府治理现代化与政府治理改革》，《行政科学论坛》2014 年第 2 期。

一　计划经济时代全能型政府管理

新生的社会主义政权在面临现代化赶超任务与社会秩序的组织、巩固过程中，受制于既往发展模式与体制机制的路径依赖，进一步强化了国家政权力量对于经济发展、基层社会的全方位控制。在经济建设上，国家通过建立计划经济体制，集中统一配置资金与资源，优先发展工业。在社会的组织与管理上，国家在农村与城市基层社会重建各种单位结构，实现了国家对社会的"单元分隔式"的间接治理模式。[①]　在农村，分散的小农统一归入人民公社，城市居民则被有机地组织进以单位为主干、以街道委员会为辅助的城市基层组织系统。正是由于单位制的有效连接，国家能够实现对基层社会的资源控制、权力下沉与政治动员，建立起一个低度社会分化的总体性社会。所谓总体性社会就是"社会的政治中心、意识形态中心、经济中心重合为一，国家与社会合为一体以及资源和权力的高度集中，使国家具有很强的动员与组织能力，但结构较为僵硬、凝滞"[②]。

总体性社会的重心在于掌握国家政治权力的政府，而运行计划经济体制、全方位渗透和控制社会的政府必然是一个全能型政府。全能型政府有效运行的方式与途径包括管制型治理方式、全能性治理职能、行政性治理手段、巨人型治理主体。[③]　在计划经济时代，政府对城市民族事务的治理有两个突出特征：一是初步建立民族事务行政管理机构，民族事务由党的工作系统正式被纳入政府的行政管理系统。20世纪50年代，新中国基本建立了从中央政府到地方政府专门负责民族事务管理的行政机关。[④]　二是作为政府权力延伸的单位组织实际上发挥着对城市基层民族事务的管理职能。在社会流动性较弱的情况下，城市少数民族以世居居民为主，归属于一定的

---

① 彭勃：《国家权力与城市空间：当代中国城市基层社会治理变革》，《社会科学》2006年第9期。

② 孙立平、王汉生、王思斌等：《改革以来中国社会结构的变迁》，《中国社会科学》1994年第2期。

③ 张立荣、冷向明：《当代中国政府治理范式的变迁机理与革新进路》，《华中师范大学学报》（人文社会科学版）2007年第2期。

④ 周竞红：《论中国民族事务行政管理机制的发展和创新》，《民族研究》2004年第3期。

单位与街道，单位在贯彻民族政策、协调民族关系中发挥重要的政治和社会功能。正是由于单位制发挥的国家与社会之间的中介作用，城市少数民族平等权的保障、企事业单位招聘职工的民族性倾斜、少数民族风俗习惯的尊重等城市民族事务可以得到贯彻落实，而地方政府的管理功能则被弱化。这个时期，完全独立于国家的社会是不存在的，政府治理模式突出表现为党政一元化高度集权的治理结构与强烈的政治统治色彩，纵向秩序整合机制几乎渗透到社会的每个领域。

二 改革开放启动与发展初期的经济绩效型政府管理

长期的计划经济体制禁锢了社会进步的活力，限制了经济发展的效率，十年政治动荡严重影响了政治与社会正常的组织秩序。在20世纪70年代末到80年代中期，民族事务治理领域的"拨乱反正"迅速完成，国家权力机关与行政机关中的民族工作部门恢复，民族工作的中心工作也实现了向以经济建设为中心的转移。1987年4月，中共中央、国务院批转中共中央统战部和国家民委《关于民族工作几个重要问题的报告》，明确提出"切实把经济工作放在民族工作的首位"[①]。

以经济建设为中心构成了整个20世纪80年代到90年代政府发展的核心目标，政府的职能被单一地定义为经济建设。在政府主导之下，国家通过一系列经济性分权与行政性分权改革，促进了非公有制经济的发展，激发了地方政府参与经济建设的积极性。在市场经济建设的初期，地方政府直接参与经济建设活动，代行了现代企业的部分职能，推动企业竞争，形成了一种"企业竞争和地方政府竞争相关联的市场竞争模式"[②]。而市场经济进一步完善与发展，则需要明确政府与市场的关系定位，政府需要从微观经营活动中抽身，专注于制度建设与宏观调控。20世纪90年代初始，政府的行政改革由最初的"简政放权"转变为"转变政府职能"，核心是推动

---

① 中共中央党史研究室科研管理部、国家民族事务委员会民族问题研究中心编《中国共产党民族工作历史经验研究》，中共党史出版社，2009，第961页。

② 朱光磊、孙涛：《"规制—服务型"地方政府：定位、内涵与建设》，《中国人民大学学报》2005年第1期。

政企分开。① 这一时期，"转变政府职能的主要任务是加强宏观调控和监督职能，弱化微观管理职能"②，从而更好地与社会主义市场经济的发展相匹配。与此同时，经济体制改革的不断深化，推动总体性社会向分化性社会转变，社会事务的复杂性、流动性、渗透性与日俱增，"单元分割式"治理模式在管理个体性社会时日益捉襟见肘。1999 年相继召开的中央民族工作会议、全国城市民族工作会议已经认识到以效率为导向的经济建设产生的区域分化与群体分化，需要加强政府治理服务于民族地区的经济社会建设与城市中特定民族群体（少数民族流动人口的权益保障）的发展问题，从而为 21 世纪民族事务治理的转型指明了方向。

三　21 世纪以来处于转型中服务型政府的治理

中国政府在 21 世纪之初的治理转型是在现代化发展与全球化浪潮双重变奏影响之下，在主动适应社会结构的分化、解决日益增多社会问题的过程中进行的。2001 年中国成功加入世界贸易组织，开始了深度融入经济全球化的进程，也开启了中国经济高速发展的"黄金十年"。民族地区在西部大开发战略等一系列全国性、区域性、专项性发展规划的推动下，进入赶超发展的历史时期。但是，以经济建设为导向的发展战略，与社会建设、文化建设、生态文明建设等不协调、不匹配问题日益突出。"加快发展所关涉的环境、文化、社会心理问题也更加突出，包括日益显著的阶层性分化、族别性落差问题，以及教育、就业、医疗、贫困等社会领域的问题。"③ 社会问题的丛生，维稳压力的日益增大，人民分享发展成果的落差感，共同指向政府发展理念与管理方式的滞后性。2002 年党的十六大首次提出了"和谐社会"的要求，把政府的基本职能定位为经济调节、市场监管、社会管理、公共服务。2005 年第十届全国人民代表大会第三次会议批准通过的《政府工作报告》中，明确提出了"努力建设服务型政府"的目标。此后，

① 吕同舟：《新中国成立以来政府职能的历史变迁与路径依赖》，《学术界》2017 年第 12 期。
② 俞可平等：《中国的治理变迁：1978—2018》，社会科学文献出版社，2018，第 174 页。
③ 郝时远：《改革开放四十年民族事务的实践与讨论》，《中央社会主义学院学报》2018 年第 4 期。

通过行政管理体制改革，推动政府职能转变，建设服务型政府，协调经济建设与社会发展之间的关系，就成为历届政府的治理改革与执政能力提升的焦点与重点。

这一个时期，尤其是在党的十八大之后，城市民族事务政府治理理念与方式也开始转型。随着服务型政府建设的逐步推进，针对少数民族流动人口防范、管控的管理理念开始向管理与服务并重的治理理念转型。这种转变具体体现在 21 世纪以来历次全国城市民族工作会议对城市民族工作的工作布局与价值导向的转变上。① 政府治理理念的变化也引发了城市民族事务治理内容的创新。城市民族事务由单一的社会秩序维持、民族关系协调更多地转向以少数民族合法权益保障为核心内容的社会建设。在治理模式与治理体制上，初步形成党委、政府领导，部门协同，社会支持，群众参与，合力推进的民族工作格局。在治理机制上，"民族工作社会化"作为一种社会化推进民族事务的工作方式，由一种地方性实践逐渐成为建立现代高效民族事务治理体系的首要目标。②

第四节　城市民族事务政府治理现代化面临的挑战与问题

党的十八届三中全会提出，全面深化改革的总目标是完善和发展中国特色社会主义制度，实现国家治理体系和治理能力的现代化。具体到民族工作领域，就是要推动民族事务治理的现代化，建立一个运行高效的民族事务行政管理系统，从而有力提升政府治理社会的效能。推动城市民族事务政府治理现代化，包括政府自身治理的现代化与政府联合其他社会力量共同管理社会公共事务的现代化两个维度，涉及政府治理理念、模式与机制的全方位变革。

---

① 王云芳：《轨迹与趋势：城市民族工作越来越重要》，《民族论坛》2016 年第 1 期。
② 评论员：《建立现代高效的民族事务治理体系——四论开创新时代民族工作新局面》，《中国民族报》2018 年 1 月 23 日。

一　"两化叠加"构成城市民族事务政府治理的双重任务与变革压力

"'两化叠加'，是指现代化与后现代化要在近乎一个历史时期内完成，既要面对现代化的问题，又要面对后现代化的问题，呈现叠加态势。"① 任何一个国家在面临急遽的市场扩张以及由此而导致的社会分化与社会秩序无序化时，都需要通过社会制度变革与创新，以容纳与应对这些挑战，这种矛盾运动被卡尔·波兰尼表述为社会发展的"双向运动"②。中国在政府主导下推进追赶型现代化的同时，受全球化浪潮的深刻影响，已经卷入后现代化发展进程中。现代化与后现代化作为两种不同的历史阶段，具有不同的性质、社会基础，所承担的职能和实现社会治理的方式是根本不同的。③ 作为制度供给与秩序管理主体的政府，面临现代化与后现代化提出的截然不同的"管理"问题，构成了中国地方政府治理面临的双重任务，增大了政府治理变革的压力与难度。从西方政府发展历程来看，政府治理模式经历了一个从科层式治理经过竞争性治理和网络治理走向整体性治理的变革取向。④ 中国政府仍然需要建立与现代化相适应的以管理为导向的科层制政府体系，但在治理话语与治理模式变迁上，正在受到后现代化以服务为导向的政府治理理论与实践的影响。这必然会增大政府发展理念定位上的模糊性与不确定性。

对于一些中心性的大中型城市而言，在民族事务治理上也面临现代化与后现代化的双重任务：一方面，就现代化的发展目标而言，城市政府肩负着本辖区内民族地区精准扶贫与缩小对口支援民族地区经济社会发展差距的艰巨任务。对于这种单一任务的民族事务，政府往往采取"项目制"的管理方式，通过提升科层制系统内部的协调性、整合公共资源确保目标

---

① 朱光磊：《"两化叠加"：中国治理面临的大难题》，《中国经贸导刊》2016 年第 31 期。
② 〔英〕卡尔·波兰尼：《大转型：我们时代的政治与经济起源》，冯钢等译，浙江人民出版社，2007，第 116~128 页。
③ 张康之、张皓：《在后工业化背景下思考服务型政府》，《四川大学学报》（哲学社会科学版）2009 年第 1 期。
④ 曾凡军：《西方政府治理模式的系谱与趋向诠析》，《学术论坛》2010 年第 8 期。

完成。在治理过程中，就后现代化的治理任务而言，城市政府正面临治理主体的多元性、利益诉求的差异性、社会风险的高发性、网络社会的传导性、境内外的联动性等治理难题。对于这种多任务、开放性、流动性的民族事务而言，以行政管控为导向的单一主体的政府治理面临结构性困境，亟须树立多元主体参与、社会风险共担、以服务为导向的政府治理理念。换言之，对于城市民族事务治理而言，一个运行规范、法治化的管理型政府与公共服务导向的服务型政府都是必要的。

二 "民族工作部门化"成为城市民族事务政府治理的体制瓶颈

如果从现代政府的职能配置与分工体系设置来看，任何一个领域的公共事务都存在对口业务主管部门的部门化管理。民族事务治理部门化在中国语境中有特殊含义，"简单地讲，就是认为一提到民族工作就是民族工作部门的事"。[1] 新中国成立初期，通过专门的行政机构管理民族事务就成为中国民族事务治理的特色与重要内容，可以说，部门化始自新中国民族事务治理体系构建之初。但是，民族工作部门化作为一个问题，受到学界与民族工作者的广泛关注，则是在 21 世纪以来中国经济社会转型的加速时期。

民族工作部门化之所以成为一个问题，主要来自两个方面的原因。一方面，随着中国政府由经济绩效型政府向服务型政府转型，民族事务的内容也由单一任务的经济建设转向多任务的和谐社会的建设，政府把更多的精力与资源投入社会建设与社会治理领域，以应对日益增多的社会矛盾与社会问题，民族事务的经济社会性内容增多。民族工作部门作为单一主体管理宽口径、广领域、协同性强的民族事务显然已经力不从心。另一方面，中国经济社会转型推动单位制社会的解体，大量的"单位人"变成体制之外的"社会人"，单位制曾经发挥的政治与社会功能极大减弱。由于缺少单位制的中介连接，政府不得不直接面对原子化的个体，传统管控社会的体

---

① 严庆、张莉莉：《部门化与多元化：中国民族事务治理主体建设研究》，《兰州学刊》2015年第 12 期。

制与机制开始失效，城市基层政府的管理难题大多由此而来。在面对"来无影，去无踪"的少数民族流动人口时，城市民族工作部门缺少了单位的"腿"，在找不到合适的"拐"（社区建设）之前，缺少载体与抓手，疲于被动应对。

民族工作部门化实质上指向民族事务的政府治理缺乏有效的体制保障与组织支撑。部门化不仅凸显了政府内部的多元主体缺乏协同，还体现为政府与社会、市场之间多元主体结构尚未形成。部门化首先体现在政府内部党政之间、职能部门之间缺少科学、明晰、规范的权力划分与职能定位，导致多部门治理民族事务时认知不一、分工不清、职责不明，从而出现管理少数民族流动人口时的"放任自流""关门主义"现象。政府保障"党委领导、政府负责"的通常做法是成立民族工作领导小组、完善民委委员制等，核心内容是"一把手主抓"或分管领导高配。但这存在"领导重视"等人治因素成为影响政府内部组织运行的关键变量，尚未建立基于规则、法律规范的科层化运作流程。部门化还体现为政府与社会在多元治理结构中的非对称关系，仍未建立保障各种社会力量参与民族事务治理的体制。实践中，政府更愿意用行政手段把各种社会力量整合进民族工作的网络，使之充当政府发现矛盾的眼（网格化管理）、权力下沉的腿（民族工作进社区）或者转接部分公共服务的载体（购买服务），而不是与之建立共管共治的"伙伴关系"。

三　城市民族工作社会化实践强化政府治理机制的非均衡发展

2000 年前后，民族工作社会化作为一种工作理念，最先是由江西省在探索散居民族地区工作中总结提炼出来，后得到民委的高度认可与大力推广，逐渐成为 21 世纪我国民族工作领域的一个特定词。民族工作社会化的内涵是指，民族工作部门从传统的职能定位中跳出来，借政府之力，聚社会之能，把民族地区经济社会发展的任务进行科学的"分解"和"转移"，建立起一个关于民族工作的社会协作机制。①

---

① 《民族工作社会化》，《中国民族》2008 年第 11 期。

从民族工作社会化的实践内容来看，卓有成效的做法包括成立民族工作领导小组，完善民委委员制，建设县、乡、村三级民族工作网络，整合社会资源开展对少数民族和民族地区的对口帮扶，以"县庆""乡庆"为契机推动民族县乡发展。[①] 这些做法的共同点是，推动民族工作进入各级党政工作程序，借助党政体系中规范的行政力量来推动民族工作。从这些机制运行的路径与动力来看，大多是行政体系内部以命令与管控为特征的纵向秩序整合机制。客观来看，受制于行政管理的条块分割与"部门化"的社会认知镜像，民族事务治理由单一部门推动走向政府各职能部门的齐抓共管，是一种重视和加强民族事务治理的做法。纵向秩序整合机制有效运行依赖于资源集中配置、社会需求相对单一、相对封闭的组织条件与环境，而在一个资源配置相对分散（多元化的市场、社会主体）、社会需求异质性强、开放流动的组织环境之下，必须建立与之相补充的横向秩序协调机制。[②] 换句话说，城市民族事务的政府治理，在加强政府独自治理社会能力的同时，还必须培育、发展政府与社会合作治理，及社会自治的能力。

在城市基层社会治理单元"单位制"衰落的同时，"社区建设"被政府赋予了社会自治、秩序重构与资源下沉的重任。20 世纪 90 年代后，中国政府先后进行了两次城市管理体制改革，由初期的"两级政府，三级管理"改革，到 2000 年之后以"街道社区化"为主要内容的改革，改革的总趋势与目标是进一步落实社区居民委员会的自治化。[③] 从 2000 年 11 月中共中央办公厅、国务院办公厅转发《民政部关于在全国推进城市社区建设的意见》，到 2011 年 12 月国家民委会同民政部联合下发《关于加强新形势下社区民族工作的意见》，历经十余年城市民族事务才纳入社区建设的范畴。从社区民族工作的实践来看，地方政府往往通过"树典型"（民族团结模范社区创建）、目标责任制、功能结构完善（配置专门的人员、设立服务中心、民族之家）、督促检查等政策工具推动社区民族工作。上述内容本质上还是

① 陈乐齐、王旭东：《民族工作社会化的几种有效做法》，《民族论坛》2005 年第 8 期。
② 李友梅：《中国社会管理新格局下遭遇的问题——一种基于中观机制分析的视角》，《学术月刊》2012 年第 7 期。
③ 燕继荣：《中国的社会自治》，载俞可平主编《中国治理评论》（第 1 辑），中央编译出版社，2012，第 100~101 页。

社区行政化的一种延伸，强化的是纵向秩序整合机制，而社区民族工作社会网络、少数民族联谊组织和社会工作者队伍等涉及横向社会秩序协调机制建设相对弱化。

第五节　城市民族事务政府治理的建设路径

党的十九大报告提出："打造共建共治共享的社会治理格局。加强社会治理制度建设，完善党委领导、政府负责、社会协同、公众参与、法治保障的社会治理体制，提高社会治理社会化、法治化、智能化、专业化水平。"① 这既为中国未来社会治理的目标模式勾画了蓝图，也为中国语境下政府主导、社会协同的政府治理指明了方向。面对多元化、复杂化、高风险的城市民族事务，城市政府要"以人民为中心"建设"管理—服务型政府"，打造各民族成员共建共治共享的社会治理格局，积极推进纵向秩序整合机制与横向秩序协调机制的有效衔接。

一　治理理念："以人民为中心"建设"管理—服务型政府"

十九大以来，城市政府也在积极贯彻与落实"以人民为中心"的发展理念，倡导"管理与服务相结合""寓管理于服务"等创新性行政理念。但是地方政府对"服务"与"管理"的理解多停留在丰富管理手段方面。客观来看，"服务"与行政、命令、协调、监督等"管理"方式相比，少了些强制性与约束性，多了些自愿性与亲和力，但是与"以人民为中心"的政府治理还有一定距离。"以人民为中心"实质上指向的是政府治理的根本价值理念。城市民族事务的政府治理要以保障好、实现好、发展好各民族群众的权利为根本目标，加强民生领域的社会建设。换句话说，"服务"不仅是管理手段的柔性化、亲民化；而且是通过政府主导、社会协同的多元主体治理格局，共同致力于推进保障少数民族合法权益的社会建设。

---

① 习近平：《决胜全面建成小康社会，夺取新时代中国特色社会主义伟大胜利——在中国共产党第十九次全国代表大会上的报告》，人民日报出版社，2017，第49页。

政府职能的转变需要明确政府职能的界限，建立有限且有为的"管理—服务型政府"。面对现代化进程中社会发育不足与市场运行尚不健全，政府仍需要通过制定法律、规章、命令等，对政府自身、市场主体、社会主体进行约束、规范、引导，实施高效管理。首先，按照 2016 年城市民族工作会议的要求，积极推进城市民族工作制度化、规范化、精细化。按照法治政府的建设要求，建章立制，规范政府的工作流程与职责分工，用合理—合法的科层制运作替代领导人的"重视"和"喜好"等人治因素。其次，政府要通过社会权利的保障，对市场机制进行一定程度的约束与反制。从笔者的实地调研来看，户籍制度并不是少数民族融入、定居城市的决定性因素，市场原则形成的准入门槛，大大提高了少数民族城市融入的成本。住房、医疗、教育、社会保障等社会权利普及性不足、质量不高，严重阻碍了少数民族群众的城市融入能力与落户意愿。政府需要通过推动人口市民化的制度建设与资源分配机制，完善对少数民族社会权利的保障。再次，关系到少数民族差别性权利保障的公共服务离不开政府的有效供给。少数民族成员因民族文化和风俗习惯形成的特殊利益诉求，面临市场化规模效益不足、部分人口流入地需求增量过快的问题，这需要政府通过专门性政策加大公共服务的供给。最后，政府需要打造制度化平台，提高社会主体的组织化水平，为社会协同的运行提供组织保障。通过保障少数民族的社会参与权，增强他们的行动能力，实现"赋权"与"增能"的良性互动。

二 治理模式：构建"共建共治共享"政府治理格局

政府治理实际上是政府管理的"治理化"，推动政府管理带有更多的"治理"特征。"治理化"不仅体现为主体的多元性，还体现为国家与社会互动的结构化，更好地实现社会成员的社会权利。① 十九大报告为政府治理的发展提供了蓝图，就是要构建共建共治共享的社会治理格局。

首先，城市民族事务政府治理是一个多元主体共建的网络结构，需要

① 杨雪冬：《走向社会权利导向的社会管理体制》，《华中师范大学学报》（人文社会科学版）2010 年第 1 期。

厘清政府、社会与市场三者的功能定位，明晰各个角色的权、责、利的制度性关系。"共建"凸显的是治理主体的平等地位与治理结构中的均衡关系。城市民族事务不只是少数民族的事务，也不单是城市民族工作部门的事务，而且是关系中华民族共同体构建的全社会的事务。

其次，城市民族事务政府治理是一个多元主体共治的动态过程。城市民族事务的政府治理包括政府独自对社会的治理、政府与社会协同治理，其中的关键是社会自治能力的发育。作为带有计划经济色彩的《城市民族工作条例》延续了全能型政府治理的部分特征，特别强调政府在保障少数民族合法权益中的主导责任，已经难以适应个体性社会与市场化的时代环境，需要适时修改。政府要为各种少数民族团体、社工组织、社区组织、少数民族群众等主体参与民族事务治理，提供制度化的利益表达平台与公共决策平台。"共治"不是单向的行政整合或全权包办，从"共治"的理念出发，民族工作社会化要突破行政系统内部整合的"小社会"生态，走向政府、社会、市场共同参与的"大社会"生态。

最后，城市民族事务政府治理是一个多元主体共享的价值体系。城市民族事务政府治理的目标是通过营造共居、共学、共事、共乐的社会环境，构建相互嵌入式的社会结构和社区环境。"共享"体现在逐渐破除户籍、地域、城乡之间的制度藩篱，确保各民族成员享受均等化的基本公共服务。为此，地方政府要从经济建设型政府转向"管理—服务型"政府，协调经济建设与社会建设之间的关系，把更多的公共服务投向社会中的弱势群体，切实保障少数民族的社会权利。

三　治理机制：纵向秩序整合机制与横向秩序协调机制的有效衔接

地方政府针对城市民族事务治理，普遍建立了跨部门的协调机制，诸如完善民委委员制、设立领导小组、建立民族工作议事协调小组等机构；建立跨区域的协调机制，主要是人口流出地与流入地之间签订框架性合作协议，实现人员、信息、服务的共享与交流。从本质上看，上述改革举措主要是增强政府内部"条""块"之间的协调性，提升政府的治理效能，有力地推进了纵向整合机制的运行。在广义民族工作的时代背景下，增强了民族工作的嵌入性与协调性，也是今后政府治理改革应该坚持的方向。同时，还应该看到，上述改革复制了行政系统的垂直管理方式，政府仍然是社会治理与社会风险的承担者，政府管理的压力也会越来越大。在大型、超大型的城市社会，社会事务与社会风险的成倍叠加，推动政府必须寻求与社会力量的协作，实现纵向秩序整合机制与横向秩序协调机制的有效衔接。中、东部城市民族事务治理的实践也涌现出许多值得借鉴与推广的样本：上海浦东新区实行社团、社会机构参与少数民族的服务项目；宁波北仑区发展少数民族社团；广州市把民族工作纳入社区综合服务网络。① 归纳其共性，政府必须高度重视社团、社区、社会组织等社会力量在民族事务治理中的重要作用，通过合法性确认、党政引领、奖励表彰、督促检查、转移服务项目、下移管理权限、创设发育空间等方式，实现官民共治、政社协同的治理效果。

本章小结

城市民族事务的政府治理既有城市治理的一般性特征，也具有民族事务治理的特殊性。城市民族事务的协同性和嵌入性，对"党政主导""部门协同配合""全社会通力合作"提出了更高的要求。在多元主体参与民族事务治理的总体格局之下，我们需要进一步思考保障党政主导、社会协同的运行机制，政府治理的理念、模式与机制在其中发挥了关键作用。对于一个习惯了、适应了政府主导社会各个领域建设与发展的国家而言，构建全民共建共治共享的政府治理，对政府是一种自我革命的挑战；对于广大民众而言，也需要较长时段的自我管理与自治精神的培育过程。

---

① 彭建军：《我国中东部城市少数民族流动人口权益保障方式评析》，《西南民族大学学报》（人文社科版）2014 年第 1 期。

第九章　城市民族事务治理的 创新实践*

——以西宁、大连、义乌为例

自 2014 年中央民族工作会议和 2016 年全国城市民族工作会议召开以来，地方政府积极推进城市民族事务治理的创新与改革，以保障城市少数民族合法权益为核心，以建设嵌入式社会结构和社区环境为目标，积极推进各民族之间的交流交往交融，在城市少数民族流动人口服务与管理方面进行了多元化的社会治理创新与改革，涌现出了许多具有典型意义的地方治理样本。自 2011 年以来，国家民委积极推动少数民族流动人口服务体系建设，由地方试点走向示范城市建设，由试点探索走向示范引领，城市少数民族流动人口服务管理逐渐走向了规范化、制度化与专业化。2015 年以来，国家民委共确定了三批 34 个示范城市或者地方（见表 9-1），"示范城市建设"是加强少数民族流动人口服务管理工作的重要平台，发挥着典型示范引领作用。

表 9-1　少数民族流动人口服务管理示范城市一览

批次	少数民族流动人口服务管理示范城市（共计 34 个）
第一批	湖北省武汉市、浙江省宁波市、广东省广州市、广东省深圳市、宁夏回族自治区吴忠市、新疆维吾尔自治区喀什市（6 个）
第二批	辽宁省沈阳市、山东省青岛市、陕西省西安市、江西省南昌市、安徽省芜湖市、西藏自治区昌都市（6 个）

---

* 如无特殊说明，本章涉及的内容均来自课题组在西宁、大连、义乌调查过程中获得的内部资料。

续表

批次	少数民族流动人口服务管理示范城市（共计 34 个）
第三批	天津市滨海新区、山西省晋中市榆次区、内蒙古自治区鄂尔多斯市东胜区、辽宁省大连市、吉林省延吉市、上海市浦东新区花木街道、江苏省南京市、浙江省义乌市、安徽省蚌埠市、山东省烟台市、河南省郑州市、湖北省宜昌市、湖南省长沙市、广东省东莞市、重庆市江北区、四川省绵阳市、云南省昆明市、陕西省榆林市、青海省西宁市、宁夏回族自治区银川市、新疆维吾尔自治区乌鲁木齐市沙依巴克区、新疆生产建设兵团石河子市（22 个）

资料来源：国家民委官方网站。

　　本部分选取少数民族流动人口服务管理示范城市中的西宁市、大连市与义乌市作为调研点，按照少数民族流动人口的规模、少数民族总人口占比等特征，三个城市各代表了一种城市类型。西宁市是多民族城市的典型代表，少数民族人口占比高，民族宗教事务任务重；大连市是民族散杂居城市的典型代表，少数民族人口比例小，少数民族流动人口占比小，整个城市流动人口规模较小；义乌市是流动人口大量输入的典型城市，流动人口规模超过户籍人口，少数民族流动人口增速较快。本章从政府社会治理的角度，具体考察三个城市在少数民族流动人口服务与管理中的亮点与特色，考察这些城市推进户籍制度改革与市民化的具体举措，以期总结典型城市在少数民族流动人口服务与管理中的一般性规律，从而为城市民族事务治理体系与治理能力现代化提供参照与借鉴。

第一节　西宁经验：民族团结创建作为城市社会治理的总抓手

一　"西宁经验"的背景

（一）西宁市概况

　　西宁市是青海省的政治、经济、科教、交通中心，地处黄土高原与青藏高原、农业区与牧业区、汉文化与藏文化的接合部，总人口 237.1 万，多民族聚集、多宗教并存、多文化交融，有汉、回、藏、蒙古、满、土、撒拉等 48 个民族，少数民族人口为 61.2 万人，是全国少数民族人口占比最高的省会城市，是青藏高原唯一人口超过百万的中心城市。

在民族团结进步工作中，无论是从地理位置、服务保障，还是辐射带动、民族交往交流交融，西宁市都承担着重要的职责。作为重要的接合部、交汇点、必经点，在地理位置上承担着稳藏固疆的重任；作为高首位度、高贡献度的地区，在发展地位上承担着服务全省的重任；作为多民族聚居、多宗教并存、多文化交融的地区，在文化交融上承担着带动各民族共同团结进步的重任；作为重要的开放地、枢纽地、桥头堡，在对外开放上承担着带动全省民族地区发展的重任。

十八大以来，西宁市坚持新发展理念，坚持生态优先、绿色发展，以打造绿色发展样板城市、建设新时代幸福西宁为总目标。西宁市先后获得"全国文明城市""全国民族团结进步示范市""全国水生态文明城市"称号，经济增速连续 4 年位居全国省会城市前列，荣获"中国十大幸福城市"第二名，是全国省会城市中第一个民族团结进步示范市，2017 年被国家民委确定为全国少数民族流动人口管理服务示范城市，连续三年被评为全省民族团结进步创建工作优秀地区。

（二）城市民族事务的特点

西宁市是民族地区的一个典型城市，表现出城市少数民族占比高、宗教事务复杂性强、周边人口流动规模较大的特点。

1. 少数民族人口占比高

少数民族有回、藏、土、蒙古、撒拉等 47 个少数民族，2018 年底，总人口（常住）达 237.1 万人，占全省总人口的近 40%。少数民族人口约 61.2 万人，占全市总人口的 25.8%。其中，回族 38.3 万人，占少数民族总人口的 62.6%；藏族 12.98 万人，占 21.2%；土族 6.07 万人，占 9.9%；蒙古族 1.47 万人，占 2.4%；撒拉族 0.92 万人，占 1.5%；其他少数民族 1.42 万人，占 2.4%。全市登记的流动人口 39.1 万人。少数民族流动人口 10.8 万人，占总流动人口的 27.6%。

2. 少数民族人口分布广

少数民族分布呈大杂居、小聚居格局,有一个民族自治县(大通回族土族自治县);6个民族乡,其中藏族乡 4 个(大通县朔北藏族乡、向化藏族乡,湟源县日月藏族乡和湟中县群加藏族乡),回族乡 2 个(湟中县大才回族乡、汉东回族乡);城东区为回族聚居区,回族人口 11.8 万人,占该区总人口的 31.2%;少数民族相对聚居的社区有 26 个。

3. 宗教对民族工作影响大

全市回、藏、土、蒙古、撒拉等主要少数民族均有群众性信教传统,宗教问题与民族问题往往交织在一起,显得复杂敏感。五大宗教俱全,依法登记备案的宗教活动场所 300 座,宗教教职人员 1794 人,信教群众约 65.2 万人,占总人口的 27.5%。

4. 城市管理服务难度大

多数新迁入西宁市内的少数民族居民由于经济生活水平、宗教信仰、风俗习惯等因素,在快速融入城市生活方面有一定的难度,城区流动少数民族来西宁的目的多种多样,有务工、经商、就业、就学、就医等,加重了城市管理服务的难度。

二 西宁市城市民族事务治理的实践

青海省省委常委、统战部部长公保扎西在总结青海省民族团结进步创建的"青海经验"时,认为"民族团结进步创建工作是新时代社会治理的有效手段,是争取人心、凝聚力量的重要举措","创建工作必须构建由党委领导、政府负责、全社会参加、各族群众参加的,具有互助性、包容性、原则性、协商性的机制"。[①] 以"民族团结进步创建"统领社会治理的全域化实践,坚持党政引领与社会协同,积极推进城市公共服务的均等化建设,构成了西宁市城市民族事务治理的主要经验。

---

① 公保扎西:《构建民族团结进步创建长效机制 着力打造创建工作的"青海经验"》,《中国民族》2019 年第 6 期。

（一）共识凝聚：创建民族团结进步先进区

2005 年，青海省委、省政府推动民族团结进步创建活动，向系统性、日常性工作转变，2012 年省第十二次党代会上再次将其提升为"三区战略"之一，2013 年 6 月召开的省委十二届四次全会将示范区改成先进区，会议上审议通过了《青海省创建民族团结进步先进区实施纲要》。① 青海省在创建民族团结进步先进区中，紧紧围绕中央的精神与地区特点，确定路线与发展路径，进一步凝练出社会治理的方向与目标。2016 年 8 月，习近平总书记在考察青海省时发表重要讲话，提出了"四个扎扎实实"的重大要求，这为青海省在生态文明先行区、循环经济发展先行区、民族团结进步先行区建设指明了治理目标与发展愿景。②

西宁市作为青海民族团结进步先进区建设的"排头兵"，以创建民族团结进步先进示范市为历史契机，根据地区特色与民众诉求，主动对接中央精神与省委、省政府的要求，提出了实现"12315"、建设"幸福西宁"的总目标，对打造绿色发展样板城市做出系统部署。作为内陆边疆欠发达地区，西宁市面临经济社会发展不充分、不平衡矛盾突出，生态环境保障责任重大，民生改善与扶贫攻坚任务艰巨等多重治理任务。针对所处民族地区的区域定位，西宁市提出"幸福西宁"的建设目标，致力于推动绿色发展、增进民众福祉、改善公共服务，体现了中心工作由单纯的经济建设向生态文明建设、经济建设、社会建设等多任务整体性推进的理念。

（二）治理模式：党政高位推进与"十进"引导民众参与

1. 党委与政府高度重视，统筹顶层设计

确立创建民族团结进步先进区统领社会治理的广义民族工作的大格局。

---

① 陈玮：《新形势下做好民族工作的战略思考——以青海省创建民族团结进步先进区为例》，《青海社会科学》2017 年第 1 期。

② 2016 年 8 月 22 日至 24 日，习近平总书记到青海视察指导工作，听取省委、省政府工作汇报并发表重要讲话，提出了"扎扎实实推进经济持续健康发展，扎扎实实推进生态环境保护，扎扎实实保障和改善民生，扎扎实实加强规范党内政治生活"的重大要求（参见《将"四个扎扎实实"写在青藏高原辽阔大地上》，《人民日报》2016 年 8 月 26 日）。

西宁市委、市政府对创建工作的高度重视体现为保障机制的创新。

第一，党委统揽创建工作。成立省委常委、市委书记为组长的领导小组，将创建工作作为"一把手"工程，列入重要议事日程，纳入各级政府年度目标考核范围，强化了党组织对创建工作的组织领导。

第二，设立创建常设机构，确保创建工作的持续性与制度化。市级配备市创建办专职副主任 1 名，落实市创建办事业编制工作人员 3 名，确保机构稳定、人员与经费有保障。

第三，构建广义民族工作的大格局。从《西宁市创建民族团结进步先进区实施方案》来看，民族团结进步先进区创建内容涵盖民族团结进步宣传教育、法治西宁建设、涉藏维稳思想教育引导、城乡经济发展、基本公共服务均等化、排查化解矛盾纠纷、平安西宁建设、宗教事务管理、培养宗教界代表人士、城镇民族工作、少数民族干部队伍培养等。西宁市以民族团结进步先进区创建为载体与抓手，全面推进社会治理与社会建设，把民族工作贯彻到政府工作与社会生活的方方面面，形成了广义民族工作的大格局。

2. 通过"十进"载体，动员全社会共同参与

"社会管理创新就是要实现社会管理向社会治理的转变，实现由政府对社会单向度的管控向政府与社会对社会公共事务管理的合作治理转变，其实质首先是一场政府改革。"[①] 而在社会力量发育比较薄弱的西部地区，民众的自发参与性有限，社会组织的数量和规模都较小，因此，政府通过自上而下的有效动员发挥重要作用。为了更好地推进全社会力量共同参与民族团结进步创建活动，西宁市政府以"十进"为载体，以打造示范典型为突破口，引领社会大众广泛参与城市民族团结创建活动。"十进"分别为"进家庭""进社区""进乡村""进机关""进学校""进企业""进寺院""进军营""进医院""进市场"，实现了民族团结进步创建活动在社会全领域的深度覆盖。针对不同群体、不同单位的性质与特征，分门别类制定指

---

① 周红云：《社会管理创新的实质与政府改革——社会管理创新的杭州经验与启示》，《中共杭州市委党校学报》2011 年第 5 期。

标体系，形成差别化的评选机制与实施流程。通过"十进"活动，充分发挥社会的各种单元在创建工作的"主阵地、主渠道"作用，进一步调动各民族成员投身创建活动的积极性和自觉性，巩固和发展平等团结互助和谐的社会主义民族关系，营造人人有责、全员参与、全民共享的生动局面。

（三）治理机制：科层式治理与运动式治理并行，强化政府纵向整合能力

表 9-2 显示，西宁市创建全国民族团结进步先进市 2017 年主要目标任务由六大块组成，包括"推进党和国家民族政策的贯彻落实""促进民族地区经济社会发展""维护民族团结和国家统一""依法妥善处理影响民族团结的问题""推进民族团结进步创建'十进'活动"和"全面做好创建民族团结进步先进市达标验收"，内含 56 个任务点、21 个市级部门与各县区委作为牵头单位。从牵头单位与协同单位来看，民族团结进步创建涵盖了市委、市政府、人大、政协"四套班子"的常规例行职能，同时一些任务点更多地涉及不同职能部门的横向协同。

表 9-2 西宁市创建全国民族团结进步先进市 2017 年
主要目标任务分工及牵头单位

重点工作任务	任务点（项）	牵头单位	承担任务点（项）
一、推进党和国家民族政策的贯彻落实	16	市创建办 市委宣传部 市委组织部 市委统战部 市工商联	6 5 2 2 1
二、促进民族地区经济社会发展	10	市发改委 市人社局 市委宣传部 市旅游局 市林业局 市教育局 市农牧和扶贫开发局 市城乡规划和建设局	2 2 1 1 1 1 1 1

续表

重点工作任务	任务点（项）	牵头单位	承担任务点（项）
三、维护民族团结和国家统一	12	市民宗委 市委统战部 市司法局 市政法委 市创建办	5 4 1 1 1
四、依法妥善处理影响民族团结的问题	3	市政法委	3
五、推进民族团结进步创建"十进"活动	10	各县区委 市直机关工委 市教育局 市经信委（国资委） 市工商联 市民宗委 市民政局 市市场监督管理局 市卫计委	3 1 1 1 1 1 1 1
六、全面做好创建民族团结进步先进市达标验收	5	市创建办	5
总计	56	21（市级部门）	56

从科层式治理来看，一些业务型重点任务由相应的党政职能部门作为牵头单位。例如宣传与意识形态工作任务由市委宣传部、市委组织部、市委统战部作为牵头单位；促进民族地区经济社会发展，由政府的职能业务部门牵头负责，涉及市发改委、市人社局、市旅游局、市林业局、市教育局、市农牧和扶贫开发局、市城乡规划和建设局等部门；维护民族团结、国家统一、维持社会秩序方面的任务由政法、统战、民宗委等部门牵头负责。

在例行的科层式治理同时，为了提升民族团结进步先进市创的优先性与重要性，一些运动式治理的机制也运用其中。现有中文学术界对运动式治理基本要件的分析，可以整合为政治动员、意识形态宣传、准军事化组织形式、责任制实施几个要素。①

在政治动员上，由市委书记作为创建工作领导小组的组长，体现了党

---

① 徐岩、范娜娜、陈那波：《合法性承载：对运动式治理及其转变的新解释——以A市18年创卫历程为例》，《公共行政评论》2015年第2期。

委统揽创建的政治站位，传递出创建工作极端重要性的政治信号。2015 年，市委书记先后对民族宗教和创建工作做出批示 134 次，市委常委会先后 22 次专题研究创建工作，市创建工作领导小组先后 16 次研究部署有关工作。可见，创建工作已经居各项工作的首位，获得了高度的合法性承载，能够动员最大的资源与人力。

从意识形态宣传来看，西宁市动用政府部门与社会一切形式的传媒，大力宣传创建各类思想教育活动。将创建工作与"两学一做"学习教育、创建全国文明城市等有机结合，深入开展信念教育、形势政策教育和民族团结教育。

从准军事化组织设置来看，市创建办作为一个常设的协调机构，发挥着监督、协调、统筹、验收等重要职能，承担着民族团结进步先进示范市创建中 21.4% 的任务（承担 56 项中的 12 项任务）。

从责任制实施来看，制定、印发《西宁市创建民族团结进步先进区实施方案》《西宁市全面加强民族团结进步先进区建设实施方案》《西宁市创建全国民族团结先进市 2017 年主要目标任务分工方案》等文件，细化了实施步骤、任务分工与考核标准，建立组织协调机制、共创共建机制、宣传教育机制、目标考核机制、督查指导机制、表彰激励机制和经费保障机制。

三　积极推进城市公共服务的均等化与民族团结创建

"社会治理是社会管理'治理化'的表现，它包括两层含义：一是社会管理的主体除了党和政府外，还包括各类社会组织以及公民个人；二是社会管理不仅包含着政府利用行政法律等强制手段进行的管制、约束和规范，更包括政府与其他社会组织提供的公共服务以及社会的自我管理。"[1] 通过深化改革制定精准的政策，积极推动城市公共服务均等化，实施针对民族差异性的便民服务，是西宁市城市民族事务治理的重要内容。

（一）积极推进居住证制度，推进公共服务的均等化

在多年实践以居住证管理流动人口的基础上，为与国务院颁布的《居

---

[1]　中央编译局调研组：《"社会治理"——杭州治理创新的启示》，《杭州（我们）》2010 年第 12 期。

住证暂行条例》衔接，2016 年 8 月 13 日青海省正式实施《青海省居住证实施办法》（下称《实施办法》）。《实施办法》规定居住证持有人在居住地可享有 5 项权利、13 项基本公共服务和 7 项便利，相较《居住证暂行条例》，新增申请住房保障服务、依法参加基本社会保险等 7 项基本公共服务内容。[①] 西宁市基本建立了以居住证为载体进行人口登记、公共服务、权益保障的流动人口服务管理体系。

人口登记。西宁市政府依据《青海省居住证实施办法》和《青海省流动人口服务管理办法》，开展"一标三实"信息采集专项工作，及时采集录入少数民族流动人员信息，做到底数清、情况明，通过"以房管人、以证管人、以业管人"的方式，加强了对少数民族流动人口的服务管理。

公共服务。西宁市教育局联合公安、房产、税务等五部门制定出台《外来流动人口适龄儿童少年来宁接受义务教育入学管理暂行办法》，将依据城市发展规划和教育承载力，按照"公平对待、完善管理、搞好服务"的工作方针，确保在西宁市有合法稳定职业和固定住所的外来流动人口适龄儿童少年接受义务教育。[②] 在住房保障上，公共租赁住房保障向城镇中等偏下收入住房困难家庭、新就业无房职工和外来务工人员中的住房困难者开放。[③] 进一步明确了流动人口接受义务教育后参加中考的具体条件，放宽异地户籍考生参加中考的条件限制，但是在异地高考上尚未放开，外地户籍人口需要返回原籍报名高考。

权益保障。《实施办法》在对标国家标准的基础上提高了含金量，向流动人口提供劳动就业，参加社会保险，缴存、提取和使用住房公积金，参加民主选举和有关公共决策，社会事务管理等合法权益。

（二）降低流动人口的落户门槛，推动农业转移人口的市民化进程

2017 年西宁市印发《西宁市人民政府办公厅关于印发西宁市户口迁入

---

① 马秀：《〈青海省居住证实施办法〉出台持证可享 13 项服务 7 项便利》，《西海都市报》2016 年 9 月 22 日。

② 《外来流动人口来宁接受义务教育入学管理办法出台》，《西海都市报》2014 年 12 月 30 日。

③ 《关于青海省保障性住房管理办法的通知》（青政办〔2012〕287 号），青海省政府门户网站，2012-10-31。

政策实施细则的通知》，降低了流动人口落户的门槛。① 一是增加了租房落户的政策。凡在西宁市长期务工的外来务工人员，租住已在西宁市房产管理部门办理了租赁备案手续的房屋，已签订房屋租赁合同满 1 年、在公安机关办理居住登记满 1 年，且连续缴纳养老保险 3 年以上的外来务工人员，允许本人、配偶及其未婚子女落户。二是增加了参加养老保险为基本条件的外来务工人员落户政策。凡被西宁市行政区域内行政、企（具有法人资格的企业）事业单位聘用满 1 年，且缴纳养老保险 3 年以上的员工，允许本人在集体户落户，有稳定住所的允许本人、配偶及其未婚子女落户。三是取消了购买商品房落户面积、缴纳养老保险等限制条件，实行了有合法房产为基本条件的落户政策。在西宁市有各类性质的房屋所有权证的一律可以申请落户。② 2020 年 3 月，西宁市人民政府办公室印发《西宁市户口迁入政策实施细则》，进一步放宽了落户门槛，允许具有合法房产、签订房屋租赁合同的人员及其配偶、家属在本市落户，取消了对缴纳社会保险年限与房屋租赁年限的限定。③

（三）窗口单位深化民族团结创建，提供针对少数民族群众差异性的便民服务

省直有关部门认真落实《省直单位窗口服务行业创建民族团结进步先进区行动方案》，深化行业创建工作，各窗口单位针对民族差异特点，在民族语言文字、特需商品供应等方面，改进服务管理措施，满足少数民族群众需求。如，卫生部门办好藏、蒙、回等民族医院，在综合医院设立了双语导诊和标示牌，配备双语医务人员。交通部门在民航、铁路、公路的客运服务中使用民族语言文字。金融部门在 ATM 机上增设了民族文字。人社部门加强执法检查，杜绝招录和用工中的不平等问题。公安部门推广驾照

---

① 《西宁市人民政府办公厅关于印发西宁市户口迁入政策实施细则的通知》（宁政办〔2017〕133 号），青海省政府门户网站，2017-06-22。

② 《户口迁入政策实施细则 九大亮点让西宁市民落户更便捷》，《西宁晚报》2018 年 1 月 13 日。

③ 西宁市人民政府办公室：《关于印发西宁市户口迁入政策实施细则的通知》（宁政办〔2020〕22 号），西宁人民政府门户网站，2020-03-16。

藏汉双语语音考试系统，司法部门在国家司法考试中设立藏语文考点，加强法律职业人员民族语言文字学习培训，开展双语法律援助服务，保障少数民族群众使用本民族语言文字诉讼权利。大力培养使用少数民族干部和专业技术人才，注重发挥其在反映城市少数民族群众意见、调处矛盾纠纷等方面的作用。通过这些措施，提升了城市公共服务均等化水平，为少数民族更好地融入城市创造了条件。

（四）建立有效的联动协作机制，促进民族团结和社会和谐

一是建立民族宗教工作跨区域协调机制。与连云港、西安等 9 个城市共同建立了新丝绸之路城市民族宗教工作合作机制，与新疆乌鲁木齐、喀什、和田，山东淄博等城市和省内海东、海北等市州建立了民族宗教合作联动机制，四个区民宗部门也与流动人口较多的省内各牧区县建立了合作机制，做到信息共享，特别在突发事件处理方面互相帮助。二是建立矛盾排查调处联席会议制度，不断健全市、区（县）、乡镇（街道）、村（居）委会四级信息网络，做到矛盾早发现、早工作、早控制、早化解。三是建立民族宗教热难点问题排查摸底制度，定期排查分析不稳定因素，及时解决因民族习俗引发的小摩擦。四是社区探索建立第三方参与的矛盾调处化解机制。通过设立"两代表一委会"、调解服务中心等方式，及时调处了一大批重大矛盾纠纷。特别是城东区清真巷社区"2+1+N"调解模式（"2"是指社区党工委和社区司法所，"1"是指居委会人民调解委员会，"N"是辖区单位、法院、派出所、医院、学校、寺院和相关单位），得到中央联合督查组的肯定。

第二节　大连经验：城市民族工作的
社区化、专业化与标准化

一　"大连经验"的背景

（一）大连市概况

大连市自 2012 年起实施加快推进区域城市化战略，到 2017 年末，大连

市的常住人口城镇化率达到78.3%①，进入城镇化发展的后期阶段。城市工作成为大连市政府社会治理的主要内容和中心工作。大连市政府不断探索城市社会治理改革，一些基层创新实践受到社会与国家的广泛关注。大连市西岗区自2012年开始的365市民服务体系建设，成效显著，获得多次社会基层治理创新奖，2014年获得全国民族团结进步创建活动示范区称号。2017年，大连市被国家民委评为第三批少数民族流动人口服务管理示范城市。2019年，大连市西岗区"365外来人口综合服务中心"获得第五批全国民族团结进步创建示范区（单位）称号。

大连市属于典型的少数民族散杂居地区。目前常住人口695万，少数民族44.5万人，占总人口的6.4%。超过万人的有满、蒙古、朝鲜、锡伯、回5个民族。其他少数民族合计约8000人，有11个少数民族乡（镇、街道），76个民族村（含5个锡伯族村），有1所朝鲜族学校，1所回族幼儿园，还有大连民族大学、大连理工大学、大连市第二十高级中学招生新疆班的特色民族教育学校。全市登记的少数民族流动人口为12万人，高峰季节可以达到20万人。从少数民族流动人口的来源地看，主要来自东北地区，有满族、蒙古族、朝鲜族，来自西北地区的有回族、撒拉族、维吾尔族等，来自河南、河北的回族也不少，还有少部分来自西南地区的黎族、彝族等一些少数民族。

（二）城市民族事务的特点

大连是一个典型的少数民族散杂居地区，少数民族常住人口及流动人口占比较低。少数民族人口占总人口比例为6.4%，少数民族流动人口数量每年在10万~20万的区间波动，占全市总人口的1.4%~2.8%，占比很小。2017年大连市户籍人口为594.9万人②，初步估计流动人口大约有100万人，少数民族流动人口约占流动人口的1/10。

近十年，随着大连全域城市化加速推进，少数民族流动人口总趋势呈逐年递升的态势。改革开放初期统计，少数民族人口仅占大连市人口总数

---

① 《2018年大连市政府工作报告》，大连市人民政府门户网站，2018-04-18。
② 大连市统计局、国家统计局大连调查队编《大连统计年鉴2018》，中国统计出版社，2018，第15页。

的 3%。从第六次全国人口普查来看，少数民族占总人口的 5.8%[①]，2017 年少数民族在总人口中的比重已经上升到 6.4%。

少数民族流动人口来源上，由集中于东北三省开始扩散到西北、西南地区，少数民族成分趋于多元化，这也是近些年的一个新的变化趋势。改革开放初期大连地区有 40 个少数民族，并且满族、蒙古族和回族人口占大连少数民族人口的大多数，现在已经有 55 个少数民族成分。

"大分散、小聚居"的居住特点。民族的文化特点、生活习俗以及人们之间的血缘、亲缘、地缘、业缘等原因，使得大连城市少数民族流动人口分散于各行各业和各个区，但又都有自己相对集中的居住区域。

二 大连市城市民族事务治理的实践

（一）治理理念：少数民族流动人口服务与管理的社区化、专业化与标准化

作为一个典型的民族散杂居地区，大连市把少数民族流动人口的服务与管理，融入城市工作与市民化服务的整体过程中，逐步推进城市民族工作的社区化与专业化，取得了很大进步。

城市民族工作社区化。大连市全域城市化水平较高，城市社区建设基础较好，社区的自治能力较强，政府充分发挥社区作为民族工作下延的载体与平台，通过社区提供各项公共服务与办事便利。大连市相继出台《大连市民族团结进步创建活动实施方案》、《关于加强新形势下全市社区民族工作的实施意见》（2012）、《中共大连市委、大连市人民政府关于加强和改进新形势下民族工作的实施意见》（2015），对民族团结宣传教育活动、民族团结进步创建活动、推进民族事务服务体系建设、促进各民族之间的交流与互助合作、涉及民族因素矛盾纠纷调处机制、社区民族工作者的培养和使用做出了明确规定，持续性推进社区民族工作制度化、规范化建设。

城市民族工作专业化。通过构建西岗区 365 工作体系，开展城市网格化

---

① 《民族概览》，大连市民族和宗教事务局官方网站，2018-01-17。

管理与全响应市民化服务，把少数民族流动人口服务与管理纳入城市社会治理的总体格局，推动城市民族工作的专业化发展。2012 年 3 月，大连市西岗区委、区政府按照"加快形成党委领导、政府负责、社会协同、公众参与、法治保障的社会治理体制"的要求和中央、省、市关于深化平安建设的工作部署，立足区情，建立了以"做群众需要的事，做事让群众满意"为工作理念，以 365 天 24 小时全天候、全方位、全覆盖服务管理社会为落脚点，以受理、分拨、协调、督查为主要功能的综合性社会治理服务体系——365 工作体系。2014 年 9 月，外来人员的服务与管理功能从 365 工作体系中独立出来，建立了实体化的 365 西岗区外来人员综合服务中心。这是全国第一家以外来人员为服务对象的专业化社会服务平台。该中心以外来人员基本公共服务最大化、市民待遇最优化、政策反应快速化为目标，整合多方资源，向外来人员提供十个方面的特色服务：综合信息服务、就业服务、技能培训服务、居住服务、基本民生服务、政治生活服务、法律服务、社会融入服务、精神文化服务、未成年服务。[①]

城市民族工作标准化。2019 年 5 月，大连市委常委会审议通过《关于加强和改进少数民族服务管理工作的实施方案（试行）》。方案中明确提出，要以西岗 365 外来人口服务中心为样板，在中心城区和涉农县（市）区依托便民服务中心、政务服务中心，建立少数民族流动人口服务站（点）和服务窗口。[②] 未来几年，大连市将以外来人口服务中心、服务站（点）和服务窗口建设为载体与平台，深入推进少数民族流动人口服务与管理体系的标准化建设，打造城市民族工作的"大连模式"。

（二）治理模式：构建 365 工作体系，整合行政、市场、社会三方资源

现代社会的发展促使城市事务日趋复杂化、碎片化与专业化，城市事

[①] 张剑非：《大连市西岗区 365 工作体系调查研究》，大连理工大学硕士学位论文，2015，第 13~14 页。

[②] 《大连市委常委会审议通过〈关于加强和改进少数民族流动人口服务管理工作的实施方案〉》，辽宁省民族和宗教事务委员会门户网站，2019-05-06。

务跨越不同的职能部门、行政管辖权，促使一种综合性服务与管理平台或者方式的出现。365 工作体系根据时代变化需要，建立了一种多方位服务、多主体响应、多主体协同的城市事务治理模式。

从本质上来看，365 工作体系仍然建立在现有行政架构基础之上。在区一级建立了综合性、协调性、统领性的领导小组，实现了在区级行政辖区内"纵向到底，横向到边"管理体制。"在隶属关系上，大连市西岗区设立 365 工作建设领导小组，组长由区委书记、区长担任。领导小组办公室设在 365 市民大楼服务中心。365 市民大楼服务中心为全额拨款事业单位。由区委常委、政法委书记主管，区政府主管民政的副区长协管。"[①] 365 工作体系的组织架构由"三级管理，四级联动"组成。"三级管理"体制分别为 365市民大楼为区级中枢，在街道设立 365 市民中心，在社区设立 365 工作站。"四级联动"是指在区、街道、社区之外还设有网格。

在事件响应上，建立了多种渠道相结合的民意收集、问题反映渠道。现在的诉求渠道拓展为九条，分别为热线电话、网络系统、代表委员工作室、民生窗口、网格系统、365 市民大楼、街道 365 市民中心、社区 365 工作站、居民议事会。在市民利益表达与诉求受理上，实现了线上与线下的联通，区—街道—社区—网格四级纵向贯通。

在事件处理中，形成事件联席协调、居民议事制度、社会资源统筹等功能。（1）事件联席协调。365 工作体系建立起与大连市公安局、人社局、环保局、城建局等 30 个职能部门以及自来水、煤气等公用事业单位的沟通协调联席机制。[②] 在政府的主导之下，建立了基于公共事务为中心的纵向职能部门与横向社会部门的有效衔接。（2）设立居民议事会制度。建立听证议事大厅、街道议事中心、社区议事会等多层级的议事机构，在民生问题、政策听证、环境保护等公共议题上广泛征求民意。[③] 这是一种职能部门、专

---

① 王浩：《大连市西岗区 "365 社区管理模式" 研究》，大连海事大学硕士学位论文，2016，第 14 页。

② 王浩：《大连市西岗区 "365 社区管理模式" 研究》，大连海事大学硕士学位论文，2016，第 17 页。

③ 王浩：《大连市西岗区 "365 社区管理模式" 研究》，大连海事大学硕士学位论文，2016，第 20 页。

业机构参与，代表委员群策群力，新闻媒体社会监督的议事模式。（3）社会资源统筹。政府推出公益性服务项目，以项目申领制和申报制两种形式引导社会组织主动参与社会服务。①

从运行效果来看，365 工作体系有效整合了行政、社会、市场三方资源，提高了公共性议题的响应与解决效率，提升了民众对政府工作的满意度。但是从社会治理意义来看，行政力量仍然在事件处理中发挥主导作用，市场力量、社会力量和民众参与仍显不足。2014 年下半年，受理的协调类事件有 1911 件，其中 90% 是通过行政资源解决的，有 8% 是依靠市场资源解决的，依靠社会资源解决的只有 38 件。②

（三）治理机制：社区自治管理与政府主动推动相结合

一是组织保障机制。（1）建立民族团结进步工作的领导小组，由社区党支部书记任领导小组组长，建立社区民族工作的负责机制。（2）把社区民族工作纳入社区建设与工作的总体布局。有的社区将民族工作纳入创建示范性文明社区各个环节，有的街道将民族工作列入年度民生重点项目，有的区把民族团结进步创建活动纳入全区中心工作。（3）形成了规范化的制度体系。社区普遍制定了民族团结进步工作制度、议事会制度、少数民族信访工作制度、少数民族信息交流制度、少数民族政策学习制度、民族团结进步工作联席会制度、影响民族团结不稳定因素排查制度、因民族因素引发的突发事件应急预案、信息上报制度等。

二是民族团结创建与示范引领机制。通过省级、市级民族团结进步模范社区的评比与创建工作，形成标准与规范，有效地推动社区民族工作的科学化、规范化、制度化。民族团结模范社区自身也发挥示范、辐射作用，以点带面，实现了社区管理与服务先进经验的传播，推动城市民族工作的全面开展。民族团结创建示范社区普遍建立了规范化、例行化的管理制度，

---

① 张剑非：《大连市西岗区 365 工作体系调查研究》，大连理工大学硕士学位论文，2015，第 13 页。

② 张剑非：《大连市西岗区 365 工作体系调查研究》，大连理工大学硕士学位论文，2015，第 29 页。

包括定期研究少数民族工作制度、随时受理少数民族居民的求助和诉求制度、政策理论学习宣传教育制度、定期联系帮扶制度、民族文化交流制度、法制教育和维护少数民族居民合法权益制度。一些社区还善于总结社区民族工作的经验，形成了关心群众民生、切实保障少数民族合法权益的社区工作行动指南。比如，永联社区建立少数民族工作的"四必访"制度，即有病必访、有困难必访、家庭发生纠纷必访、有特殊情况必访。这对其他社区起到了示范作用，"四必访"已经成为很多社区效仿的做法。

打造少数民族流动人口服务与管理实体平台。通过平台化的运作，集中资源与力量，完善服务与管理的软件与硬件条件，为少数民族群众提供专业化、打包式的服务。少数民族流动人口服务与管理实体化平台建设分以下几种情况。（1）依靠 365 工作体系，在西岗区建立外来人员综合服务中心，为少数民族群众提供就业培训、贫困救助、子女入学、法律援助等方面的专业服务。（2）在社区建立实体化的民族之家。这类社区的民族之家，有特定的活动场所、活动规范与活动内容，与 365 外来服务人员综合服务中心对接，能为少数民族提供专业化的服务。（3）建立少数民族之家工作室。这类少数民族之家依托于社区管理整体运作，开辟一个工作室负责少数民族的服务与管理。通过民族之家或少数民族服务站的平台，社区能够更加专业地开展各项特色性活动。

三 加快户籍制度改革，推动流动人口服务站点标准化建设

（一）不断探索以居住证为载体的流动人口服务管理模式

大连市于 2009 年出台了《大连市居住证暂行办法》，这在东北地区尚属首例，在全国也是出台流动人口服务管理地方性法规的先行地区之一。根据城镇化发展的新趋势、贯彻和落实国务院颁发的《居住证暂行条例》以及辽宁省《辽宁省实有人口服务管理办法》《关于修改〈辽宁省实有人口服务管理办法〉的决定》，大连市自 2018 年 1 月 1 日起实施了新修订的《大连市居住证暂行办法》（以下简称《暂行办法》）。相比于国家规定的居住证"6+7"项待遇，《暂行办法》增加了"与其共同居住的子女按规定

可以参加我市义务教育、高中阶段教育和中考、高考""按照相关政策申请保障性住房，缴存、提取和使用住房公积金""依法参加居住地社区组织，参与有关社会事务管理"三项公共服务，尤其是在随迁子女教育上的含金量明显提升。在居民享受的便利上，《暂行办法》增加了"按照有关规定申请办理积分落户"，进一步推动居住证积分落户政策。

（二）积极推行居住证积分落户政策

按照国务院《关于进一步推进户籍制度改革的意见》，对于城区 500 万人口以上特大城市积分落户政策的相关要求，大连市采取了"以引进人才落户、政策性审批落户和综合积分落户为主要管理模式，以合法稳定就业、合法稳定住所为基本落户条件，实行阶梯式、差别化的户口迁移政策"[①]。在"综合积分落户"中，建立了与年龄、教育背景、职业技能、居住年限、缴纳社会保险、购买房屋等相结合的综合指标体系，居住年限与缴纳社会保险最高赋值可达 80 分（新市区落户需要 100 分，主城区 150 分），有效降低了积分落户的难度。

（三）探索少数民族流动人口服务管理站点的标准化建设

2019 年 5 月大连市政府制定并下发了《关于少数民族流动人口服务管理站点标准化建设的实施细则（试行）》，成为国内首个在市区范围内推进少数民族流动人口服务管理站点标准化建设的城市，详细内容见表 9-3。总体上来看，大连市基于现有社区民族工作的经验与资源，进一步推进服务站（点）或窗口的标准化建设，通过政府的主导作用，促使社会治理资源进一步下沉到基层。

表 9-3　大连市少数民族流动人口服务管理站点标准化建设实施细则的内容

项目	具体内容
建设原则	因地制宜、合理布局、注重基层、实用为要

---

① 《大连市户籍管理若干规定》（大政发〔2019〕5 号），大连市政府门户网站，2019-01-18。

项目	具体内容
总体布局	层级分布要求：区市县级服务站、街道级服务站、社区级服务站 区域布局要求：中心城区和新市区实现服务管理站点全覆盖；其他地区实现每个中心城镇都建站
人员及配套条件	有队伍、有场所、有标识、有设施、有项目、有制度
任务分工	市民族和宗教局做好服务站点的总体建设统筹规划、经验推广、指导协调； 机关企事业等部门做好相关工作的行政管理，做好下属公共服务机构、公共文化设施、窗口行业及公园景区等人流密集地服务驿站建设的指导协调工作； 各级服务站点的日常维护，以设置单位为主，所需保障费用，由市、区两级财政共同投入

第三节 义乌经验：社会组织参与城市民族事务治理

一 "义乌经验"的背景

（一）义乌市概况①

义乌市位于浙江中部，是金华市下辖的一个县级市，是国家级国际贸易综合改革试点城市，"一带一路"倡议重要节点城市，拥有全球最大的小商品市场，商品出口到 219 个国家和地区。义乌是一个开放的移民城市，不仅是国内流动人口的聚集地，同时还是国外移民经商、贸易与生活的热点城市。来自也门、伊拉克、埃及、叙利亚、马里、阿富汗等国的穆斯林移民数量过万，在义乌主要从事外贸、翻译、物流、餐饮等行业，共同为义乌市的经济社会发展做出了贡献。其中，义乌市江东街道鸡鸣山社区户籍人口有 3515 人，外来人口约 2.5 万人，其中有 28 个少数民族 2000 余人，58 个国家和地区 1115 名境外人员，2016 年获评第四批全国民族团结进步创

---

① 义乌市人民政府：《构建"四位一体"的城市融入模式》，《民族工作研究》2017 年第 2 期。

建活动示范单位，被誉为"联合国社区"①。义乌市在城市民族工作中逐步探索出了"四位一体"的城市融入模式，2017 年成功入选第三批全国少数民族流动人口服务管理示范城市。

（二）城市民族事务的特点

一是流动人口数量大，增幅明显。截至 2018 年 6 月 20 日，流动人口为 1462611 人，较上年同期增加 159833 人，增幅为 12.27%。从总体上来说，流动人口以中、青年为主，16 岁以下的有 107406 人，占流动人口的 7.34%；16~34 岁的有 807177 人，占 55.19%；35~59 岁有 523666 人，占 35.8%。流动人口以从事生产制造业为主，占 35.11%，从事其他职业的（企业管理、翻译、医生、教师等职业）占 47.59%，从事其他商业服务的占 5.86%。

二是少数民族流动人口主要来源于西南、中南、西北地区。2018 年共登记 53 个少数民族 144130 人，占流动人口总量的 9.85%，其中苗族、布依族、土家族、回族、彝族 5 个少数民族人口超过 1 万人，壮族、侗族、朝鲜族、瑶族、畲族、仡佬族、水族、白族、满族、维吾尔族、哈尼族、蒙古族、黎族 13 个少数民族人口超过 1000 人（见表 9-4）。

表 9-4　少数民族流动人口民族构成与数量统计

少数民族	人数（人）	占比（%）
苗族	33872	23.50
布依族	26116	18.12
土家族	18938	13.14
回族	14331	9.94
彝族	11799	8.19
壮族	7376	5.12
侗族	6540	4.54

---

① 《义乌江东街道鸡鸣山社区文化家园：五洲同悦 乐众惠民》，《浙江新闻》2018 年 3 月 23 日。

续表

少数民族	人数（人）	占比（%）
朝鲜族	3956	2.74
瑶族	2489	1.73
畲族	2027	1.41
仡佬族	1885	1.31
水族	1578	1.09
白族	1534	1.06
满族	1503	1.04
维吾尔族	1500	1.04
哈尼族	1271	0.88
蒙古族	1226	0.85
黎族	1112	0.77
其他（1000 人以下）	5077	3.52
合计	144130	100.00

三是穆斯林流动人口占比大，人数众多，民族宗教事务管理面临一定的压力。义乌是东部沿海伊斯兰教工作重点城市，目前，全市共有穆斯林约 2.5 万人。截至 2018 年 6 月 20 日，义乌市国内穆斯林流动人口在册16613 人，其中回族和维吾尔族最多，回族占穆斯林流动人口的 86.3%，维吾尔族占 9%，与上年同期相比，穆斯林人口增长了 2041 人（见表 9-5）。据不完全统计，2015 年 9 月，长三角（上海、浙江、江苏）的穆斯林流动人口达到了 21.7 万人，其中浙江省穆斯林流动人口有 7.7 万，主要集中于杭州、义乌、宁波等城市。① 同时，义乌市还有大量的境外穆斯林流动人口，人口有 1 万余人。每周五前来伊斯兰教活动场所礼拜的中外穆斯林达到7000 余人，高峰时达到上万人。

---

① 袁年兴、许宪隆、王迪：《穆斯林流动人口社会融入的代际比较研究——以长三角地区的调查数据为例》，《中南民族大学学报》（人文社会科学版）2016 年第 2 期。

表 9-5　穆斯林流动人口数量情况

单位：人

民族	2018 年 6 月	2017 年 6 月	2018 年人口占比（%）
回族	14331	12009	86.26
维吾尔族	1500	1993	9.03
哈萨克族	104	74	0.63
东乡族	498	320	3.00
柯尔克孜族	30	20	0.18
撒拉族	127	124	0.76
塔吉克族	1	2	0.01
乌孜别克族	20	27	0.12
保安族	2	3	0.01
合计	16613	14572	100.00

二　义乌市城市民族事务治理的实践

（一）治理理念：构建"四位一体"的穆斯林流动人口城市融入模式

义乌市委、市政府高度重视城市民族工作，探索建立了融"教育、引导、服务、管理"为一体的"四位一体"穆斯林流动人口融入城市模式。在 2016 年 4 月召开的全国宗教工作会议上，习近平总书记高度评价义乌宗教工作。

1. 注重教育，帮助外来流动穆斯林融入义乌

积极开展电子商务、法律法规、语言教育等各类培训。2016 年，在鸡鸣山社区、福田社区等免费举办少数民族普通话培训班，截至 2018 年已开展培训 190 余次，共计培训 4000 余人次。被国家民委主任巴特尔称为伟大的事业。

2. 注重引导，积极构建健康的宗教关系

通过举办篮球赛、民族体育运动会、体验民俗文化等方式，加深与伊斯兰教代表人士的联系联谊。通过在伊斯兰教场所升挂国旗、张贴爱国爱

教标语等方式，宣扬和平、宽容、仁慈、诚信教义。从 2006 年开始，在每届安排 2 名政协委员的基础上，每年邀请穆斯林代表旁听政协开幕式。

3. 注重管理，提升伊斯兰教活动场所规范化水平

建立"政府指导、群众推选、民主协商"的管理组和"群众推荐、民管会票决、政府考察、定期换届"的阿訇聘任模式。2008 年至今，每逢主麻日，民宗局都牵头全程执勤。2018 年 11 月 17 日起，开展人员、物品进场所安检。强化穆斯林礼拜点管理，3 年来取缔、整合穆斯林违规礼拜点 6 处，依法纳管 16 处。

4. 注重服务，营造良好的生产生活环境

创造条件解决宗教生活问题，2001 年设立伊斯兰教临时活动场所，现场所占地 22 亩，礼拜殿面积 3230 平方米，免费提供给穆斯林使用。积极联系落实开斋节宰牲场地。帮助伊斯兰教代表人士子女在义乌入学。

（二）治理模式：党委、政府主导保障，社会组织教育服务

1. 党委主导保障与管理

（1）成立市民族工作领导小组，并根据工作实际需要，及时调整领导小组成员。制定并出台《义乌市关于加强和改进少数民族流动人口服务管理工作的实施意见（试行）》及责任分解表，明确各部门工作职责。

（2）完善部门协作机制。建立民族工作联席会议制度，对工作中的重点、难点问题共同研究、共同解决。加强对执法部门、窗口服务部门的民族政策执行情况监督。市人大每年对各部门落实少数民族群众权益保障问题进行专项督查。

（3）完善属地管理机制。夯实工作基础，绘制民族工作"民情地图"，完善全市民族工作信息数据库。构建市、镇（街道）、村（居）三级工作网格，将民族工作下沉到镇（街道）、村（居）两级，实行属地管理并列入日常考核。

（4）完善流入地、流出地联动机制。加强与少数民族流动人口主要流入地管理部门对接联动，积极发挥新疆工作站和青海、宁夏等在义乌商会

的作用，促进义乌及流出地的经济发展与民族融合。如会同青海民和回族土族自治县民宗等部门开展拉面店业主十九大精神学习宣讲等。

2. 社会组织教育服务

（1）社区服务规范化建设。打造"6+X"社区工作模式。积极开展民族团结进步示范单位培育工作，主动探索、打造包含场地设施、活动载体、志愿队伍、责任人员、配套机制、考评标准及特色项目在内的"6+X"工作模式。

（2）培育社工服务融入模式。通过政府购买服务、社工提供服务的形式，发动以同悦社工为代表的社会组织，广泛参与嵌入式社区打造，开展教育培训，组织联谊活动，逐步形成"党委、政府主导保障，社会组织教育服务"的工作模式，实现"社区""社工""社会组织"三社联动，使少数民族融入工作得以进一步向基层延伸。

（3）建立完善自我管理模式。完善义乌市伊斯兰教活动场所民管会"政府指导、群众推选、民主协商"的组建模式和"民管会推荐候选人、相关部门考察、协商确定"的阿訇选聘模式，实现了非穆斯林地区伊斯兰教场所的依法管理、民主管理。同时，指导阿訇、民管会成员及穆斯林志愿者共同参与维护场所主麻日及重大节日的活动秩序。

（三）治理机制：社会组织参与治理，实现"三社"联动

义乌市委统战部（民宗局）深入贯彻落实中央民族工作会议、全国城市民族工作会议精神，创新机制，采用"政府购买服务，社会组织提供服务"的模式，实现"社区""社工""社会组织"三社联动，打造互嵌式社区，帮助少数民族流动人口融入义乌。其中，形成了一批以"义乌市同悦社会工作服务中心"为代表的社工组织，积极参与承接政府购买服务，助推义乌社会治理创新。

1. 学国语（普通话），消除语言隔阂

义乌市始终坚持将语言相通作为少数民族融入的基础前提。在前期充分调研的基础上，经过半年筹备，2016 年 3 月，义乌市民宗局、义乌市同

悦社会服务中心在鸡鸣山社区共同举办了义乌市第一期少数民族普通话培训班，共有 30 余名少数民族同胞参加培训，开课 90 次，每次两个半小时。2017 年 6 月又举办了第二期少数民族普通话培训班，共开课 112 次。参与培训的少数民族同胞有在义乌从事外贸工作的老板和员工，有清真餐厅经营者，也有街头烤馕的大叔，甚至还有十多名不同年龄的小朋友。在语言培训中，因发现维吾尔族群众有儿童课业辅导要求，2017 年 9 月又在鸡鸣山社区增设了周末语文辅导课程，同时还开展了中华古典诗词诵读等活动。此外，在福田社区等少数民族聚居社区也依托周边学校等资源开展了少数民族国家通用语言培训。

2. 学法规，化解矛盾纠纷

在语言培训的基础上，在社区深入开展国家法律法规、民族政策宣传。坚持"一视同仁服务，一视同仁管理"原则，组织编印了《少数民族流动人口实用手册》，在少数民族流动人口较为集中的社区免费发放，在居住证办理、子女就学、营业执照办理、创业培训、社会保障、社会救助、法律援助等 7 个方面提供了办事指南。根据社区特色，提供菜单式服务，服务项目包括入住申报、家政、医疗、房屋租赁等十余项。邀请行政执法局、教育局等管理部门向社区少数民族同胞宣讲城市管理规章制度、儿童入学政策等。邀请律师等为社区少数民族同胞宣讲法律知识，提供免费的法律咨询服务。近年来，已累计举办少数民族法律培训、法治教育讲座等 13 次，受训 2000 余人次。同时在社区建立"少数民族服务站"等，组织少数民族同胞参与法律法规宣传及矛盾纠纷调解，促进民族团结、社会和谐。

3. 学电商，助力共创共富

以社区为平台，整合高校等各类资源，针对少数民族同胞需求，制定以电商为主的课程规划，建立"有规划、有平台、有跟踪"的创业培训工作机制。"义乌市鸡鸣山社区连续 4 年为少数民族同胞开展电子商务类的技能培训，开设'淘宝店铺装修美工''网店推广与营销''国际电子商务速卖通营销工具使用'等十多门课程，参加培训的少数民族同胞近 500 人次，其中 80% 的学员在培训后开起了自己的网店。"① 2018 年以来，针对电商发展的现状及面临的新形势、新问题，又在四季社区举办了"同心筑梦 携手同行"系列电商培训活动，以课堂培训、创业分享、小组沙龙、实操演练等多种形式，切实提升参训少数民族同胞的电子商务技能水平。下一步还将根据活动收集到的反馈信息，进行有针对性的小组培训，提供一对一的创业导师服务，特别是在产品推广、客户群收集、大数据利用等方面进行有效指导，助推少数民族同胞融入义乌电子商务大平台，创业致富。

4. 共联谊，促进文化融合

以传统节日为契机，通过美食、音乐、体育等文化活动搭建文化交流平台，邀请社区本地居民、少数民族同胞共同参与，促进交往交流交融。如 2018 年宾王社区在清明节邀请了少数民族同胞一起制作清明粿，并将亲手制作的清明粿与社区居民一起分享；四季社区在端午节开展了"民族通融，粽情端午"，不但安排了包粽子比赛，还举办了端午节知识问题等互动环节，在增进情感交流的同时，也提升了对传统文化的认识；鸡鸣山社区组织少数民族同胞唱红歌、剪纸、练习书法等，体验中华民族传统文化的魅力，进一步铸牢中华民族共同体意识。2017 年以来还相继在各社区举办了庆中秋文艺汇演、儿童夏令营、骑行美丽乡村等各类文体活动 13 次，以增进了解，凝聚人心。

5. 共参与，推动双向服务

推进少数民族志愿者服务体系建设，在少数民族较为集中的社区成立各类志愿者服务队伍，如在福田街道相关社区建立少数民族"街长"制度，建立"少数民族联络室"，在稠城街道相关社区组建少数民族"更夫"（夜间治安巡查）队伍，在北苑街道相关社区组建少数民族"红石榴"志愿者服务队伍，组织少数民族同胞参与社区治安巡查、文明劝导、卫生创建、"五水共治"等各类活动，邀请少数民族代表为社区事务发展建言献策，提高社会认同感和责任感。切实发挥少数民族志愿者参与民族矛盾纠纷调解、

① 周松强：《包容性城市建设与少数民族流动人口社会融入——基于浙江义乌的个案考察》，《四川省社会主义学院学报》2018 年第 1 期。

参与基层社会治理的积极作用。

三 提供市民化管理与服务，积极推进新市民落户

（一）按照国家标准，推进居住证制度建设，居住证的福利水平有一定的缩减

2017 年 1 月 16 日义乌市颁布《义乌市流动人口居住登记管理办法》（以下简称《管理办法》）。从居住证规定的福利来看，包含 15 项公共服务、权益或办事便利，如可以缴存、提取和使用公积金，可参加本市城乡居民基本医疗保险等服务。新的《管理办法》不再把流动人口子女入学（进入公立学校入读）列入居住证福利项目，相关的解释指出，子女入学问题以教育局当年出台的招生政策为准。与旧的政策相比，新的《管理办法》在子女教育这项公共服务上出现了缩水。这与近几年义乌市流动人口增量过快，义务教育等公共服务面临较大的压力有关。

（二）适度调整放宽户口迁移政策

义乌市根据城镇化进程、产业发展和城镇人口集聚等需要，结合城镇承载能力，以具有合法稳定住所或合法稳定职业为基本条件，以"经常居住地登记、人户一致"为基本原则，对城乡落户政策进行适当的调整和完善。① 义乌市落户申请条件的门槛大大降低。总体上看，落户门槛要低于申请居住证的门槛，这在一定程度上表明了，政府大力推进农业转移人口市民化的决心，积极推动新市民落户义乌。

本章小结

第一，从治理理念上来看，上述城市均把城市民族事务治理纳入城市治理的大格局，从城市治理的大格局中谋划民族事务治理，通过创新体制

---

① 《关于印发义乌市户籍制度改革实施意见的通知》（义政发〔2016〕25 号），义乌市政府门户网站，2017-06-06。

机制下沉治理主体与治理资源,推动城市民族事务的社会建设。西宁市作为民族地区的多民族聚居的城市,主动对接中央的战略部署与区域定位,以生态文明建设与社会建设为内核,建设"幸福西宁",打造民族团结进步的"西宁模式"。大连市作为散杂居地区的大型城市,积极推进全域城市化建设,依托发育较为成熟、规范化建设的社区,大力推进民族工作的社区化、专业化与标准化建设。义乌市作为一个外来移民型的城市,通过社会组织与社会力量介入流动人口服务与管理,开展针对少数民族流动人口的语言文化和职业技能培训,积极推进外来人口的城市融入。上述城市的工作实践体现了"民族工作涉及方方面面,方方面面都有民族工作"的新时代特征,城市民族事务治理需要树立广义民族工作的理念。①

第二,从治理模式上来看,多元主体参与城市民族事务社会治理已成大势所趋,政府通过"党政高位推进""智能化管理平台""社会组织教育服务"等方式,为社会力量、社会大众参与社会治理搭建"利益诉求平台"和"公共互动平台"。从西宁经验来看,鉴于社会力量发育薄弱,党政高位推进民族团结创建,搭建"十进"创建载体,实现了社会大众的协同参与。大连市的经验表明,通过构建智能化的社会管理信息平台,有效整合行政、市场、社会三方资源,从而实现民意的有效表达与问题的及时响应。义乌市充分发挥本地社会组织较为发达的优势,政府通过购买公共服务,引导社会组织介入社区服务,通过规范社会团体的发展,推动民族宗教性质组织实现自我管理与自我服务。

第三,从治理机制上来看,以党政为核心的纵向整合机制仍发挥着主导作用,社会的横向协调能力仍显薄弱,越是西部地区党政的主导作用越强,社会力量发挥的空间越有限。在纵向整合机制建设上,西宁市突出了党政的引领作用,尤其是强调党委统揽民族团结创建,列入"一把手"工程,实现民族事务治理的高位推进;在治理过程上,科层式治理与运动式治理并行,依托常设协调机构与目标考核体系,强化政府纵向整合能力。大连市以 365 信息化管理平台为载体,实现了区级层次各职能部门的横向联

① 郝时远:《习近平新时代中国特色社会主义思想与民族工作》,《民族研究》2017 年第 6 期。

动以及职能部门与基层自治组织的纵向链接；以少数民族流动人口服务站标准化建设为载体，通过标准制定、督促检查和示范表彰，推进社区力量参与民族事务治理。义乌市政府相关职能部门为社区建设投入资源、财力与项目，由社区牵头购买公共服务，为社区提供了专业化与高水平的服务。其中，政府通过转移服务项目、下移管理权限、创设发育空间，为社会组织的发育与运行提供了资源和空间，有力促进了横向社会协调机制的建设。

第四，从市民化的推进政策来看，西宁、大连、义乌三个城市基本坚持了市民化进程"两条腿走路"的方针，但是在推进的程度、力度与效果上存在差异。从国家的层面来看，国家积极鼓励市民化进程的"两条腿走路"的方针，即"一方面大力推动农民工在城镇落户，从而即时、全面地享有各项市民权益；另一方面对于尚未落户的农民工，着力推动其持居住证逐步、逐项地享有平等市民权益"①。上述三个城市根据国家对于不同规模城市户籍门槛开放的要求，制定了不高于国家标准的落户标准，尤其是西部的西宁市力度最大，义乌市也积极推行新市民落户义乌。从居住证的改革来看，三个城市都建立了以居住证为载体的人口服务、管理的社会治理体系，把流动人口纳入城市常规化管理与服务体系中，根据城市的不同情况，适当地提高居住证公共服务与便民服务的含量。总之，区域分布、城市规模与流动人口规模等因素都在不同程度上影响着市民化进程，决定着地方政府户籍改革的力度。

---

① 沈水生：《农民工市民化的可能路径及政策建议》，《行政管理改革》2019 年第 7 期。

第十章　结论

伴随中国城镇化的发展步伐，少数民族流动人口已经成为外出务工流动大军的重要一分子，是现代产业工人队伍的重要组成部分，是中国现代化建设的重要力量。2014 年中央民族工作会议指出，中国进入了各民族跨区域大流动的活跃期。这种活跃期的生成，既来自区域、城乡、阶层发展不平衡、不充分产生的"推动力"，也来自十八大以来国家大力推进新型城镇化战略的"牵引力"。新型城镇化以人的城镇化为核心目标，积极推进农业转移人口的市民化进程。流动人口的市民化（绝大部分是农民工）就是要把城市由人口流迁、生存的"过客驿栈"，转变成壮大市民群体的"幸福家园"，让长期工作、定居城市的沉淀型人口转化成市民，享受与城市市民同等的公共服务和权益保障。

本部分主要基于 2017 年全国流动人口卫生计生动态监测调查、2018～2019 年课题组开展的 8 个城市少数民族流动人口合法权益保障的社会调查，对城市少数民族流动人口的总体趋势、新特征、权益保障状况、重点、难点与对策做总结性分析。

第一节　城市少数民族流动人口的总体态势与新特征

中国的流动人口是长期实施的城乡二元分治管理体制与快速的市场化发展综合作用的产物。从本质上来看，由于没有本地城市户籍，流动人口在追求经济理性的同时，缺乏国家对其社会身份的法定承认与公民权利的应有保障，因而处于城市社会的边缘状态。少数民族流动人口是流动人口中一个重要的组成部分。因其宗教文化的特殊性、社会经济地位的弱势性、来源地区的欠发展性，这部分群体的合法权益保障关系到各民族"两个共同"目标的最终实现，关系到中华民族共同体的凝聚力与向心力，引起社会的广泛关注。

进入 21 世纪，随着中国外出务工流动大军的逐渐壮大，少数民族在流动人口中的占比呈现上升的趋势，由世纪之初的 5.7% 上升到 2017 年的 9.41%，接近流动人口总量的 1/10。从民族构成来看，少数民族流动人口的数量分布与民族人口规模有很强的相关性，排在前十位的民族分别为回族（2.07%）、壮族（1.24%）、藏族（0.91%）、满族（0.69%）、苗族（0.67%）、土家族（0.66%）、维吾尔族（0.55%）、蒙古族（0.46%）、彝族（0.42%）、侗族（0.21%），上述民族也是总人口排名前十位的民族（2010 年第六次全国人口普查）。民族的性别比例趋于平衡，接近 1∶1，75.4% 的人已婚。63.1% 人员年龄在 38 岁以下，新生代农民工已经成长为少数民族流动人口的主力。在受教育程度上，初中及以下学历占 69.4%，高中及以上学历的比例呈上升趋势。流动人口中农业户籍人口占据绝大多数，高达 83.1%，比汉族流动人口高出 5.7 个百分点。

从就业单位、就业身份、个人收入、住房来源等经济社会指标来看，少数民族流动人口与汉族流动人口的共同性要大于差异性，两者的差异很小，作为流动人口整体的一部分共同处于社会的底层。具体来看，少数民族流动人口中 65.6% 从业于个体工商户、民营企业等非正式就业居多的部门，85% 为雇员和自营劳动者，59.6% 月收入在 3500 元以下，54.7% 人租住私房，自购商品房比例仅有 15.9%。

随着中国城镇化战略、经济结构与区域发展态势的变化，少数民族的人口流动呈现出新特征。（1）总体规模与数量不断增加，接近流动人口的 1/10，已经成为一支不可小觑的社会力量，需要全社会共同关注少数民族流动人口的市民化问题。（2）与汉族相比，少数民族省内流动多于跨省流动，少数民族流动人口省内就地城镇化的现象更为普遍。跨省流动多流向西部地区和东部地区，且呈现出逐年上升趋势。（3）人口流动趋于长期化与家庭化。从流动时长来看，少数民族在流入地居住 2~5 年的比例为 38.4%，居住 6~10 年的比例为 23.8%。82.3% 的人选择今后打算继续留在流入地。课题组调查数据显示，两口及以上人口家庭举家搬迁的比例占调查样本（1055 人）的 71.6%，家庭化迁移已经成为主流趋势。（4）与汉族相比，少数民族流动人口有更强的落户意愿。42.3% 的少数民族在符合条件的情况下，愿意把户口迁入流入地，比汉族高出 3.6 个百分点。课题组调查数据显示有 46% 的人愿意无门槛落户流入地。

第二节 社会分化视角下城市少数民族流动人口合法权益保障分析

在对少数民族流动人口的调研与研究中，通常存在一种同质性的观点，即把少数民族流动人口视为无差别的同质性群体。这种认识在城乡壁垒较为森严、城乡流动规模较小的历史时期，具有一定的合理性。但是随着城镇化的快速推进，不仅少数民族流动人口初始流迁的生计资本存在较大的差异，而且在进入、适应城市生活中，流动人口群体自身也出现了较大的分化与分层现象。因此，需要从"异质性"视角看待少数民族流动人口，关注这个群体在代际、户口身份、就业身份、文化生活等方面的差异性。本部分基于课题组开展的社会调查数据，有如下结论。

一 农民工代际差异

在本项调查中，少数民族新生代农民工与第一代农民工的比例为 7：3，新生代农民工已经成为农民工主力。新生代农民工普遍受教育水平较高，拥有较高的人力资本，找工作过程中对乡土社会资本的依赖减弱，但是仍存在人力资本和职业技能匮乏的现象。第一代农民工比新生代农民工月平均工资高出 937.4 元，月均消费相差不大。新生代农民工接受职业技能培训的比例、对法律法规的认知水平、社会保障参保水平方面均高于第一代农民工。与第一代农民工相比，新生代农民工表现出更强的落户城市的意愿。综合受教育程度、职业技能、社会保障水平和落户意愿，新生代农民工的城市融入能力与水平更高，政府应该把新生代农民工，尤其是其中具有普通高等学校/中高等职业院校学历的人员，作为市民化的首要目标和对象。

二 户口身份差异

在中国，流动人口不仅有"城乡差分"，还有"内外之别"①。前者是户籍类型不同造成的城乡差别，后者是户籍地差异产生的城市户籍流动人口，这构成了"乡—城"与"城—城"两种流动模式，形成了少数民族农民工与城市户籍流动人口两类群体。与少数民族农民工相比，城市户籍流动人口在受教育水平、收入水平、消费水平、社会保障等方面具有显著优势。而与城镇正式就业部门的就业人员相比，仅从收入水平来看，少数民族流动人口又处于劣势。少数民族流动人口中的农民工群体，处于农村人与外来人的双重弱势地位，因此，需要给予特别关注与政策保障。

三 就业身份差异

职业分化是流动人口社会分化的最主要的标志。从就业身份来看，少数民族流动人口受雇与自雇人员的比例分别为 58% 和 42%，自雇人员多从业于个体工商业或民营企业。自雇人员与受雇人员在社会经济地位上有显著的差异。自雇人员在收入水平、消费水平、社会保障水平上均优于受雇人员。在权益需求的重要性与迫切性上，自雇人员比受雇人员更倾向于把市民权益作为第一重要性权益和第一迫切性权益。这也说明，少数民族流动人口中的自雇人员具有较高的经济市民化水平，市民化意愿更强烈，对市民权益提出了更高的要求。

四 文化生活差异

文化生活差异对少数民族流动人口权益保障的影响通过三个方面体现出来：第一，民族身份差异与地域性差异相结合，与受教育水平有一定的关联性，影响到少数民族流动人口的人力资本。一些来自西北和西南地区的少数民族的受教育程度多处于初中及以下学历，文化素质较低，进入城

---

① 杨菊花：《城乡差分与内外之别：流动人口社会保障研究》，《人口研究》2011 年第 5 期。

市面临人力资本匮乏的问题。第二，在一些少数民族中，民族文化、宗教的特殊性，诸如饮食差异、语言障碍、文化不适应，构成其就业中的障碍性因素。比如，一些信仰伊斯兰教的群众面临"入口"问题，维吾尔族、藏族中部分成员普通话掌握不熟练，影响到日常交流与工作。第三，一些民族对于民族文化、宗教权益有特殊的需求，集中在宗教活动场所、清真饮食供应、民族节庆假期、民族教育等方面。

第三节　城市少数民族流动人口合法权益保障的重点与难点

少数民族流动人口的合法权益涉及经济、政治、社会、文化等诸多领域，但是他们对权益的现实需求有不同的权重和优先次序。因此，需要从少数民族流动人口权益"需求端"出发，基于少数民族流动人口对权益重要性与迫切性的主观认知，确定政府改革施策的缓急、步骤与重点。根据课题组社会调查的结果，居第一重要性权益和第一迫切性权益前四位的均是工资、社会保险和福利、子女教育及住房四项权益，同时，他们对民族文化、宗教权益也有一定的需求。城市少数民族流动人口合法权益保障的重点和难点有如下几点。

（一）"底线型"劳动权益保障较好，但整体就业质量不高，社会保险参保率低，增大了少数民族流动人口市民化的成本与社会风险

少数民族流动人口绝大多数能够按时领取工资，也存在小比例工资拖欠和迟发现象，调研城市的工资收入基本符合国家最低工资标准的规定，大约有2/3的雇工人员签订了合同，总体来看，"底线型"劳动权益保障较好。但是，他们普遍存在加班现象，通过超长加班获得更高的加班费或计件工资，很少有自己的休息时间，劳动强度大。月均工资为5380元，80%人的月均工资在3000元以下，内部有较大贫富分化现象，与城镇正式就业部门相比，收入有较大差距。69.5%的人分布在饮食服务业、生产制造业和建筑业，以自雇和小规模的雇工形式为主要就业形式，非正式就业和非正

式就业部门是少数民族流动人口就业的主要特征。非正式就业形式处于政府监督体系之外，处于城市就业市场的低端，就业质量受到影响。从社会保障情况看，除了养老保险和工伤保险参保率在 40% 以上之外，其他险种和公积金参加率均在 30% 以下，拥有两种及以上险种的比例均在 10% 以下。城市社会的市场化水平和高风险性，增大了少数民族流动人口的市民化成本，低水平的社会保障又放大了他们适应城市中的社会风险。

（二）城市政府在不同程度上面临公共教育均等化的压力，人口输入型城市公办教育与民办教育双重供给不足，流动人口随迁子女异地中考、高考改革仍面临户籍瓶颈

随着少数民族流动人口外出流动的长期化与家庭化，同住子女的教育需求日益迫切。城市自身规模与人口流动数量决定了城市政府面临流动人口随迁子女教育需求的压力存在大小的差异。大连市作为民族散杂居的典型城市，少数民族流动人口的规模与数量仅占很小的部分。大连市的少数民族流动人口基本能够实现就近入公办学校就读的目标。义乌市 2018 年常住户籍人口为 82 万，外来流动人口超过了 142 万，流动人口远远超出了户籍人口的规模，是一个典型的人口输入型的移民城市。在义乌，流动人口随迁子女普遍面临就近入学难的问题。访谈中了解到，义乌市的教育资源基本按照 70 万~80 万户籍人口的规模进行配置，短期内流动人口增量太大，导致了公办教育资源的紧张。① 课题组调查数据也显示，由于公办教育供应不足，少数民族流动人口随迁子女教育面临的主要问题是民办学校数量少、民办学校师资和教学条件差。

少数民族流动人口随迁子女教育面临的另一个重要问题是，流入地中考、高考资格受户籍身份的限制。调研的三个城市中，大连市在《居住证暂行办法》中规定同住子女可以参加中考、高考，在常住人口异地中考、高考上做出了突破性改革。而在人口流入较多的义乌市，高考仍然不对流动人口开放。访谈中，鸡鸣山社区 H 主任讲了一个案例。

---

① 来自课题组对义乌市民宗部门的访谈。

　　一个从小在义乌长大的新疆籍小女孩,她已经完全融入义乌,但因为高考不得不返回新疆。刚回新疆的时候,与新疆的生活环境反而多了些隔膜与生疏,身边没有朋友,没有父母陪伴,十分孤独,经常流泪哭诉。

　　这事实上形成了一个悖论:流动人口较少的城市,教育资源均等化压力较小,容易对流动人口开放公办教育资源;而流动人口较多的城市,教育资源均等化压力较大,往往会限制公办教育资源的均等化。正是流动人口较多的城市,能够在推进国家市民化进程中做出更大的贡献,更需要在教育制度上做更大尺度的改革。这无疑需要国家从全局角度进一步统筹完善流动人口市民化的激励机制与教育资源地区间的再平衡机制。

(三) 少数民族流动人口 (尤其农民工群体) 居住环境普遍较差,以租住房屋为主要居住形式,自购房屋比例较低,住房上面临市场化门槛过高与户籍制度的双重限制

　　课题组社会调查显示,四成多的少数民族流动人口生活在环境较差、公共服务配套不完善的社区;63.4%的人以租赁住房为主,无自购住房的比例占到八成。少数民族农民工的居住社区要明显差于城市户籍流动人口,与全国农民工相比,少数民族农民工租赁房屋比例比全国平均水平(61.3%)高8.5%,自购房屋比全国平均水平(19%)低8%。

　　国务院发展研究中心相关调研指出,流动人口的定居意愿与购买住房具有事实上的重合关系,高达65%的农民工认为,没有自有住房就不愿意落户。[1] 保障流动人口的住房权益,关系到流动人口的落户意愿,进一步影响到农业转移人口的市民化进程。地方政府如果要想在市民化进程中取得突破性进展,必须要解决流动人口的住房问题,使流动人口沉淀在城市,有长远的生活预期,才能充分释放这部分人群的消费潜能。在现实中,大中型城市的房价水平早已超出了农民工的承受能力,租住的房屋也出现了

---

[1]　赵俊超:《市民化政策应紧扣农民工定居决策过程》,《中国发展观察》2017年第2、3期。

水涨船高的现象，更遑论特大型城市。随着新型城镇化进程的推进，大中型城市对落户的"住房"与"职业"界定日益宽松，但是作为准公共资源的公租房、廉租房、住房补助等尚未对流动人口开放，这无形中增加了流动人口定居城市的成本。可见，市场化的价格门槛与户籍制度的制度门槛共同作用，阻碍了少数民族流动人口的市民化进程，降低了他们落户城市的意愿。

（四）少数民族流动人口在市民化进程中，还面临文化适应问题，具体体现为技能型文化适应和精神型文化适应两类问题

城市中的民族文化适应问题，是少数民族流动人口区别于一般流动人口的重要特征。从社会调查结果来看，民族文化权益方面的诉求远远没有收入、住房、教育等经济诉求重要，甚至只在少数民族流动人口的主观需求中占很小的比例。但我们认为，仍需要高度重视少数民族流动人口面临的两类文化适应问题：一类是技能型文化适应。一些少数民族成员由于国家通用语言不通或者不熟练，在生活和工作中面临交流障碍，渴望学习和掌握国家通用语言。另一类是精神型文化适应问题。一些具有宗教信仰的少数民族群众，希望能够正常地过宗教生活，解决特殊饮食习惯而出现的"入口"问题，还有一些是满足民族教育与民族文化传承的需要。对于一些城市而言，由于流动人口增量过大带来民族事务的增容与过载现象，城市政府在满足少数民族的民族文化、宗教权益需求上面临一定的压力。

第四节　城市少数民族流动人口合法权益保障的原则与对策

从基本原则来看，城市政府要牢固树立"以人民为中心"的治理理念，建设"管理—服务型"政府；完善党政主导、社会全员参与的社会治理格局，形成广义民族工作的格局；激发社会主体与社会力量参与民族事务治理的热情与动力，建立和完善党政与社会力量共同参与民族事务治理的体制与机制；以农业转移人口市民化和常住人口公共服务的均等化为路径，大力推进流动人口的社会建设与公共服务供给；关注城市少数民族流动人口的内部分化现象，关注不同类型群体的权益保障和城市适应问题。

总之，要以"城市融入"为核心目标，以提升城市政府治理能力为主线，着力解决影响少数民族流动人口市民化的一般性的公共服务均等化问题与特殊性文化适应问题。少数民族流动人口作为流动人口的一分子，面临的问题更多带有共性，不能因其民族身份而做特殊化、复杂化、敏感化处理。就精准施策而言，城市政府需要着重解决以下问题。

（一）以职业技能、国家通用语言培训为核心内容，不断提升少数民族流动人口的人力资本，改善就业质量，加快少数民族流动人口的经济市民化进程

就业是市民化的基石与核心，没有充分就业的市民化必定是"无源之水"。打破少数民族流动人口"低质量就业、低保障劳动、低水平生存""三低"循环的关键，就是实现其人力资本的大幅提升与可积累性。流出地与流入地政府要以职业技能培训与国家通用语言培训为突破口，坚持和完善多元化的技能培训体系，以市场需求与民族特色为培训方向，确保少数民族流动人口能够有一技之长。青海省海东市制定《海东市推动拉面产业高质量发展三年行动方案（2019—2021）》，通过职业能力评定机制、鼓励在岗实训、加强经营管理培训、创新培训方式等，加强以拉面制作技能与经营管理为重心的职业培训。义乌市针对新疆籍少数民族群众强烈要求学习国家通用语言的需求，利用高校专业的师资，结合务工人员工作生活实际，持续性、常态化推进语言培训，取得很好的效果。国家及各地区在加强职业技能培训的同时，还要做好各层次、各门类、多领域职业技能标准建设及认定工作，解决流动人口的职业技能因流动难以有效积累的问题。

（二）以子女教育、住房改革、社会保障为社会建设的有力抓手，各地政府根据本地区实际积极提高公共服务的均等化水平，建立多元化的公共服务供给体系

少数民族流动人口市民化意愿和权益选择，受到多种因素的综合作用

影响。在此过程中，户籍开放是"形"，公共服务的均等化才是"实"。随着少数民族流动人口外出的长期化、定居化与家庭化，对随迁子女教育、住房和社会保障的需求必然要提上议事日程，并呈现日益急迫性。

1. 子女教育

各地政府切实落实以"流入地政府为主，普惠性幼儿园为主"的政策。在流动人口较多和公办教育资源紧张的地区，可以考虑"两条腿走路"的政策，以公办教育为主，以民办教育为辅，适度发展民办教育，切实保障民办教育的财政补贴与教育质量。在一些公办教育资源较为充足的地区，全面落实就近入读公办学校，试行异地中考、高考制度。

2. 住房改革

建立多层次的住房保障供给体系。对于长期居住、有稳定工作的少数民族流动人口，逐步纳入城市住房保障体系，分对象适度提供廉租房、公租房、限价商品房或发放租赁补贴。对于农民工集中居住和工作的地区，支持企业或者工厂兴建农民工公寓或者集体宿舍区，按照社会嵌入与民族混居的原则，为符合条件的各民族流动人员提供住房。

3. 社会保障

以劳动安全保障为优先关注点，渐次扩大社会保障的覆盖面与参保率。在国家推进社会保障统筹层次与转移衔接工作的同时，人口流出较多的政府优先做好本地流出人员医保报销与社会保障转移、衔接工作。

（三）流入地政府根据城市规模逐渐放宽流动人口落户城市的"居住""工作"门槛限制，积极推动流动人口市民化进程

新型城镇化规划以及后续的配套措施、年度规划，为不同规模城市落户标准设置了最低门槛，总趋势是放宽城市落户的限制。中西部地区应该抓住中西部人口就地城镇化速度加快的趋势，继续深入推进户籍制度改革，推动省内人口市民化进程。一方面，要把"居住"条件与购房政策松绑，采取有稳定合法居住（包括租赁）的认定条件。另一方面，要逐渐放宽社会保险缴纳年限的限制，降低居住年限的要求，一般以一年为宜。从调查

城市来看，西宁市放宽了居住条件的要求，但是对社会保险缴纳年限有较高的要求（要满足三年）。中西部地区的城市政府应该从区域协调发展与新型城镇化战略高度出发，在综合考虑流动人口规模、城市综合承载能力与公共资源的配置情况下，进一步放宽落户的限制，加快推动人口的市民化进程。政府积极推进市民化进程要与少数民族流动人口的主观意愿相结合，建立以流动人口利益需求与市民化意愿为导向的施政机制。户籍制度改革是市民化进程的重要和关键内容，但绝不是唯一内容。流入地政府要围绕少数民族流动人口在城市工作生活中的重要性权益和迫切性权益，增大公共服务均等化的力度，逐步解决工资、子女教育、社会保障与福利、住房等方面的现实需要，解决少数民族落户或者长期居住的"后顾之忧"。流出地政府要逐步提升流动人口的受教育水平，改善就业质量，完善当地的公共服务与公共设施，以增加城市吸引力与就地城镇化的承载能力。

（四）以党政为主导完善少数民族流动人口服务与管理的各类平台与协同机制，大力扶持和支持"社团""社区""社工"提供专业化的公共服务

中国民族事务治理的优势在于党政的引领与主导作用。这种引领和主导作用表现在党政要理顺与构建多方协作的治理框架与运行机制，建立规范化、制度化、法治化的治理结构与运行规章。首先，利用现代信息技术和大数据资源搭建流动人口数据信息管理平台，与城市政府信息化网格或者物理化网格（片区辖区网格）系统衔接，实现城市民族事务人、事、物、地信息的及时更新与录入。这方面兰州市三维数字社会服务管理中心系统、武汉的城市民族事务网格化管理系统以及大连市365网格化社会治理体系都提供了很好的示范。其次，建立人口流出地与流入地的跨区域协调机制。现实中通常有两种较为常见的做法：一是流出地政府在流入地的派出机构协调机制。如新疆派驻事业编制干部常驻内地的工作小组、青海化隆等县市服务拉面务工人员的临时派出机构。二是人口流入地政府与流出地政府签订框架性的合作协议。在流动人员服务管理、宗教活动期间秩序维护、流动人口信息共享等方面展开政府间合作。再次，要加强城市民族工作基

层末梢——社区的建设。大连市利用社区平台，推动少数民族流动人口服务与管理的广覆盖、规范化与标准化建设，有一定的借鉴意义。最后，鼓励和引导"社团""社区""社工"三社联动参与城市民族事务治理，提供专业化的服务。义乌鸡鸣山社区的经验表明，城市化的发展导致市民需求的升级，需要专业的机构提供专业化的服务。政府要由直接提供服务、深度介入关系协调抽身，通过建立制度规范、购买公共服务、扶持社会力量，为社工、社团参与少数民族流动人口的心理健康辅导、节日联谊、就业技能培训、语言培训、随迁子女关爱等提供保障与支持。

（五）流入地政府做好信教少数民族群众开展正常宗教活动的服务与管理工作，积极引导社会组织和社会力量开展民族文化传承与民族教育工作

少数民族流动人口城市适应的重要内容是文化适应。对于具有宗教生活需求的流动人口而言，需要保障他们在流入地进行合法宗教活动的权益。随着人口跨区域流动的大趋势，一些人口输入型的中东部城市面临人口增量过大的问题。在现有宗教活动场所不足的情况下，当地政府需要做好临时宗教活动场所的规范与管理工作，把流动人口的正常宗教需求纳入政府法治化管理的轨道。随着少数民族流动人口在城市中聚集，一些少数民族高层次人才对于本民族的文化教育与文化传承提出了更高的要求，集中体现为扩大民族学校的规模或者增建民族学校。城市政府在财政资源允许的情况下，可以适当扩大民族学校的招生规模，在各级各类学校中鼓励开设民族文化传承的课程。同时，城市政府要积极发挥和引导城市中各类社会组织、社会力量与市场力量的作用，推动社会主体和市场主体在民族文化传承与民族教育上做出更大贡献。

参考文献

一 外文文献

[1] Barbara Schmitter Heisler, the Future of Immigrant Incorporation: Which Models? Which Concepts?, *International Migration Review*, 1992, 26 (2): 623-645.

[2] Commission on Global Governance, *Our Global Neighborhood: The Report of the Commission on Global Governance*, Oxford: Oxford University Press, 1995.

[3] D. B. Grigg, E. G. Ravenstein and the "laws of migration", *Journal of historical Geography*, 1977, 3 (1): 41-54.

[4] Douglas S. Massey, Economic Development and International Migration in Comparative Perspective, *Population and Development Review*, 1988, 14 (3): 383-414.

[5] E. G. Ravenstein, The Laws of Migration, *Journal of the Statistical Society of London*, 1885, 48 (2): 167-235.

[6] Everett S. Lee, A Theory of Migration, *Demography*, 1966, 3 (1): 47-57.

[7] Gerry Stoker, Governance as Theory: Five Propositions, *International Social Science Journal*, 1998, 50 (155): 17-28.

[8] Han Entzinger, Renske Biezeveld, *Benchmarking in Immigrant Integration*, Rotterdam: Erasmus University Rotterdam, 2003.

[9] John Rees Harris, Michael P. Todaro, Migration, Unemployment,

and Development: A Two-Sector Analysis, *American Economic Review*, 1970, 60 (1): 126-142.

［10］Josine Junger-Tas, Ethnic Minorities, Social Integration and Crime. *European Journal on Criminal Policy and Research*, 2001, 9 (1): 5-29.

［11］Larry A. Sjaastad, The Costs and Returns of Human Migration, *Journal of Political Economy*, 1962, 70 (5): 80-93.

［12］Michael P. Todaro, Lydia Maruszko, Illegal Migration and US Immigration Reform: A Conceptual Framework, *Population and Development Review*, 1987, 13 (1): 101-114.

［13］M. Gorden. *Assimilation in American Life: The Role of Race, Religion and National Origins*, New York: Oxford University press, 1964.

［14］Michael J. Piore, *Birds of Passage: Migrant Labor in Industrial Societies*. Cambridge: Cambridge University Press, 1979.

［15］Oded Stark, J. Edward Taylor, Migration Incentives, Migration Types: The Role of Relative Deprivation, *The Economic Journal*, 1991, 101 (408): 1163-1178.

［16］Robert E. Park, Ernest W. Burgess, *Introduction to the Science of Sociology*, Illinois: The University of Chicago Press, 1921.

［17］Rudolph Heberle, The Causes of Rural-Urban Migration a Survey of German Theories, *American Journal of Sociology*, 1938, 43 (6): 932-950.

［18］Stephen Castles, How Nation-states Respond to Immigration and Ethnic Diversity, *New Community*, 1995, 21 (3): 293-308.

二 中文文献

［1］〔美〕艾尔·巴比:《社会研究方法》,邱泽奇译,华夏出版社,2005。

［2］白友涛等:《熟悉的陌生人:大城市流动穆斯林社会适应研究》,宁夏人民出版社,2011。

［3］包国宪、霍春龙:《中国政府治理研究的回顾与展望》,《南京社会

科学》2011 年第 9 期。

［4］保定召：《国家保障散杂居少数民族的权益（一）》，《今日民族》2003 年第 5 期。

［5］蔡昉、都阳：《转型中的中国城市发展——城市级层结构、融资能力与迁移政策》，《经济研究》2003 年第 6 期。

［6］蔡禾、曹志刚：《农民工的城市认同及其影响因素——来自珠三角的实证分析》，《中山大学学报》（社会科学版）2009 年第 1 期。

［7］蔡禾：《从"底线型"利益到"增长型"利益——农民工利益诉求的转变与劳资关系秩序》，《开放时代》2010 年第 9 期。

［8］蔡禾：《从统治到治理：中国城市化进程中的大城市社会管理》，《公共行政评论》2012 年第 6 期。

［9］蔡禾：《行政赋权与劳动赋权：农民工权利变迁的制度文本分析》，《开放时代》2009 年第 6 期。

［10］操家齐：《农民工社会保障权均等化推进迟滞的深层逻辑》，《社会科学战线》2017 年第 7 期。

［11］曾凡军：《西方政府治理模式的系谱与趋向诠析》，《学术论坛》2010 年第 8 期。

［12］陈斌开、林毅夫：《发展战略、城市化与中国城乡收入差距》，《中国社会科学》2013 年第 4 期。

［13］陈纪、鲁亚倩：《少数民族流动人口城市融入中的社会适应问题探讨》，《贵州民族研究》2016 年第 10 期。

［14］陈建中、解进强编著《外来务工人员社会权益保障读本》，中国经济出版社，2013。

［15］陈杰：《中国住房公积金的制度困境与改革出路分析》，《公共行政评论》2010 年第 3 期。

［16］陈乐齐、王旭东：《民族工作社会化的几种有效做法》，《民族论坛》2005 年第 8 期。

［17］陈明星、隋昱文、郭莎莎：《中国新型城镇化在"十九大"后发展的新态势》，《地理研究》2019 年第 1 期。

［18］陈玮：《新形势下做好民族工作的战略思考——以青海省创建民族团结进步先进区为例》，《青海社会科学》2017 年第 1 期。

［19］陈永亮：《"民族"的"区域"类型及其权利诉求》，《广西民族研究》2018 年第 2 期。

［20］陈云：《构建城市民族工作社会化的新格局》，《中南民族大学学报》（人文社会科学版）2015 年第 1 期。

［21］陈云：《少数民族流动人口城市融入中的排斥与内卷》，《中南民族大学学报》（人文社会科学版）2008 年第 4 期。

［22］大连市统计局、国家统计局大连调查队编《大连统计年鉴 2018》，中国统计出版社，2018。

［23］邓行：《少数民族流动人口权益保护初探》，《中南民族学院学报》（人文社会科学版）2002 年第 3 期。

［24］邓行：《试论发展权与少数民族流动人口的权益保护》，《贵州民族研究》2005 年第 1 期。

［25］杜海峰：《农民工生存与发展状况调查报告》，社会科学文献出版社，2015。

［26］范可：《略论公民权与少数民族权利》，《江苏行政学院学报》2010 年第 3 期。

［27］方堃、杨欣：《少数民族流动人口跨区域服务管理协作机制研究——基于整体性治理视角》，《中南民族大学学报》（人文社会科学版）2017 年第 4 期。

［28］冯虹等：《中国城镇化进程中农民工的就业歧视及其社会风险》，社会科学文献出版社，2016。

［29］高永久、单菲菲：《论城市化进程中少数民族文化权利的法律保护》，《西北第二民族学院学报》（哲学社会科学版）2008 年第 2 期。

［30］辜胜阻：《非农化与城镇化研究》，浙江人民出版社，1991。

［31］辜胜阻：《统筹解决农民工问题需要改进低价工业化和半城镇化模式》，《中国人口科学》2007 年第 5 期。

［32］辜胜阻、李睿、曹誉波：《中国农民工市民化的二维路径选

择——以户籍改革为视角》，《中国人口科学》2014 年第 5 期。

[33] 古丽阿扎提·吐尔逊：《我国少数民族权利法律保护探析》，《民族研究》2011 年第 5 期。

[34] 国家民族事务委员会编《中央民族工作会议精神学习辅导读本》，民族出版社，2015。

[35] 国务院发展研究中心课题组：《中国新型城镇化：道路、模式和政策》，中国发展出版社，2014。

[36] 国务院发展研究中心课题组：《农民工市民化：制度创新与顶层政策设计》，中国发展出版社，2011。

[37] 国务院研究室课题组：《中国农民工调研报告》，中国言实出版社，2006。

[38] 韩俊、何宇鹏：《新型城镇化与农民工市民化》，中国工人出版社，2014。

[39] 郝时远：《改革开放四十年民族事务的实践与讨论》，《中央社会主义学院学报》2018 年第 4 期。

[40] 郝时远：《习近平新时代中国特色社会主义思想与民族工作》，《民族研究》2017 年第 6 期。

[41] 何立峰主编《国家新型城镇化报告（2017）》，中国计划出版社，2018。

[42] 何增科：《政府治理现代化与政府治理改革》，《行政科学论坛》2014 年第 2 期。

[43] 虎有泽：《散居少数民族权益保障探析》，《青海民族研究》2013 年第 3 期。

[44] 简新华、张建伟：《从"民工潮"到"民工荒"——农村剩余劳动力有效转移的制度分析》，《人口研究》2005 年第 2 期。

[45] 江曼琦等：《少数民族经济发展与城市化问题研究》，经济科学出版社，2009。

[46] 姜晓萍：《国家治理现代化进程中的社会治理体制创新》，《中国行政管理》2014 年第 2 期。

[47] 焦开山：《中国少数民族人口的城镇化水平及其发展趋势》，《民族研究》2014 年第 4 期。

[48] 金炳镐：《保障杂散居少数民族的平等权利》，《民族团结》1984 年第 11 期。

[49] 〔英〕卡尔·波兰尼：《大转型：我们时代的政治与经济起源》，冯钢等译，浙江人民出版社，2007。

[50] 康岚：《特大城市市民权的权利观念及影响因素——以上海为例》，《同济大学学报》（社会科学版）2015 年第 4 期。

[51] 雷振扬：《以法治思维与方法反对民族歧视》，《中南民族大学学报》（人文社会科学版）2016 年第 5 期。

[52] 雷振扬等：《坚持和完善中国特色民族政策研究》，中国社会科学出版社，2014。

[53] 李爱民：《中国半城镇化研究》，《人口研究》2013 年第 4 期。

[54] 李超海：《女性农民工法律认知的影响因素分析》，《南京人口管理干部学院学报》2009 年第 2 期。

[55] 李飞龙：《改革开放以前中国农村社会的人口流动（1949—1978）——基于国家和社会的视角分析》，《天府新论》2011 年第 2 期。

[56] 李吉和、周红英：《略论改革开放以来东部地区城市少数民族人口结构变化》，《民族研究》2018 年第 6 期。

[57] 李吉和、陈怡霏：《民族歧视问题研究述评》，《中南民族大学学报》（人文社会科学版）2018 年第 5 期。

[58] 李俊清：《东部城市少数民族流动人口公共服务研究》，《中国行政管理》2012 年第 11 期。

[59] 李培林：《城市化与我国新成长阶段——我国城市化发展战略研究》，《江苏社会科学》2012 年第 5 期。

[60] 李培林：《社会改革与社会治理》，社会科学文献出版社，2014。

[61] 李强：《非正规就业视角下农民工市民化的现实困境与路径选择》，《城市问题》2016 年第 1 期。

[62] 李强：《论农民和农民工的主动市民化与被动市民化》，《河北学

刊》2013 年第 4 期。

［63］李友梅：《中国社会管理新格局下遭遇的问题——一种基于中观机制分析的视角》，《学术月刊》2012 年第 7 期。

［64］李友梅：《中国社会治理的新内涵与新作为》，《社会学研究》2017 年第 6 期。

［65］梁波、王海英：《国外移民社会融入研究综述》，《甘肃行政学院学报》2010 年第 2 期。

［66］林钧昌：《城市少数民族的权益保障》，《黑龙江民族丛刊》2004 年第 4 期。

［67］刘立敏：《城市少数民族流动人口权益保障的现状与出路》，《烟台大学学报》（哲学社会科学版）2018 年第 3 期。

［68］刘林平等：《农民工权益保护理论与实践研究》，经济科学出版社，2015。

［69］柳建文：《城市民族工作社会化与多元复合型社会管理体制的构建》，《贵州民族研究》2012 年第 4 期。

［70］陆大道、陈明星：《关于"国家新型城镇化规划（2014—2020）"编制大背景的几点认识》，《地理学报》2015 年第 2 期。

［71］陆平辉、李莉：《散居少数民族权利研究述评》，《云南大学学报》（法学版）2011 年第 3 期。

［72］陆平辉：《散居少数民族权利保障：理论、制度与对策》，法律出版社，2016。

［73］吕同舟：《新中国成立以来政府职能的历史变迁与路径依赖》，《学术界》2017 年第 12 期。

［74］《马克思恩格斯全集》第 46 卷，人民出版社，1979。

［75］马俊毅：《论城市少数民族的权利保障与社会融入——基于治理现代化的视角》，《中南民族大学学报》（人文社会科学版）2017 年第 1 期。

［76］马戎：《关于当前中国城市民族关系的几点思考》，《西北民族研究》2009 年第 1 期。

［77］马戎：《中国城镇化进程中的民族关系演变》，《西北民族研究》

2015 年第 1 期。

[78] 马戎等：《西部开发中的人口流动与族际交往研究》，经济科学出版社，2012。

[79] 马戎主编《少数民族社会发展与就业——以西部现代化进程为背景》，社会科学文献出版社，2009。

[80] 马伟华：《社会支持网构建：少数民族流动人口城市融入的实现路径分析》，《西南民族大学学报》（人文社会科学版）2018 年第 2 期。

[81] 马伟华：《社会适应视角下少数民族流动人口的就业资源整合》，《北方民族大学学报》（哲学社会科学版）2017 年第 3 期。

[82] 〔美〕R. 麦克法夸尔、费正清编《剑桥中华人民共和国史，1949—1965 年》，谢亮生译，中国社会科学出版社，1990。

[83] 毛公宁等主编《民族法学评论》（第七卷），民族出版社，2011。

[84] 孟续铎：《新型城镇化与农民工劳动保障》，中国工人出版社，2016。

[85] 彭勃：《国家权力与城市空间：当代中国城市基层社会治理变革》，《社会科学》2006 年第 9 期。

[86] 彭建军：《我国中东部城市少数民族流动人口权益保障方式评析》，《西南民族大学学报》（人文社会科学版）2014 年第 1 期。

[87] 〔美〕乔治·瑞泽尔：《古典社会学理论》（第 6 版），王建民译，世界图书出版公司，2014。

[88] 〔美〕塞缪尔·P. 亨廷顿：《变化社会中的政治秩序》，王冠华、刘为等译，上海人民出版社，2015。

[89] 沈桂萍：《构建城市民族工作的"嵌入式治理"模式》，《湖南省社会主义学院学报》2015 年第 1 期。

[90] 沈建法：《城市化与人口管理》，科学出版社，1999。

[91] 沈林等：《中国城市民族工作的理论与实践》，民族出版社，2001。

[92] 沈水生：《农民工共享城镇基本公共服务的进展、问题及对策》，《社会治理》2017 年第 6 期。

［93］沈水生：《农民工市民化的可能路径及政策建议》，《行政管理改革》2019 年第 7 期。

［94］沈水生：《中国农民工市民化问题研究》，中国劳动社会保障出版社，2015。

［95］石淑华、吕阳：《中国特色城镇化：学术内涵、实践探索和理论认识》，《江苏社会科学》2015 年第 4 期。

［96］宋迎昌、李景国：《中国特色城镇化道路：探索与展望》，《人民论坛·学术前沿》2012 年第 14 期。

［97］苏丽锋：《我国转型期各地就业质量的测算与决定机制研究》，《经济科学》2013 年第 4 期。

［98］孙立平、王汉生、王思斌等：《改革以来中国社会结构的变迁》，《中国社会科学》1994 年第 2 期。

［99］孙立平：《转型与断裂：改革以来中国社会结构的变迁》，清华大学出版社，2004。

［100］孙茜、刘作权：《大连地区少数民族流动人口社会融入问题研究》，《前沿》2014 年第 10 期。

［101］孙文凯：《人口管理中的政府政策抉择》，中国人民大学出版社，2018。

［102］汤夺先、王增武：《城市少数民族流动人口权利贫困问题论析》，《贵州民族研究》2011 年第 5 期。

［103］汤夺先：《城市少数民族流动人口子女义务教育问题的调查分析——以对兰州市的调查为视点》，《黑龙江民族丛刊》2010 年第 1 期。

［104］汤夺先：《论城市少数民族流动人口的权益保障》，《西北第二民族学院学报》（哲学社会科学版）2008 年第 5 期。

［105］田艳：《试论少数民族基本文化权利的界定》，《贵州民族研究》2007 年第 6 期。

［106］田烨：《试论我国城镇少数民族权益保障体系》，《北方民族大学学报》（哲学社会科学版）2013 年第 2 期。

［107］万向东：《非正式自雇就业农民工的社会网络特征与差异——兼

对波斯特"市场化悖论"的回应》,《学术研究》2012 年第 12 期。

[108] 汪习根:《发展权含义的法哲学分析》,《现代法学》2004 年第 6 期。

[109] 王爱华:《农民工市民化进程中的非制度障碍与制度性矫治》,《江西社会科学》2013 年第 1 期。

[110] 王春光:《中国农村社会变迁》,云南人民出版社,1997。

[111] 王飞、吴大华:《关于城市少数民族流动人员权益保障的思考》,《贵州民族研究》2011 年第 1 期。

[112] 王浩:《大连市西岗区"365 社区管理模式"研究》,硕士学位论文,大连海事大学,2016。

[113] 王平:《关于城市少数民族流动人口子女教育问题的思考——以兰州市少数民族流动人口子女教育为例》,《民族教育研究》2008 年第 2 期。

[114] 王浦劬:《国家治理、政府治理和社会治理的含义及其相互关系》,《国家行政学院学报》2014 年第 3 期。

[115] 王思明、姚兆余主编《20 世纪中国农业与农村变迁研究:跨学科的对话与交流》,中国农业出版社,2003。

[116] 王小鲁、樊纲:《中国地区差距的变动趋势和影响因素》,《经济研究》2004 年第 1 期。

[117] 王莹:《论我国城市少数民族流动人口的社会保险权——基于公民权利救济的考察》,《河南师范大学学报》(哲学社会科学版)2012 年第 2 期。

[118] 王云芳:《轨迹与趋势:城市民族工作越来越重要》,《民族论坛》2016 年第 1 期。

[119] 王允武、王莹:《城市流动少数民族人口的社会保障权及其实现》,《民族学刊》2011 年第 3 期。

[120] 王允武:《试论散居少数民族权利的法律保障》,《云南大学学报》(法学版)1997 年第 2 期。

[121] 魏后凯、苏红健:《中国农业转移人口市民化进程研究》,《中国人口科学》2013 年第 5 期。

［122］魏后凯主编《走中国特色的新型城镇化道路》，社会科学文献出版社，2014。

［123］文久富、陶斯文、刘琳：《城市化进程中少数民族流动人口就业现状、存在问题及其对策分析》，《西南民族大学报》（人文社会科学版）2007年第8期。

［124］文军：《农民市民化：从农民到市民的角色转型》，《华东师范大学学报》（哲学社会科学版）2004年第3期。

［125］《我国农民工工作"十二五"发展规划纲要研究》课题组：《中国农民工问题总体趋势：观测"十二五"》，《改革》2010年第8期。

［126］吴开松、何昕珂：《城市流动少数民族事务全域化治理创新机制研究》，《中南民族大学学报》（人文社会科学版）2017年第4期。

［127］吴勇辉：《城市少数民族流动人口权益保障研究》，博士学位论文，中央民族大学，2011。

［128］夏骏：《谈谈散居少数民族的权益保障问题》，《黑龙江民族丛刊》1998年第2期。

［129］夏柱智、贺雪峰：《半工半耕与中国渐进城镇化模式》，《中国社会科学》2017年第12期。

［130］肖金成、刘宝奎：《改革开放40年中国城镇化回顾与展望》，《宏观经济研究》2018年第12期。

［131］肖俊：《论城市散居少数民族权益的法律保障》，《西南民族学院学报》（哲学社会科学版）2002年第7期。

［132］徐合平：《论城市少数民族流动人口的劳动权益保障——以武汉市为例》，《中南民族大学学报》（人文社会科学版）2010年第1期。

［133］徐岩、范娜娜、陈那波：《合法性承载：对运动式治理及其转变的新解释——以A市18年创卫历程为例》，《公共行政评论》2015年第2期。

［134］许宪隆等：《散杂居民族概论》，人民出版社，2013。

［135］严庆、张莉莉：《部门化与多元化：中国民族事务治理主体建设研究》，《兰州学刊》2015年第12期。

［136］严庆：《嵌合型：广义民族工作视域下的民族工作模式思考》，《西北民族研究》2018 年第 3 期。

［137］燕继荣：《中国的社会自治》，中央编译出版社，2012。

［138］杨菊花：《城乡差分与内外之别：流动人口社会保障研究》，《人口研究》2011 年第 5 期。

［139］杨菊花等：《流动人口社会融合："双重户籍墙"情景下何以可为?》，《人口与发展》2014 年第 3 期。

［140］杨小柳：《从地域城市到移民城市：全国性城市社会的构建》，《民族研究》2015 年第 5 期。

［141］杨雪冬：《走向社会权利导向的社会管理体制》，《华中师范大学学报》（人文社会科学版）2010 年第 1 期。

［142］叶俊焘、钱文荣：《不同规模城市农民工市民化意愿及新型城镇化的路径选择》2016 年第 5 期。

［143］俞可平等：《中国的治理变迁：1978—2018》，社会科学文献出版社，2018。

［144］袁年兴、许宪隆、王迪：《穆斯林流动人口社会融入的代际比较研究——以长三角地区的调查数据为例》，《中南民族大学学报》（人文社会科学版）2016 年第 2 期。

［145］张海洋、良警予主编《散杂居民族调查：现状与需求》，中央民族大学出版社，2006。

［146］张剑非：《大连市西岗区 365 工作体系调查研究》，硕士学位论文，大连理工大学专业，2015。

［147］张康之、张皓：《在后工业化背景下思考服务型政府》，《四川大学学报》（哲学社会科学版）2009 年第 1 期。

［148］张立荣、冷向明：《当代中国政府治理范式的变迁机理与革新进路》，《华中师范大学学报》（人文社会科学版）2007 年第 2 期。

［149］赵俊超：《市民化政策应紧扣农民工定居决策过程》，《中国发展观察》2017 年第 2~3 期。

［150］赵新平、周一星：《改革以来中国城市化道路及城市化理论研究

述评》，《中国社会科学》2002 年第 2 期。

［151］赵永平：《中国城镇化演进轨迹、现实困境与转型方向》，《经济问题探索》2016 年第 5 期。

［152］中共中央党史研究室科研管理部、国家民族事务委员会民族问题研究中心编《中国共产党民族工作历史经验研究》，中共党史出版社，2009。

［153］中央编译局调研组：《"社会治理"——杭州治理创新的启示》，《杭州》2010 年第 12 期。

［154］周大鸣、马建钊主编《城市化进程中的民族问题研究》，民族出版社，2005。

［155］周大鸣：《从地域社会到移民社会的转变——中国城市转型研究》，《社会学评论》2017 年第 6 期。

［156］周红云：《社会管理创新的实质与政府改革——社会管理创新的杭州经验与启示》，《中共杭州市委党校学报》2011 年第 5 期。

［157］周竞红：《论中国民族事务行政管理机制的发展和创新》，《民族研究》2004 年第 3 期。

［158］周竞红：《少数民族流动人口与城市民族工作》，《民族研究》2001 年第 4 期。

［159］周一星：《城市地理学》，商务印书馆，1995。

［160］朱碧波、李璐燕：《协同共治：中国民族事务治理体系的当代建构》，《探索》2018 年第 2 期。

［161］朱光磊、孙涛：《"规制—服务型"地方政府：定位、内涵与建设》，《中国人民大学学报》2005 年第 1 期。

［162］朱光磊：《"两化叠加"：中国治理面临的大难题》，《中国经贸导刊》2016 年第 31 期。

［163］邹新树：《农民工向城市流动的动因："推—拉"理论的现实解读》，《农村经济》2005 年第 10 期。

附录：调查问卷

城市少数民族流动人口合法
权益保障情况调查

问卷编号：_____　调查地点：_____省/（直辖市）_____市

亲爱的朋友，您好！

　　为了进一步了解城市少数民族流动人口生活工作的状况，掌握他们在实际生活中面临的问题与困难，从而为学术研究和政府相关政策的制定提供参考，我们向您进行本次社会调查。调查不涉及个人隐私，相关数据仅用作统计汇总。真诚希望您能如实回答问题，对问题的回答没有对错之分。我们将严格遵守国家《保密法》对您的回答严格保密。

（A）基本情况

A1. 性别　　1. 男　　　　2. 女

A2. 您的年龄_____

A3. 民族

1. 蒙古族　2. 满族　3. 回族　4. 藏族　5. 壮族

6. 维吾尔族　7. 苗族　8. 彝族　9. 土家族　10. 布依族

11. 侗族　12. 瑶族　13. 朝鲜族　14. 其他民族_____

A4. 受教育程度

1. 未上过学　2. 小学　3. 初中　4. 高中/中专

5. 大学专科　6. 大学本科　7. 研究生

A5. 户口性质

1. 农业　2. 非农业　3. 农业转居民　4. 非农业转居民　5. 居民

A6. 婚姻状况

1. 未婚　2. 已婚　3. 离婚　4. 丧偶

A7. 和您一起外出打工的家庭人口

1. 一口　2. 两口　3. 三口　4. 四口　5. 五口及以上

A8. 您现在的政治面貌是

1. 中共党员　2. 共青团员　3. 民主党派　4. 群众

A9. 是否本地户籍人口

1. 是　　　　2. 否

A10. 户籍地省份_____

（B）流动与就业

B1. 您外出打工时间累计有多长？

1. 不到 1 年　2. 1~2 年　3. 3~4 年　4. 5~9 年

5. 10~14 年　6. 15~19 年　7. 20~29 年　8. 30 年及以上

B2. 此次外出打工持续的时间是多长？

1. 1 年以内　2. 2~4 年　3. 5 年及以上

B3. 此次外出打工的流动范围

1. 跨省　2. 省内跨市　3. 市内跨县

B4. 此次外出打工的原因

1. 务工/工作　2. 经商　3. 家属随迁　4. 婚姻嫁娶

5. 拆迁搬家　6. 投亲靠友　7. 其他_____

B5. 您目前的工作是通过什么途径获得的？

1. 家人　2. 同乡　3. 亲戚　4. 朋友

5. 互联网　6. 报纸、杂志、小广告等社会媒体

7. 社会中介　8. 政府部门　9. 企业/老板招聘

10. 自主就业　11. 其他_____

B6. 您在城市就业过程中遇到的主要困难是什么？［可多选］

□户籍限制　□语言障碍　□饮食差异　□文化不适应

□技术缺乏　□缺少文凭　□招聘机会少　□其他，_____

（C）劳动权益

C1. 您一般每周上_____天班。

C2. 您一天一般工作_____个小时。

C3. 您一个月一般休息_____天。

C4. 您现在的主要职业是什么？_____

C5. 您现在在哪个行业工作？

1. 饮食服务业　2. 娱乐服务业　3. 建筑业　4. 生产制造业

5. 交通运输业　6. 家政服务业　7. 环境卫生业　8. 房地产业

9. 政府机关　10. 科教　11. 外企　12. 中介公司

13. 不在业　14. 其他_____

C6. 您现在就业的单位性质是哪一类？

1. 机关、事业单位　2. 国有企业　3. 个体工商户　4. 民营企业

5. 外资、合资企业　6. 社团/民办组织　7. 无单位

8. 其他_____

C7. 您现在的就业身份属于哪一种？

1. 雇员　2. 雇主（请跳至第 C10 题）

3. 自营劳动者（请跳至第 C10 题）　4. 其他（请跳至第 C10 题）

C8. 您与目前工作单位签订何种劳动合同？

1. 有固定期限　2. 无固定期限　3. 完成一次性工作任务　4. 试用期

5. 未签订劳动合同　6. 不清楚

C9. 您每个月工资发放情况是否正常？

1. 每月正常发放　2. 每个月发上个月的工资

3. 每个季度或者半年发一次　4. 经常拖欠，不固定

C10. 您个人上个月（或上次就业）纯收入为_____元。

（如被访者不回答，请询问收入范围后填写大概数额）

C11. 您和家庭目前在务工地每月的生活消费支出是_____元。

（如被访者不回答，请询问消费支出范围后填写大概数额）

C12. 您是否接受过正规的技能培训？

1. 是，_____次　　2. 否

C13. 提供技能培训的机构是什么？

1. 家乡政府　2. 打工地政府　3. 所在企业　4. 技工学校

5. 工会　6. 妇联　7. 共青团　8. 其他_____

C14. 相关机构提供的技能培训是否对您现在从事的职业有帮助？

1. 有帮助　2. 没有帮助

C15. 您目前参加下列何种社会保险［可多选］

□养老保险　　□失业保险　　□工伤保险

□生育保险　　□住房公积金

C16. 您目前参加何种社会医疗保险？［可多选］

□新型农村合作医疗保险　　□城乡居民合作医疗保险

□城镇居民医疗保险　　□城镇职工医疗保险

C17. 您在务工地没有办理社会保险的主要原因是什么？

1. 不了解　2. 在农村参加了其他保险　3. 缴费标准高　4. 单位不给缴

5. 转移接续麻烦　6. 不适用　7. 其他_____

（D）市民权益

D1. 您目前居住在什么样的社区中？

1. 商品房社区　2. 经济适用房社区　3. 机关事业单位社区

4. 工矿企业社区　5. 未经改造的老城区　6. 城中村或棚户区

7. 城乡接合部　8. 农村社区　9. 其他_____

D2. 您现住房属于下列哪种性质？

1. 租住单位/雇主房　2. 租住私房　3. 政府提供廉租房

4. 政府提供公租房　5. 单位/雇主提供免费住房（不包括就业场所）

6. 自购住房　7. 借住房　8. 其他非正规居所

D3. 请您估算一下您现在的住房面积约是_____平方米/人。

D4. 如果您身边有随迁子女，请问您的子女所在的学校性质为：

1. 公立学校　2. 民办学校　3. 不清楚

D5. 您认为子女在本地上学的主要困难是什么？［可多选］

□公立学校收费高　□民办学校数量少　□语言沟通困难

□风俗习惯差异　□学习水平差距大

□民办学校师资和教学条件差

□与城里孩子待遇不一样　□无法在当地升学

□其他_____

D6. 如果您的孩子在家乡，那么您没有将子女接到身边读书的主要原因是什么？［可多选］

□收入低，负担不起　□工作不稳定，没法接出来

□家乡的学校就很好，不要接出来

□工作太忙，没法照顾孩子

□城里的学校不接纳　□孩子自己不想出来　□学习跟不上

□不能参加升学考试　□其他_____

D7. 您在社区/单位参加过哪些选举活动？

1. 社区居委会选举　2. 社区/单位人大代表选举　3. 没有参加过选举活动　4. 其他_____

D8. 您是否接受过来自政府的法律援助？

1. 接受过法律援助，对实际问题解决有效果

2. 接受过法律援助，对实际问题解决没有效果

3. 听说过，但从来没有寻求过法律援助

4. 从来没有听说过法律援助

D9. 没有户籍身份是否给您在当地的工作生活带来麻烦？

1. 是　　　　2. 否（请跳至第 D11 题）

D10. 没有户籍，给您在当地工作生活带来的麻烦有哪些？［可多选］

□生活没有安定感　□有的工作岗位不能应聘

□不能办理一些证件　□小孩入学需要交高额赞助费

□不被当地人信任　□感到受歧视　□其他_____

D11. 您认为自己现在已经是哪里人？

1. 是本地人　2. 是新本地人　3. 是流出地（老家）人

4. 不知道自己是哪里人

D12. 若没有任何限制，您是否愿意把户口迁入本地？

1. 是　　　　2. 否

D13. 如果让您退出农村承包土地，您是否还愿意把户口迁入城市？

1. 愿意　2. 不愿意　3. 没有承包地　4. 说不清

D14. 您是否打算在本地长期居住（5 年以上）？

1. 打算　2. 返乡　3. 继续流动　4. 没想好

（E）宗教、文化、风俗习惯权益

E1. 您的宗教信仰是

1. 佛教　2. 道教　3. 天主教　4. 基督教

5. 伊斯兰教　6. 其他　7. 无宗教信仰（请跳至第 E3 题）

E2. 与老家相比，在务工地进行宗教活动有哪些问题？

1. 没有问题　2. 缺少宗教活动场所

3. 生活压力大，没有时间和精力　4. 城市居民不理解　5. 其他____

E3. 与老家相比，在务工地遵从本民族的风俗习惯有哪些问题？

1. 没有问题　2. 饮食方面不方便　3. 民族节庆没有假期

4. 城市居民不理解　5. 其他____

E4. 您的子女在城市获得民族文化、语言方面教育面临的问题

1. 没有问题　2. 没有民族学校　3. 很难进当地的民族学校

4. 民族学校师资与条件差　5. 其他____

（F）权益维护与权益诉求

F1. 请您选择对以下法律法规了解的程度（在相应的位置打√）

	完全 不知道	不熟悉	一般	比较 熟悉	很熟悉
《劳动法》					
《劳动合同法》					
《就业促进法》					
《最低工资规定》					
《工资支付条例》					
《工伤保险条例》					
《城市民族工作条例》					

F2. 当您的合法权益受到侵害时，您更愿意通过哪种方式来维护自己的利益？

1. 打官司　2. 上访　3. 找报纸、电视媒体曝光

4. 找亲友同乡帮助　5. 找本民族权威人士　6. 默默忍受

7. 其他_____

F3. 您认为下面哪几项问题是最重要的？（按照重要性程度排序选三项）

第一是_____；第二是_____；第三是_____（填写序号）

①工资　②工时　③劳动安全卫生　④劳动合同　⑤平等就业

⑥职业培训　⑦社会保险和福利　⑧选举权与被选举权

⑨子女教育　⑩住房　⑪法律援助　⑫户籍　⑬城市歧视

⑭民族文化权益

F4. 您最迫切希望打工地政府解决哪几项问题？（按照迫切性程度排序选三项）

第一是_____；第二是_____；第三是_____（填写序号）

①工资　②工时　③劳动安全卫生　④劳动合同　⑤平等就业

⑥职业培训　⑦社会保险和福利　⑧选举权与被选举权

⑨子女教育　⑩住房　⑪法律援助　⑫户籍　⑬城市歧视

⑭民族文化权益

非常感谢您十分真诚地帮助我们完成此次调查！

图书在版编目（CIP）数据

新型城镇化与城市民族工作创新 / 朱军著 . -- 北京：
社会科学文献出版社，2021.8
ISBN 978-7-5201-7999-7

Ⅰ.①新…　Ⅱ.①朱…　Ⅲ.①城市化-民族工作-研
究-中国　Ⅳ.①D633

中国版本图书馆 CIP 数据核字（2021）第 032175 号

新型城镇化与城市民族工作创新

著　　者 / 朱　军

出 版 人 / 王利民
责任编辑 / 范　迎
责任印制 / 王京美

出　　版 / 社会科学文献出版社·人文分社（010）59367215
　　　　　　地址：北京市北三环中路甲 29 号院华龙大厦　邮编：100029
　　　　　　网址：www.ssap.com.cn
发　　行 / 市场营销中心（010）59367081　59367083
印　　装 / 三河市尚艺印装有限公司

规　　格 / 开　本：787mm×1092mm　1/16
　　　　　　印　张：16.5　字　数：252 千字
版　　次 / 2021 年 8 月第 1 版　2021 年 8 月第 1 次印刷
书　　号 / ISBN 978-7-5201-7999-7
定　　价 / 128.00 元